복잡해지고 있는 채권 관련 금융상품을 체계적으로 잘 정리해 뻥 뚫린 고속도로 같은 느낌을 주는 책이다. 채권 투자 관련 교재로 이론적으로나 실제 사례로나 꼭 필요한 내용을 담고 있어 책상 위에 올려놓고 활용하기를 권한다.

　　　　　　　　　　　　　　　　　　　　　- 한국금융연수원 정대용 교수실장

투자에 있어 가장 기본이 되는 자산은 채권이다. 채권으로 안정적인 수익과 더불어 상황에 따라서는 높은 수익도 얻을 수 있기 때문이다. 이를 반영하듯이 채권에 대한 개인 투자자들의 관심이 커지고 있는 이때, 초보자는 물론 전문가들이 보기에도 적합한 이 책이 나와서 반갑기 그지없다.

　　　　　　　　　　　　　　　　　- 동부화재 정경수 자산운용담당 부사장

20여 년 동안 한국 금융투자의 최전선에서 활약해온 저자가 쓴 이 책은 채권뿐 아니라 구조화채권, 파생결합증권, 주식연계채권 등 채권과 관련된 모든 금융상품을 다루고 있어 채권 투자의 바이블이라 할 만하다. 저금리 시대에 길을 잃은 투자자라면 꼭 한번 읽어보기를 바란다.

　　　　　　　　　　　　　　　　　　　　　- BNK투자증권 안동원 대표

이 책은 100세 시대를 앞두고 우리가 어떻게 투자를 해야 할 것인지를 채권이라는 매개체를 통해 잘 보여주고 있다. 채권에 대한 저자의 전문성이 돋보이면서도 아주 쉬운 언어로 표현되어 있어 독자들을 배려하는 저자의 마음이 느껴진다. 일독을 권한다.

　　　　　　　　　　　　　　　　　　- P&I Investment 안동규 대표

돈 좀 있니? 채권해!

100세 시대 생존 포트폴리오

돈 좀 있니?
채권해!

최완석 지음

니케북스

발빠른 투자자들이
채권시장으로 모여드는 이유는?

저금리 시대가 지속되면서 일명 재테크라고 부르는 개인들의 여유자금 투자가 그 어느 때보다 중요한 시대가 되었습니다. 과거에는 자산증식 방법으로 은행에 예금을 하는 것이 가장 일반적이면서도 가장 좋은 수단이었습니다. 금리가 15% 수준이었던 1990년대 중반에는 은행 정기예금에 돈을 넣어두면 5년만 경과해도 자연스럽게 재산이 2배로 늘어났습니다. 이 시기에는 열심히 일해서 저축만 해도 재산이 쑥쑥 늘어나던 때였습니다.

그러나 1998년 이자율이 한 자릿수로 떨어지면서 자산증식의 패러다임이 서서히 바뀌기 시작했고, 급기야 2015년에는 이자율이 1%대로 내려가며 재테크 전선에 비상벨이 울렸습니다. 마침내 단순히 예금만 해서는 재산을 늘릴 수 없는 시대가 온 것입니다. 금리 2% 수준의 은행 예금만으로 재산을 2배로 불리는 데는 무려 35년이 걸립니다. 이 정도 기간이라면 저축으로 재산을 늘리는 건 포기하는 게 합리적인 선택일 것입니다.

이러한 투자환경의 변화에도 불구하고 사람들의 재산을 늘리고자 하는 욕구는 여전합니다. 낮은 수익률을 만회하기 위해 이미 오래전부터 많은 사람들이 고위험 자산인 주식에 투자하고 있고, 심지어 여유자금이 아닌 생활에 꼭 필요한 자금마저 위험자산 전선에 투입하는 사람들도 있습니다.

여유자금의 일부를 고수익 자산에 투자하는 것은 맞지만, 여유자금의 대부분을 고수익 자산에 투자하는 것은 결코 바람직하지 않습니다. 높은 수익이 기대되는 만큼 위험도 크기 때문입니다.

이러한 문제점을 해결해주는 것이 채권과 채권의 성격을 가지고 있는 금융상품입니다. 채권은 주식처럼 높은 수익을 얻을 수는 없지만 상대적으로 안전하면서도 예금보다 높은 수익을 얻을 수 있기 때문입니다.

금융상품의 선택은 개인들의 자산증식에 있어 중요한 이슈이며, 특히 지금 같은 저금리 상황에서는 더욱 그렇습니다. 100세 시대로 접어든 요즘 같은 상황에는 그 어느 때보다 장기적인 관점에서 투자를 하는 것이 바람직하며, 이러한 목적에 부합하는 것이 바로 채권과 채권의 성격을 가진 금융상품입니다.

필자가 오랫동안 애널리스트로, 펀드매니저로 활동해오면서 느낀 점 중 하나는 아직 많은 사람들이 채권 관련 금융상품을 기관투자자들의 전유물 또는 어려운 금융상품이라고 생각한다는 점이었습니다. 그러나 채권 관련 금융상품은 결코 기관투자자들만 투자하는 금융상품이 아니고 어려운 금융상품도 아닙니다. 실제로 발빠른 개인투자자들은 이미 채권시장에 많이 참여하고 있습니다.

개인들의 채권시장 참여가 늘어나면서 채권에 관련된 책이 다수 발간되었지만 내용이 너무 에세이적이거나 교과서적이라 채권에 입문하는 투자자들에게도, 전문적으로 채권 관련 업무에 종사하는 사람들에게도 다소 부족한 면이 있었습니다. 이러한 점이 이 책을 발간하게 된 계기가 되었습니다.

이 책은 다음과 같은 3가지에 집중해 집필하였습니다.

우선, 최근 들어 채권과 다른 상품들 간의 경계가 무너지고 있어 채권에 대한 내용만으로는 새롭게 출시되는 채권 관련 금융상품을 이해하는데 부족한 면이 있습니다. 그런 의미에서 이 책에서는 채권뿐 아니라 채권과 관련된 다양한 금융상품을 포괄적으로 다루었습니다. 가장 기본이 되는 채권은 물론 구조화채권, 파생결합증권, 해외채권, 금리선물, 스왑, 채권 ETF 등 채권의 성격을 가지고 있는 모든 상품에 대한 정보를 다루었습니다.

둘째, 실제로 시장에서 발행되거나 거래된 상품의 사례들을 통해 채권과 채권시장의 현장감을 전달하고자 했습니다.

셋째, 이 책은 이미 채권에 투자하고 있는 투자자, 다양한 금융상품을 취급하는 금융회사 직원, 새롭게 채권시장에 입문하고자 하는 사람들을 위해 채권 투자를 하는 데 있어 꼭 필요한 이론과 실무적인 내용을 빠뜨리지 않고 담았습니다.

채권을 처음 접하는 사람들에게 이 책에 나오는 상품들과 용어들은 낯설고 어렵게 느껴질 수도 있습니다. 그런 분들을 위해 최대한 쉽고 편하게 읽힐 수 있도록 집필했습니다. 각 부의 도입부에는 스토리 형식의 채권 입문기를 담았고, '채권 초보 탈출을 위한 Q&A'를 작성해 본격적인 정보를 접하기 전에 채권 맛보기를 할 수 있도록 했습니다. 각종 용어가 헷갈리거나 궁금하시다면 책 마지막에 있는 '찾아보기'를 활용해 책 곳곳에서 필요한 정보를 찾아 보실 수도 있습니다. 처음에는 귀에 잘 들어오지 않던 용어나 내용일지라도 포기하지 않고 페이지를 넘기다 보면 어느새 채권의 고수가 되어 있을 것입니다.

우리나라에 첫 채권이 발행되고 반세기가 훌쩍 넘었습니다. 아직 아는 사람들만 아는 세계지만 채권시장에서 거래되는 금액은 매년 6,000조 원을 상회하고 있습니다. 또 갈수록 다양한 형태의 채권이 나오고, 이와 관련된 제도들이 빠른 속도로 정비되고 있는데, 이런 채권시장의 움직임은 개인의 자산증식 수단으로서, 기업의 자금 조달 수단으로서 채권시장에 거는 기대가 그만큼 높아지고 있다는 방증일 것입니다. 또 상품과 시장의 형태가 다양해지는 만큼 자산증식의 기회 또한 기대해볼 만하다는 얘기일 것입니다.

따라서 독자 여러분이 지금 해야 할 것은 당장 채권에 대한 공부를 시작하는 것입니다. 이 책이 여러분과 채권의 첫 만남을 주선하는 길잡이가 되어주길 감히 바라며, 채권에 대한 안내를 시작해보겠습니다.

2015년 11월
최완석

21세기형 금융자산,
채권을 만나다

채권, 어디까지
알고 있니?

3부

채권, 아는 만큼

돈이 된다!

21세기형 금융자산,

채권을 만나다

삼총사,
채권으로 하나되다

한고수는 회사에서 바쁜 하루를 보내고 퇴근길에 나섰다. 그날은 고등학교 친구들을 집에서 만나기로 한 터라 기분이 좋았다. 오랜만에 친구들을 만나는 것도 좋았지만, 그간의 전세 난민 생활을 청산하고 처음 장만한 집으로 친구들을 초대한 것이라 다른 날보다 발걸음이 한결 가벼웠다.

'드디어 내 집에서 친한 친구들과 저녁을 먹게 되었구나!'

생각만 해도 즐거웠다.

"딩동 딩동"

드디어 한고수의 절친인 왕보수와 나한방이 도착했다.

"야~ 오랜만이다."

"집 좋다야. 집 장만한 거 축하한다. 제수씨 축하해요."

친구들의 등장과 함께 순간 집은 떠들썩해졌다. 한바탕 가슴속에 있는 이야기들을 펼쳐놓는 사이에 한고수의 아내가 정성 들여 준비한 음식이 차려졌다. 가볍게 술도 한잔씩 하고 즐거운 시간을 보내며 식사를 마칠 무렵 '휴우' 하는 한숨과 함께 나한방이 고민을 털어놨다.

"요즘 머리가 복잡해. 너희도 알다시피 지금까지 내가 주식 투자 성과가 좋았잖아. 그래서 최근에 욕심 부려 대출까지 받아서 주식에 몰빵했거든. 그런데 주가가 폭락해서 힘들어 죽겠어. 대출이자도 내기 힘든 상황이야."

나한방은 이미 오래전에 집도 장만하고 경제적 여유도 있어서 친구들의 부러움을 사고 있었다. 나한방은 신입사원시절부터 월급으로 집을 사기 어렵다고 느끼고 열심히 재테크를 했다. 특히 주식 투자에 성공한 것이 경제적 성공의 지름길이 되었다. 그런데 최근에는 오히려 그것이 화근이 된 것이다.

"힘내라 한방아."

왕보수가 나한방의 어깨를 토닥이며 이야기했다.

"사실 나도 고민이야. 요즘 은행 통장을 보면 한숨만 나와. 너무 이자가 낮아서 도통 돈이 늘지가 않네. 다른 데 투자할 곳도 마땅치 않고."

왕보수는 재테크에는 관심이 많지만 투자에 대한 자신이 없어서 대부분의 돈을 은행에 예금하고 있었다. 예전에 예금 금리가 높았을 때는 그래도 예금 이자를 받는 재미가 쏠쏠했는데 금리가 낮아지자 왕보수도 고민에 빠져 있는 상황이었다.

"다들 술이나 한잔 하자."

한고수는 친구들을 한잔 술로 위로했다. 한고수는 몇 해 전부터 채권에 관심을 가지고 지속적으로 투자를 했고 최근에는 전환사채, 파생결합증권 같은 채권 관련 상품에도 투자를 하고 있었다.

"돈을 모으는 것도 중요하지만, 그보다 더 중요한 것이 있는 것 같아."

한고수는 말을 이어갔다.

"요즘 '100세 시대, 100세 시대' 하잖아. 우리 미래는 우리가 준비해야 돼. 따라서 그 어느 때보다 미래를 위한 자산관리가 중요해지고 있다는 거지. 돈을 모으는 것도 중요하지만 모은 돈을 투자하는 방법, 즉 자산관리를 어떻게 하느냐가 중요해졌다는 거야. 우리도 여기에 맞게 준비를 해야 하지 않을까? 주식도 좋고 예금도 좋지만 나는 이런 고민을 해결해줄 답을 채권에서 찾고 있어."

"채권? 그건 돈 많은 사람이나 하는 건 줄 알았는데?"

"채권 투자는 복잡하지 않아? 주식이야 HTS로 간단하게 거래하면 되지만 말이야."

"개인도 채권을 직접 살 수 있어? 그리고 수익은 좀 나고 있어?"

친구들이 이구동성으로 질문을 쏟아내기 시작했다.

"음…… 다들 채권에 대한 공부 좀 해야겠네. 좋아, 그럼 우선 이걸 잠깐 봐봐."

한고수는 자신의 휴대폰을 꺼내 친구들에게 보여주었다.

"모바일 트레이딩 화면이네. 고수 너도 요즘 주식 투자 많이 하는구나?"

나한방이 관심을 보이면서 이야기를 이어갔다.

"아시아나항공이라, 음…… 사람들이 여행을 많이 가면 주가가 올라가지. 어? 그런데 이상하다. 오늘 아시아나항공 종가가 5,000원 수준이었던 것으로 기억하는데, 여기는 9,970원이라고 되어 있네. 내가 잘못 기억하고 있나?"

"이건 주식 가격이 아니고 채권 가격이야. 화면을 잘 봐봐. 화면 위에 '장내채권현재가'라고 돼 있잖아. 종목명도 '아시아나항공'이 아니라 '아시아나항공78'이라고 돼 있어. 내용을 자세히 보면 아시아나항공 채권의 현재 가격이 9,970원이고 어제 대비 20원 내렸네. 현재 이 채권은 9,989원에 팔자 주문이 나와 있고 9,970원에 사자 주문이 나와 있는 거야. 그리고 시세표를 보면 '9,970원' 옆에 '5.285'라고 쓰여 있지? 이건 수익률을 의미해. 아시아나항공 채권을 9,970원에 사면 5.285%의 수익을 얻을 수 있다는 거야. 만약 생각이 있으면 이 휴대폰으로 바로 채권을 살 수도 있어. 가격 확인부터 거래까지 한번에 다 할 수 있는 거지. 관심을 안 가져서 그렇지 조금만 관심을 가지면 정말 쉬워."

한고수가 이야기하는 동안 나한방과 왕고수는 휴대폰에서 눈을 떼지 못했다.

"휴대폰으로 채권을 사고팔 수도 있구나. 하긴 요즘 같은 세상이면 그럴 수도 있겠네. 실은 나도 예전에 채권에 잠깐 관심을 갖기는 했는데, 기대수익률도 별로 안 높은 것 같고 복잡해 보여서 관심 갖다가 말았거든. 그런데 수익률이 5%대라면 요즘 같은 저금리 시대에 나쁘지 않겠네. 거래 방법도 주식만큼 쉬워 보이고."

　나한방이 휴대폰을 손에 쥐고 말했다.

"거래 방법은 쉬워?"

"수익률은 어느 정도나 돼?"

"오래 묶어놓기 힘든 자금인데 채권에 투자해도 될까?"

……

왕보수와 나한방은 서로 질세라 질문을 쏟아냈다. 주식은 했다 하면 손해, 저축은 해봐야 제자리인 요즘, 투자를 좀 한다고 하는 사람들은 이미 채권에 투자하고 있고, 한고수도 채권에 꾸준히 투자하고 있었다. 한고수는 친구들이 채권에 대해 좀 더 쉽고 편하게 접근할 수 있도록 질문에 하나하나 친절히 설명하기 시작했다.

오랜만에 만난 세 친구가 이야기꽃을 피워가는 동안 밤이 깊어가고 있었다.

Q. 채권은 기관투자자 같은 전문가만 할 수 있는 걸로 알았는데, 개인도 투자를 할 수 있다구요?

당연히 개인도 채권에 투자할 수 있습니다. 그것도 손쉽게요. 과거에는 채권 투자가 기관투자자들과 소수의 돈 많은 개인들 위주로 이루어진 것이 사실입니다. 그러나 채권시장에 개인들이 참여할 수 있도록 제도가 정비되면서 개인들도 한국거래소에서 주식처럼 쉽게 채권을 사고팔 수 있게 되었습니다.

Q. 큰돈이 있어야 채권에 투자할 수 있는 거 아닌가요?

채권 투자를 하기 위해 꼭 큰돈이 있어야 하는 것은 아닙니다. 주식에 비한다면 채권은 오히려 소액으로도 할 수 있는 투자 대상입니다. 예를 들어 삼성전자 주식의 주당 가격이 120만 원인 점을 감안하면 주식 1주를 사려고 해도 최소 120만 원이 있어야 합니다. 반면 채권은 최소 매매금액인 1,000원만 있어도 투자할 수 있습니다. 커피 한 잔 값도 안 되는 돈입니다. 점심에 사 마시는 커피 한 잔 값을 절약해 채권을 사는 것도 한번 고려해볼 만합니다.

Q. 채권은 투자하는 기간, 즉 만기가 길지 않나요?

만기가 길다? 음…… 아닙니다. 그건 완전히 잘못된 생각입니다. 채권은 만기가 짧으면 하루, 길면 30년 이상 되는 상품이 다양하게 있어서 본인의 자금 사정과 투자 목적에 맞는 만기의 채권을 사면 됩니다. 그리고 필요하면 만기일 전이라도 주식처럼 팔 수 있습니다.

Q. 채권은 안전한가요?

어려운 질문이네요. 돌려서 말하자면 '세상에 공짜는 없다'라는 말이 정확한 답일 겁니다. 어떤 투자든 수익률이 높으면 리스크도 크고 수익률이 낮으면 리스크도 작지요. 결국 위험 대비 수익률이 중요한데, 그런 측면에서는 채권이 상대적으로 가장 안전한 투자 상품이라고 볼 수 있을 것 같습니다.

Q. 저금리 시대에 수익성은 있나요? 주식같이 수익률 높은 곳에 투자해야 하는 거 아닌가요?

물론 저금리 시대에는 주식처럼 변동성이 높은 금융상품에 투자하는 것이 수익률 측면에서 좋을 수도 있습니다. 그러나 앞서 얘기한 것처럼 수익이 높다는 것은 위험도 크다는 것을 의미합니다. 저금리 시대라고 무턱대고 고수익만 추구하고 투자하는 것은 바람직하지 않아 보입니다. 오히려 은행 예금보다 수익률이 높고 주식보다 안전한 채권이 위험 대비 수익성 측면에서 좋을 수 있습니다. 투자 대상을 넓히는 것도 좋은 방법인데, 그중 구조화채권이나 파생결합증권은 좀 더 높은 수익을 기대할 수 있고, 주식연계채권은 원금은 보장되면서 주식처럼 높은 수익을 얻을 수 있습니다.

Q. 채권이 주식보다 좋은 점은 뭐가 있나요?

이것도 정말 어려운 질문입니다. 모든 금융상품은 장단점이 있기 때문입니다. 채권의 장점이라면, 우선 사전에 정해진 이자가 지급된다는 점입니다. 즉 현금흐름을 미리 예측할 수 있다는 얘기입니다. 반면 주식은 미래의 주가를 예측할 수 없다는 단점이 있지요. 둘째, 채권은 만기가 있어서 만기 시점에 원금을 돌려받을 수 있습니다. 반면 주식은 원금을 돌려받지 못합니다. 셋째, 주식은 종류가 보통주, 우선주 정도밖에 없어서 투자 대상이 다양하지 않지만 채권은 일반채권을 비롯해 구조화채권, 파생결합증권 등 여러 형태로 발행되고 있어 투자 대상이 다양하다는 점 등을 들 수 있습니다.

Q. 채권은 어디에서 거래할 수 있나요?

채권은 주식과 똑같은 방법으로 증권사에 계좌를 개설하면 언제든지 거래할 수 있습니다. 거래는 증권사 지점을 방문해서 할 수도 있고 전화를 통해서 할 수도 있고, 인터넷이나 휴대폰으로도 할 수 있습니다.

Q. 거래 방법이 어렵거나 복잡하지는 않나요?

거래 방법은 아주 간단합니다. 위에서 말한 것처럼 휴대폰으로도 거래할 수 있습니다. 채권을 거래하기 위해서는 우선 증권사에 계좌를 개설하고, 다음으로 본인이 사고 싶은 종목의 금액과 가격을 정해서 주문을 하면 됩니다. 채권 거래는 복잡한 것이 아니라 그간 투자를 하지 않아서 친숙하지 않은 것일 뿐입니다.

자, 이제부터 채권에 한 걸음 다가가보겠습니다. ∎

채권 투자,
결코
어렵지 않다!

START

채권에 대해
잘못 알고 있는
3가지

    개인들은 예금, 주식, 채권, 펀드 등 다양한 금융상품에 여유자금을 투자하고 있다. 이 중 예금이나 주식에 대해서는 일반인들이 관심도 많고 직접 투자도 많이 하고 있다. 반면 채권에 대해서는 상대적으로 어렵다고 인식하거나 돈 많은 사람들이나 투자하는 것이라고 인식하는 등 채권 관련 금융상품에 대해서는 아직 주식처럼 친근하게 여기지 않는다.

    하지만 저금리가 지속되고 있고 100세 시대를 눈앞에 둔 현재의 상황에서 합리적인 투자를 하기 위해서는 반드시 채권 관련 금융상품과 친해져야만 한다. 채권은 그 자체로도 훌륭한 금융상품이지만 채권과 관련된 다양한 금융상품이 지속적으로 개발되고 있어 채권과 채권 관련 금융상품을 이해하지 않고 재테크 전선에 나서는 것은 무기 없이 전쟁에 뛰어드는 것과 같다. 여기서는 일반인들이 채권에 대해 잘못 인식하고 있는 부분에 대해 알아보기로 하자.

채권은 안전한 금융상품이다?

대다수의 사람들은 채권을 안전한 금융상품이라고 인식하고 있다. 물론 틀린 얘기는 아니다. 하지만 이는 정부가 발행하는 채권에 해당되는 내용이고, 일반 기업이 발행하는 채권의 경우에는 결코 안전한 자산이라고만은 할 수 없다. 기업이 발행하는 채권은 기업의 경영 성과에 따라 최악의 경우에는 원금을 손해 보는 일도 종종 있기 때문이다. 최근 저금리 상황이 지속되면서 많은 투자자들이 이자율이 낮은 은행 예금보다 높은 이자율을 제공하는 회사채 시장으로 이동하고 있다. 그런데 이 과정에서 높은 수익률만 보고 채권에 투자했던 일부 투자자들 중에는 낭패를 본 투자자들도 있다. 그 대표적인 사례가 2013년에 있었던 동양그룹 사태다.

당시 제계 순위 36위였던 동양그룹은 2013년 9월에 자금난에 시달리던 ㈜동양, ㈜동양레저, 동양인터내셔널㈜의 법정관리(기업회생절차) 신청을 했고 이어 10월에는 ㈜동양네트웍스, ㈜동양시멘트의 법정관리 신청을 했다. 기업이 법정관리 신청을 하면 채권이 동결된다. 즉 법적으로 돈을 갚지 않아도 되고, 이후 부채를 탕감하거나 경영 상황에 따라 천천히 부채를 상환하면 된다.

동양그룹 사태가 일어나기 전, 동양그룹이 망하지 않을 것이라고 생각한 4만 여 명의 투자자들은 동양그룹 계열사의 채권이나 기업어음(CP)에 투자를 했다. 그런데 막상 동양그룹 계열사들이 줄줄이 법정관리 신청을 하고 동양그룹이 회생하지 못하자 투자자들은 원금 손해를 보게 되었다. 이때 투자자들이 보유했던 동양그룹 계열사 관련 채권은 약 1조 7,000억 원에 이르는 것으로 알려졌다.

동양그룹 계열사들이 법정관리에 들어간 이후 금융감독원의 분쟁 조정에 따른 손해배상액과 회생 계획안에 따른 변제 금액을 감안하면 투자자들은 원금의 약 64% 정도를 회수할 수 있을 것으로 알려졌다. 결국 약 40%에 달하는 금액을 손해 본 것이다.

이 회수 금액도 회생 계획안에 따른 것으로 회수하는 데, 상당히 오랜 기간이 걸릴 것으로 보이는데, 그나마 계획대로 기업이 살아나지 않으면 그마저도 어렵게 될 것이다. 결국 안전하다고, 설마 하고 동양그룹 회사채를 매입한 개인투자자들은 큰 손해를 입게 되었다.

채권이 비교적 안전한 투자자산이기는 하지만 이처럼 기업이 부도가 나는 경우 해당 채권은 안전한 자산이라는 옷을 벗게 되고, 이로 인해 투자자들은 추위에 떨게 된다.

또 다른 사례로 STX그룹의 예가 있다. 제계 순위 13위였던 STX그룹이 자금난에 봉착하면서 계열사인 STX팬오션은 2013년 6월 법정관리에 들어갔다. STX팬오션은 해운업계에서는 국내 3위, 벌크선 분야에서는 국내 1위 업체로 시장 지위가 확고한 기업이었다. 그러나 STX그룹의 무리한 사업 확장과 해운 경기 침체로 인해 자금 조달에 어려움을 겪게 되었고, 이로 인해 STX팬오션은 법정관리에 들어가게 되었다. 그런데 STX팬오션이 법정관리에 들어가기 전에 주채권은행인 산업은행이 채권 회수를 위해 STX팬오션 인수를 검토하고 있다는 사실이 알려지면서 많은 개인투자자들이 STX팬오션이 법정관리에 들어가지 않을 것이라고 예상하고 높은 수익률을 기대하며 해당 회사의 채권을 매수했다. 그러나 STX팬오션이 가지고 있는 많은 부채로 인해 산업은행이 인수를 포기하겠다는 입장을 표명하자 STX팬오션은 바로 법정관리에 들어갔다. 이로 인해 해당 채권을 매수했던 투자자들은 원금을 손해 보게 되었는데, 당시 개인투자자들이 보유한 STX팬오션 채권 금액은 6,000억 원이 넘는 것으로 알려졌다.

이처럼 채권을 발행한 기업이 부도가 나게 되면 채권도 주식처럼 손해를 볼 수 있다. 우리가 일반적으로 알고 있는 상식인 '채권은 안전하다'는 개념이 적용되기 위해서는 채권을 발행한 기업이 채권 만기 시점까지 건재해야 한다. 그래야 채권의 원금 및 이자를 안전하게 돌려받을 수 있다. 결국 기업의 경영 실적이 채권에서 '안전'이라는 보호막을 벗겨낼 수도 있다는 사실을 인지해야 한다. 앞의 사례처럼 기업의 경영 상황이나 신용 상태를 정확히 분석하지 않고 높은 수익률만 보고 채권에 투자하는 것은 '채권은 안전한 상품'이라는 믿음을 무용지물로 만들어버리는 결과를 가져온다. 엄밀하게 말하면 채권은 '안전한 상품'이 아니라 '상대적으로 안전한 상품'이라고 보는 것이 맞다.

시대적으로 보면 1997년 있었던 IMF 구제금융 요청(이하 'IMF') 이전에는 채권이 안전한 금융상품이라고 하는 상식은 상식이 아닌 진실이었다. IMF 이전에 발행된 대부분의 회사채는 은행이 보증을 해주었기 때문에 회사채를 사는 것이 은행에 예금하는 것과 별반 차이가 없었다. 그러나 IMF 당시 몇몇 은행이 퇴출되면서 은행도 망할 수 있다는 사실을 경험하게 되었고, 이후에 발행된 회사채는 무보증으로 발행되면서 더이상 채권이 안전하다는 상식은 통하지 않게 되었다.

이처럼 채권 투자도 위험이 따르기 때문에 채권에 투자하기 위해서는 사전에 채권에 대해 이해할 필요가 있다. 주식에 투자하는 경우 대부분의 사람들은 사전에 기업에 대한 분석도 하고 나름대로 정보도 수집하는 등 많은 노력을 기울인다. 그러나 채권에 투자할 때는 주식에 비해 노력을 기울이지 않는다. 이는 아직 채권이 안전하다는 생각을 버리지 못하고 있기 때문이다. 그러나 앞으로는 기존의 상식을 버리고 채권에 대해서도 공부를 해서 재테크 신호등에 초록 불이 켜지도록 해야 할 것이다.

채권은 사전에 정해진 이자만 받는다?

대부분의 채권은 보유하고 있으면 사전에 정해진 이자를 지급받지만, 지급받는 이자가 변하는 채권도 있다. 사전에 정해진 이자를 주는 채권을 '고정금리부채권(straight bond)'이라고 하고, 시장금리 변화 또는 시장 상황에 따라 이자 지급액이 변하는 채권을 '변동금리부채권(FRN : Floating Rate Note)'이라고 한다.

가장 대표적인 변동금리부채권은 기준금리(reference rate)에 가산금리(spread)를 더하여 이자를 지급하는 채권으로, 기준금리로는 CD(양도성예금증서)금리가 일반적으로 사용된다.

예를 들어 A기업이 채권을 발행할 때 이자를 3개월마다 CD+0.30% 지급하는 조건으로 발행하면 이 채권은 변동금리부채권이 된다. CD금리가 기준금리가 되고 0.30%는 가산금리이며, 가산금리는 개별 기업의 신용도에 따라 결정된다. 만약 이자 지급 시점에 CD금리가 2.00%면 이 채권의 이자는 2.30%로 결정된다. 이처럼 변동금리부채권을 보유한 투자자는 3개월마다 정해지는 CD금리에 가산금리를 더한 이자를 지급받게 된다.

CD금리에 연동되는 변동금리부채권은 단순하고 대표적인 변동금리부채권이라고 할 수 있는데, 이자를 정하는 방식은 CD금리에 연동되는 방식 외에도 다양한 형태로 발행되고 있다. 그중에는 '구조화채권(Structured note)'과 '파생결합증권(DLS : Derivative Linked Securities)'이 있다. 구조화채권과 파생결합증권은 일정한 조건에 따라 이자를 지급하는 형태를 취한다. 예를 들어, 이자 지급일에 CD금리가 4%를 넘어가지 않으면 5%의 이자를 지급하는 반면, 이자 지급일에 CD금리가 4%를 넘어가면 이자를 지급하지 않는 형태다.

변동금리를 지급하는 구조화채권과 파생결합증권은 이전에는 기관투자자들의 전유물이었으나 이제는 파생결합증권 등의 형태를 통해 개인투자자들의 참여가 지속적으로 늘어나고 있다. 이는 저금리 상황이 지속되면서 이자수익에 대한 변동성이 다소 커지더라도 높은 수익을 얻고자 하는 투자 수요가 증가했기 때문이다.

이런 변동금리부채권은 향후의 금리에 대한 전망과 이자 지급 조건에 대해 충분히 이해하고 투자해야 한다. 채권 투자를 통해 좀 더 높은 수익을 얻기 위해서는 채권은 고정적인 이자를 지급한다는 고정관념을 버리고 변동금리부채권에 대해서도 관심을 가져야 할 것이다.

개인은 채권에 투자하기 어렵다?

대부분의 사람들은 사회생활을 시작하는 시점부터 생을 마감할 때까지 재테크에 관심을 갖는다. 직장인들뿐 아니라 가정주부들도 모여서 대화를 나누다보면 어느 순간 대화의 주제가 돈 불리는 방법으로 향하게 된다.

그런데 그 대화 내용을 잘 들어보면 대부분 주식 이야기로 시작해서 주식 이야기로 끝난다. 많은 금융상품이 있는데 왜 유독 주식이 주된 화두가 되는 것일까? 이유는 간단하다.

우선 은행 예금은 상대적으로 수익률이 낮고 상품 구조가 대부분 동일하고 서로 다른 은행이 제시하는 금리 수준에도 큰 차이가 없다. 돈이 있으면 예금을 하고 나중에 이자와 원금을 찾으면 되는 간단한 구조라서 따로 신경 쓸 내용이 없다. 이처럼 신경 쓸 내용이 없다는 것은 대화의 주제가 될 만한 내용도 없다는 것이다.

반면에 주식은 신경 쓸 내용이 많다. "A기업이 신기술을 개발했다", "B기업이 자금 조달이 어렵다", "C기업에 작전세력이 있다" 등 온갖 이야기가 언급된다. 또한 증권사에서도 주식에 관련된 각종 보고서를 수없이 발간하고 있다. 이처럼 주식은 이야깃거리가 많고 일반인들도 주식에 대해 많은 관심을 가지고 공부도 많이 한다. 이러한 점들이 주식이 대화의 주요 주제가 되는 이유라고 보아도 무방할 것이다.

그렇다면 채권의 경우는 어떨까? 주식이라면 모를까, 주변 사람들과 채권을 주제로 대화를 나눈 적은 거의 없을 것이다. 여러분의 기억을 되살려봐도 그럴 것이다. 이는 아마도 채권에 직접 투자하는 사람이 주식에 투자하는 사람보다 적고, 채권은 어렵다는 선입견이 있어서 공감대 형성이 안 되기 때문일 것이다.

채권에 직접 투자하는 사람이 적은 가장 큰 이유는 주변에서 채권에 투자하는 방법을 이야기해주는 사람이 적기 때문이다. 따라서 아직은 채권에 투자하는 방법을 다른 사람과의 대화를 통해 배우기보다 서적 등을 통해 배우는 것이 빠른 방법이다. 또 채권이 어렵다는 선입견이 있는데, 이는 실제로 채권 투자가 어렵기 때문이 아니라 채권에 대해 관심을 덜 가졌기 때문이다. 채권은 결코 어렵거나 복잡한 상품이 아니다. 주식 투자는 그 결과를 아무도 알 수 없지만 채권은 '1+1=2'처럼 간단하고 결과가 명확한 상품이다. 문제는 채권에 대해 관심을 가져야 한다는 것이다.

채권에 투자하는 방법으로는 펀드 등을 통한 간접 투자 방법과 채권을 직접 매수하는 방법이 있다. 간접 투자는 은행이나 증권사에 가서 펀드 관련 상품설명서를 읽고 결정하면 간단히 할 수 있다. 채권에 직접 투자하는 방법은 주식 투자와 별반 다르지 않다. 자세한 설명은 뒤에서 하겠지만 채권도 주식 거래처럼 증권회사를 통해 할 수 있다. 증권회사 직원을 통해 매매할 수도 있고 HTS(Home Trading System)를 이용해 인터넷으로 매매할 수도 있다.

과거에는 채권이 기관투자자들의 전유물이었고, 이로 인해 개인들은 채권시장에 대한 정보를 취득하기가 어려웠다. 그러나 채권시장이 정비되고 정부가 마련한 채권시장 활성화 방안 등으로 인해 채권은 더 이상 기관투자자들만의 전유물이 아니다. 개인들도 예전에 비해서 쉽게 채권에 대한 정보를 취득할 수 있게 된 것이다.

채권에 관련된 대부분의 정보는 금융투자협회의 채권정보센터(www.kofiabond.or.kr)에서 찾아볼 수 있다. 또한 국채, 지방채, 특수채, 전환사채(CB), 신주인수권부사채(BW), 교환사채(EB), 일반사채 등 한국거래소에 상장된 모든 채권은 증권회사를 통해서 거래가 가능하다.

채권 투자가 어렵다는 것은 편견이다. 주식과 달리 개인들의 채권에 대한 관심과 이해가 부족했던 것뿐이다.

채권에 투자하기 전에
알아야 할
상식 3가지

채권에 투자하기 위해서는 채권이라는 상품 자체에 대한 이해는 필수적이다. 이와 더불어 채권이 거래되는 채권시장의 구성 및 참가자, 다양한 채권 관련 상품 등에 대한 이해도 필요하다. 이러한 내용은 차차 알아보도록 하고 여기서는 채권에 대해 상식적으로 알아야 할 3가지에 대해서 이야기해보자.

수익률 착시 현상에 주의하라

주식이나 채권에 투자를 하면 "주식에 투자했는데 수익률이 30%다" 또는 "3%짜리 채권을 매입했다"와 같이 투자 결과를 수익률로 이야기한다. 수익률은 금융상품에 투자하는 경우 빼놓을 수 없는 단어다. 여기서는 투자에 있어서 중요한 판단 근거가 되는 수익률에서 발생하는 착

시 현상에 대해 알아보기로 하자. 우선 다음과 같은 상황에 대해서 생각
해 보자.

투자자 갑이 한국전자 주식을 100,000원에 매수하여 보유하고 있다. 이 주식
이 10,000원 상승했다가 10,000원 하락하거나 또는 10,000원 하락했다가
10,000원 상승하는 경우 수익은 어떻게 될까?

여기에 대한 대답은 두 경우 다 두말할 필요 없이 본전이다. 그렇다면
다음의 경우를 보자.

똑같은 주식이 10% 상승했다가 10% 하락하는 경우, 또는 10% 하락했다가
10% 상승하는 경우 수익은 어떻게 될까?

일반적으로 10% 상승했다가 10% 하락했고, 10% 하락했다가 10%
상승했으니 10,000원씩 움직인 앞의 경우처럼 본전이라고 생각할 수
있다. 그러나 이 경우는 본전이 아니다. 똑같은 폭으로 움직였어도 금액
으로 움직인 경우와 수익률로 움직인 경우는 그 결과가 다르다.

같은 크기로 수익률이 움직였음에도 불구하고 본전이 되지 않는 이
유는 실제 손익을 계산해보면 쉽게 이해할 수 있다. 100,000원짜리
주식이 10% 상승하면 110,000원이 되고, 이 상태에서 10% 하락하
면 99,000원이 되어 본전인 100,000원에서 손해를 보게 된다. 이는
100,000원의 10%는 10,000원이지만 110,000원의 10%는 11,000원
이기 때문이다. 결국 상승한 110,000원에서 11,000원 하락한 것이므로

99,000원이 된다. 반대의 경우도 마찬가지다. 100,000원짜리 주식이 10% 하락하면 90,000원이 되지만 여기서 다시 10% 상승하면 99,000원이 되어 원래의 가격으로 회복되지 못한다. 이는 100,000원의 10%는 10,000원이지만 90,000원의 10%는 9,000원이기 때문이다.

이는 수익률의 착시 현상을 보여주는 단적인 예다. 이처럼 수익률은 계산을 할 때 무엇을 기준으로 삼느냐에 따라 그 결과가 달라지면서 착시 현상이 발생한다. 결국 언론이나 은행 창구에서 접하게 되는 금리나 수익률의 경우, 기준이 무엇인지 정확히 알아야 한다. 착시 현상을 정확하게 이해하지 못하면 마치 사막에서 오아시스를 보고 달려가는 것과 같다고 할 수 있다.

착시 현상이 발생하는 다른 경우를 살펴보자. 어느 정도는 들어봤을 단리와 복리에 관한 경우다. 2개의 은행이 각각 예금에 대한 이자를 아래와 같이 제시하고 있다. 1억 원을 3년간 예금하고자 하는 경우 어느 은행에 예금하는 것이 유리할까?

A은행 : 3년 만기 정기예금 5.0%(만기이자지급식, 단리)
B은행 : 3년 만기 정기예금 4.8%(만기이자지급식, 3개월 복리)

A은행의 이자율은 5.0%, B은행의 이자율은 4.8%이므로 단순하게 숫자로 표시된 이자율만 본다면 A은행의 정기예금이 더 좋은 상품으로 보인다. 그러나 앞서 얘기했듯이 수익률은 무엇을 기준으로 하느냐에 따라 착시 현상이 생길 수 있으므로 단순한 숫자에 현혹되어서는 안 된다. 수익률 착시 현상을 제거하기 위해서는 수익률이 아닌 수익 금액을 이

용하면 된다. 이를 위해 각각의 상품에 예금했을 경우 만기 때 지급받게 될 이자를 구해보자.

A은행 : $100,000,000 \times (1+0.050 \times 3) = 115,000,000$원
B은행 : $100,000,000 \times (1+0.048/4)^{(3 \times 4)} = 115,389,462$원

이자를 구해보면 A은행은 1,500만 원, B은행은 1,539만 원으로 B은행에서 지급받는 이자가 더 많다. 단순하게 이자율만 본다면 A은행의 이자율이 높지만 단리는 이자에 대한 이자는 계산하지 않는 반면, 복리는 이자에 대한 이자를 추가로 계산하므로 동일한 수익률인 경우 복리로 이자를 지급받는 것이 유리하다.

수익률에서 발생하는 착시 현상은 이렇듯 우리 일상생활에 밀접하게 연결되어 있다. 이는 대충 넘길 만한 사항이 아니다.

수익률은 단리, 복리, 표면이율, 만기수익률, 연평균수익률, 실효수익률, 총수익률 등 그 종류가 다양하다. 이렇게 다양한 수익률의 각각의 계산 방식을 다 알 필요는 없지만 대표적인 수익률에 대해서는 그 개념을 알고 있어야 한다. 그래야 단순히 수익률만 보고 투자하는 우를 범하지 않을 수 있을 것이다.

채권에도 선물이 있다

주식시장에 주가지수선물(Stock market index future)이 있다는 것

은 대부분의 사람들이 알고 있는 사실이다. 그러나 채권이나 이자율도 선물로 거래할 수 있다는 사실을 알고 있는 사람은 많지 않다. 실제로 우리나라에 채권 관련 선물이 도입된 지는 15년이 넘었고, 채권을 기초 자산으로 하는 채권선물이 한국거래소에서 활발하게 거래되고 있다.

주가지수선물의 거래량을 보면 거래 규모가 단연 압도적이다. 거래 금액을 보면 2011년에는 ETF 및 선물차익거래 포지션이 늘어나고 유 로존 위기로 인하여 글로벌 증시가 급락하며 주식시장의 변동성이 확 대되면서 거래 금액이 1경 1,259조 원까지 증가했다가 이후 파생상품 시장에 대한 금융당국의 규제로 2014년에는 거래량이 4,880조 원으로 감소했다.

국채선물 거래량은 주가지수선물에는 미치지 못하지만 상당히 큰 금 액이 거래되고 있다. 연간 4,000조 원이 넘는 금액이 채권선물시장에서 거래가 되고 있으며, 2014년에는 3,454조 원이 거래되었다. 2014년 기 준으로 보면 주가지수선물과 국채선물의 거래량 차이가 이전에 비해 크 게 줄어들었다.

[표 1] 주가지수선물과 국채선물 거래 금액

구 분	2011년	2012년	2013년	2014년
KOSPI200선물	11,259	7,944	6,424	4,880
국채선물	3,915	4,607	4,489	3,454

자료 : 한국거래소(단위 : 조 원)

아직 많은 사람들이 채권시장에 선물 상품이 있는지 모르는 만큼 채 권선물 시장에서 개인들의 참여 비중도 낮은 편이다. KOSPI200선물의 개인투자자 비중이 28.3%에 이르는 반면, 채권을 기초자산으로 하는 국채선물의 개인투자자 비중은 2.0%에 불과하다. 반면 국채선물에 투자한 기관투자자와 외국인의 거래 비중은 무려 97.9%에 이른다.

[표 2] 주가지수선물과 국채선물 투자자별 거래 비중

구 분	개 인	기관투자자	외국인	기타법인
KOSPI200선물	28.3	20.0	50.9	0.8
3년 국채선물	2.0	73.1	24.8	0.1

자료 : 한국거래소(www.krx.co.kr), 2014년 기준(단위 : %)

주가지수선물에 비해 채권선물에 투자한 개인투자자들의 비중이 낮은 것은 아마도 선물의 기초자산이 되는 채권에 대한 개인투자자들의 친밀도가 주식과 차이가 있기 때문일 것이다. 친구나 직장동료 2명만 모여도 대부분 주식 이야기를 하고, 3명이 모이면 다 주식 전문가라는 얘기도 있다. 반면 채권은 몇 명이 모이든 이야기의 주제가 되지 않는다. 결국 채권에 대해 개인들이 친숙하지 않기 때문에 채권선물에 대해서는 더욱 관심이 떨어질 수밖에 없다.

주식은 배당에 대한 투자보다는 대부분 시세차익을 목적으로 투자를 한다. 그리고 좀 더 쉽게 큰 시세차익을 얻는 방법으로 주식을 사고파는 것보다 선물이나 옵션 같은 파생상품을 이용하는 경우가 많다. 그래서 주식선물시장에서 개인들의 비중이 클 수밖에 없다. 그러나 채권 투자는 기본적으로 시세차익보다는 이자수익을 목적으로 하기 때문에 변동성이 크고 시세차익에 민감한 선물에 대한 관심이 떨어지는 것이다.

채권도 대박 날 수 있다

채권의 수익률은 주식에 비해 낮지만 안정적인 수익을 가져다준다는 장점이 있다. 그러나 시장 상황에 따라서는 안정성과 더불어 높은 수익도 얻을 수 있다.

채권을 구입해 만기까지 보유하고 있으면 사전에 약속된 이자를 지급받는다. 그런데 상황에 따라서는 만기 이전에 보유하고 있던 채권을 매매함으로써 높은 수익을 얻는 방법도 있다.

IMF로 금리가 급등했던 1998년 초반, 부동산등기를 할 때 의무적으로 구입해야 하는 국민주택1종채권을 구입한 사람 중에는 거의 50%에 이르는 수익을 얻은 사람들도 있었다. 1998년 초, 만기가 5년인 국민주택1종채권은 17%의 수익률로 거래되어 액면가 10,000원짜리를 5,821원에 살 수 있었다.(계산식 part 6 「채권 가격 계산」, part 8 「채권 투자 전략」 참고)

그런데 채권을 매입한 후 IMF 금융위기가 일단락되면서 금융시장에 대한 불안감이 해소되고 경기부양을 위해 정부가 금리인하 정책을 펴자 1998년 말 해당 채권의 수익률이 7.3%까지 하락하면서 채권 가격이 9,628원까지 상승했다. 만기까지 보유하고 있으면 17%의 수익이 발생했을 이 채권을 만기 전인 1998년 말에 매도한 사람들은 1년 만에 무려 65%의 수익을 얻을 수 있었다. 이처럼 채권은 활용하기에 따라 안정적인 수익을 가져다주는 동시에 시장 상황에 따라 주식 못지않은 높은 수익을 가져다줄 수도 있다.

2011년에 KB금융지주 경영연구소에서 발표한 '주택시장의 투자

수익률 분석' 보고서를 보면 1987년부터 2010년까지 24년간 누적된 부동산, 채권(회사채), 주식의 투자수익률은 아파트 1,036.9%, 회사채 941.3%, 주식 652.4% 순으로, 최고의 수익률을 보인 것은 아파트였다. 이는 1980년대 후반부터 2000년대까지 아파트 가격이 급등한 것을 생각하면 당연한 수치일 것이다. 여기서 흥미로운 것은 주식의 수익률보다 회사채의 수익률이 높다는 점이다.

또한 보고서에 따르면 부동산의 경우 아파트가 아닌 전체 주택(단독, 연립, 아파트)을 기준으로 할 경우 누적수익률이 572.1%으로, 941.3%인 회사채보다 낮게 나타났다. 즉 부동산 수익률을 아파트가 아닌 전체 주택을 대상으로 하는 경우, 회사채의 누적수익률이 1위를 나타내면서 부동산, 채권, 주식 중 채권(회사채)의 수익률이 가장 높게 나타났다.

물론 누적수익률을 산출하는 데 있어서 어느 시기를 대상으로 하는가에 따른 수익률 차이는 있다. 보고서에 의하면 분석 기간을 20년으로 한 경우에는 누적수익률의 순서가 '회사채 〉 아파트 〉 주택 전체 〉 주식' 순이고, 15년으로 분석한 경우에는 '아파트 〉 회사채 〉 주택 전체 〉 주식' 순이었다. 누적 기간을 바꾸더라도 회사채 수익률은 여전히 주식 수익률보다 높게 나타나면서 아파트 수익률과 앞서거니 뒤서거니 하는 모습을 보였다. 물론 분석 기간을 10년으로 한 경우에는 주식이 선두에 서며 '주식 〉 아파트 〉 주택 전체 〉 회사채' 순이 되었다.

여기서 중요한 것은 채권도 상황에 따라서 대박이 날 수 있고, 과거 수익률을 비교해보면 채권이 안전한 대신 낮은 수익률을 제공하는 금융상품이라는 일반적인 상식과 달리 장기간 놓고 보면 오히려 주식이나 부동산보다 높은 수익률을 제공한다는 것이다.

채권은
어떻게
탄생했나?

채권은 전쟁 때문에 처음 생겨났다고 알려져 있다. 금융상품 중 상대적으로 안전하다고 여겨지는 채권의 기원이 인류에게 가장 위험하다는 전쟁 때문에 생겨났다니 아이러니가 아닐 수 없다.

화폐가 생겨난 이후 돈을 필요로 하는 사람은 항상 있었고 돈을 빌려주려고 하는 사람도 항상 존재했다. 따라서 이들 간에는 돈을 매개로 항상 금전대차 거래가 일어났다. 이러한 금전대차를 발전시켜 채권으로 탄생시킨 것은 전쟁을 하는 데 대규모 자금이 필요했던 정부였다.

언제나 돈 필요한 사람과 투자할 곳 찾는 사람은 있다

베니스의 상인인 안토니오는 친구인 바사니오가 사랑하는 여인에게 구혼하는 데 필요한 돈을 마련해 주기 위해 고리대금업자인 샤일록으로부터 돈을 빌린다. 돈을 빌리는 대가로 안토니오는 자신의 배를 담보로 맡기고, 돈을 갚지 못할 경우 자기의 살 1파운드를 제공하기로 한다. 그런데 항해를 나간 배가 돌아오지 않아 안토니오는 샤일록으로부터 빌린 돈을 갚지 못하게 되고, 샤일록에게 살 1파운드를 제공해야 하는 처지에 놓인다. 고리대금업자인 샤일록은 안토니오에게 살 1파운드를 받겠다고 재판까지 가게 되는데, 재판장에서 재판관이 샤일록에게 약속대로 안토니오의 살을 가져가되 피를 흘려서는 안 된다고 판결하면서 이 이야기는 해피엔딩으로 끝난다.

셰익스피어의 대표작 중 하나인 『베니스의 상인』의 줄거리다. 이 이야기는 작품이 집필되었던 1596년 당시의 시대상을 반영하고 있고, 사회정의 차원이나 정서적으로 아주 당연한 결론을 내리고 있다. 다만 고리대금업자인 샤일록은 돈을 빌려주고 한 푼도 돌려받지 못하는 상황에 처했고, 안토니오는 돈을 빌리고 갚지 않아도 되는 상황이라 경제적인 관점에서는 그다지 이치에 맞지 않은 결론이다.

이런 결론은 계약의 정당성 때문에 발생하는 것이다. 채무이행 조건으로 살 1파운드를 제공한다는 것은 요즘 이야기로 하면 일종의 신체포기각서를 쓰고 돈을 빌린 것이 된다. 신체포기각서는 그 자체가 불법이며 일종의 '불완전판매'가 되는 것이다. 소설의 내용을 요즘의 금융시장에 대입해보면 어떻게 될까? 안토니오는 돈이 필요한 차입자이고, 샤일록은 돈을 대출해주는 금융기관이 된다. 배는 담보가 되고, 신체부위 제공은 불법행위가 된다.

돈을 필요로 하는 사람(차입자)과 돈을 제공하고자 하는 사람(대출자)의 관계는 어떻게 성립될까? 법률용어로는 이를 '금전소비대차계약'이라고 한다.

'금전소비대차계약'의 가장 오래된 유형은 사적 계약 관계인 '차용증서'를 근거로 한 1 : 1 계약일 것이다. 『베니스의 상인』의 샤일록과 안토니오도 사적 계약에 의한 금전소비대차계약을 맺었다. 이러한 계약의 문제는 당사자 간의 계약이므로 불법적인 내용이 포함될 가능성이 높고, 사회적으로 문제가 되기도 하는 '갑의 횡포'도 배제할 방법이 없다는 것이다.

돈을 빌리거나 빌려주는 거래가 개인들 사이에서 빈번하게 발생하자 이를 전문적으로 처리하는 기관이 만들어졌는데, 이것이 바로 금융기관이다. 여유자금을 가지고 있는 사람이 직접 타인에게 돈을 빌려주는 대신 금융기관에 맡기면 그 금융기관이 돈을 필요로 하는 사람에게 빌려주는 형태로 발전한 것이다. 이렇게 되면 큰돈을 가지고 있는 사람뿐 아니라 소액을 가지고 있는 사람들도 금융기관에 돈을 예치하여 간접적으로 타인에게 돈을 빌려주는 경제활동을 할 수 있게 되는 것이다. 즉, 개인들 사이에서 직접적으로 이뤄지던 금전소비대차계약이 금융기관을 통해 간접적으로 이뤄지기 시작했고, 이후 금융기관이 경제 흐름에서 중요한 역할을 담당하게 되었다. 이런 금융기관의 대표적인 예가 바로 은행이다.

채권시장의 태동은 전쟁으로부터

금융기관이 설립되면서 금전소비대차계약의 주도권이 금융기관으로 넘어갔다. 그러나 금융기관을 통한 간접적인 금전소비대차가 발전하는 동안에 개인들 간에 이뤄지는 직접 금전소비대차 거래도 지속적으로 이루어졌다.

소규모 금전거래뿐 아니라 대규모 금전거래에서도 직·간접적인 금전소비대차의 중요성은 여전히 유지되었다. 특히 전쟁 등으로 인해 국고가 부족해진 정부가 세금만으로는 국고 부족분을 채우기 힘들어지자 직접적으로 개인들로부터 자금을 차입하기 시작하면서 직접적인 금전소비대차의 중요성은 더 부각되었다. 세수가 부족해진 정부가 직접적인 자금 조달에 나선 것인데, 이로 인해 채권이 탄생했다고 보면 될 것이다.

최초로 채권을 탄생시킨 것으로 알려진 13세기 이탈리아의 도시국가 베네치아의 사례가 이런 경우다. 베네치아 정부는 전쟁 비용을 충당하기 위해 미래의 세수를 담보로 개인들에게 돈을 빌렸고, 이를 위해 1262년 '몬스(monte)'라는 이름의 장기채권을 발행했다. 이것이 채권의 효시라고 알려져 있다. 전쟁은 채권의 탄생에 중요한 역할을 했으나, 이후 채권 또한 전쟁에서 중요한 역할을 담당했다. 전쟁을 수행하기 위해 채권을 발행한 흔적은 여기저기에 남아 있다.

미국 남북전쟁이 끝난 후 남부군의 한 장군은 전쟁에 패한 원인으로 북부 연방정부의 군대가 아닌 필라델피아 출신의 채권브로커를 언급했다고 한다. 1861년 남북전쟁이 터졌을 당시 북부 연방정부는 거의 파산 상태였고, 재정적인 측면에서는 남부군이 훨씬 더 여유가 있었다. 그러나 전쟁 말기에 북부군이 전쟁 비용을 대규모로 조달하면서 전쟁에서 승기를 잡았다. 북부군이 이렇게 전쟁 비용을 조달할 수 있게 해준 사람은 제이 쿡(Jay Cooke)이라는 은행가였다. 그는 전쟁 시작 당시 파산 상태였던 북부 정부에 돈을 빌려주기를 꺼려했던 뉴욕 월가의 은행들을 대신해 국민들에게 직접 국채를 판매하자는 아이디어를 제안했다. 이전에는 대부분의 국채를 은행 등 금융기관을 대상으로 발행했는데, 제이쿡의 제안으로 북부 연방정부는 국채를 소액으로 발행해 일반시민들이 살 수 있게 했다. 애국심에 호소한 결과 10억 달러가 넘는 국채를 개인들에게 팔았는데, 이는 북부 연방정부가 지출한 전쟁 비용의 2/3에 해당하는 금액이었다. 결국 남북전쟁에서 북부의 승리를 이끈 숨은 공신은 채권이었던 것이다.

2015년 2월, 영국 정부는 제1차 세계대전 당시 전쟁 비용을 충당하기 위해 1917년 발행했던 채권 중 상환하지 않고 남아 있던 3억 달러, 우리나라 돈 약 3,300억 원에 해당되는 금액을 상환했다고 발표했다. 제1차 세계대전이 발발한 지 100년 만에 채권을 모두 상환한 것이다. 이와 더불어 당시의 기사에서는 영국 정부가 발행한 채권 중에는 그보다 더 오래된 것도 있다고 언급했다. 1850년 러시아와 영국 · 프랑스 연합군 간에 벌어진 크림전쟁의 비용을 조달하기 위해 발행한 채권, 1840년 아일랜드 대기근 때 발행한 채권과 나폴레옹전쟁 때 발행한 채권 등이 그것이다.

우리나라도 최초의 채권은 정부가 발행한 것으로 파악되고 있다. 해방 이후 정부 수립 초기였던 1950년에 재정 적자를 보전하기 위해 건국국채를 발행하였는데, 이를 국내 채권의 효시로 보고 있다. 건국국채는 1950년 발행되기 시작하여 한국전쟁 이후 전비(戰費) 조달 및 피해 복구자금 충당을 목적으로 1963년까지 총 17회에 걸쳐 발행되었다. 표면금리가 5%였고, '오분리건국국채증서(伍分利建國國債證書)'라고 명기되어 있어서 일명 '오분리 채권'이라고 불렸다. 이렇게 발행된 건국국채는 1975년에 상환이 완료되었다.

건국국채 이전에도 독립공채(정식 명칭은 '대한민국원년독립공채')가 발행되었다. 독립공채는 대한민국 임시정부가 1919년 11월 20일 '대한민국원년독립공채발행조례'를 제정하면서 발행되었다. 독립공채는 하와이 동포들이 가장 많이 구입했으며 상환 조건은 미국이 한국 정부를 승인해주는 날 현금이나 다른 채권으로 지급해주겠다는 조건이었다. 그러나 독립공채증서에 서명을 할 당시 임시정부의 대통령이었던 이승만이 독립 이후 대통령이 되었음에도 상환하지 않고 있다가 1983년에 '독립공채 상환에 관한 특별조치법'이 통과된 후에야 상환하기 시작했다.

독립공채는 건국국채보다 앞서 발행되었기에 이를 우리나라 채권의 효시로 볼 수도 있으나 독립공채는 자금을 빌린다는 의미보다는 애국심에 호소해 독립자금을 조달하고자 하는 성격이 강해 건국국채를 우리나라 채권의 효시라고 보는 것이 타당해 보인다.

건국국채 발행 이후 6.25 전쟁에 따른 경제 재건을 위한 목적으로 '산업부흥채권', 고속도로 건설 소요 재원 조달 목적을 위한 '도로채' 등이 정부 주도로 발행되었다.

현재 시점의 채권시장을 보더라도 채권시장에서 정부가 차지하는 비중은 매우 크다. 2015년 말 기준으로 국내 채권시장의 채권 발행액은 1,702조 원에 이르며, 이 중 국가가 발행한 국채의 발행액은 545조 원으로 전체 발행액의 32%에 해당한다. 이와 더불어 통화정책을 담당하는 한국은행이 발행하는 채권인 '통화안정증권'의 발행액은 181조 원으로 전체 발행액의 10.6%이며, 정부의 사업을 수행하는 공기업이 발행한 '특수채'의 발행액은 334조 원으로 19.6%를 차지한다. 결국 정부의 사업을 수행하는 공기업의 채권 발행액이 전체 발행액의 62.2%에 달하고 있다.

전쟁 비용이나 경제 부흥을 위한 정부의 자금 조달 창구로서 태동한 채권시장은 자금을 필요로 하는 기업들이 참여하면서 현재와 같은 형태가 갖추어지게 되었다.

채권과
금리 관련 상품을 모르면
재테크는 포기하자

일반적으로 우리는 목돈을 모으거나 여유자금을 투자하는 방법으로 주식과 부동산을 떠올린다. 예금이나 채권 등 금리 관련 상품도 있지만 우선순위에서는 주식과 부동산에 밀린다. 그러나 동의하기는 힘들 수도 있지만 주식이나 부동산 투자의 근본은 '금리'라고 보아도 무방하다. 왜 주식이나 부동산 투자의 근본이 금리인지 이제부터 살펴보도록 하자.

주식의 가치는 수익률로 평가

일반인들이 가장 쉽게 접근하는 주식에 대해 먼저 이야기해보자. 우리나라의 대표적인 기업이라고 할 수 있는 삼성전자의 경우를 보면 2015년 말 주가가 126만 원이었다. 이는 누군가는 삼성전자 주식을 126만 원에 팔았고, 누군가는 126만 원에 샀다는 이야기다. 누가 현명한 판단을 한 것인가? 주가가 올라가든 내려가든 둘 중 한 명은 틀릴 수밖에 없다. 따라서 많은 사람들이 과연 적정주가가 얼마인가에 대해 고민한다. 이러한 투자자들의 고민을 조금이라도 덜어주고자 적정주가에 대한 대답을 제공하는 사람들이 증권사의 애널리스트들이다. 이들은 각자의 모델을 가지고 주가를 평가하는데, 대표적인 평가모델이 '배당평가모형'과 '이익평가모형'이다.

배당평가모형은 미래에 예상되는 배당금의 현재가치의 합으로 주가가 결정된다는 이론이다. 즉, 미래에 예상되는 주당배당금을 요구수익률(할인율)로 나누어 적정주가를 산출하는 모형이며, 이를 식으로 나타내면 다음과 같다.

$$주식\ 가격 = \frac{주당배당금}{요구수익률}$$

예를 들어, 삼성전자에서 예상되는 미래의 연간 주당배당금이 10,000원이고, 요구수익률이 5%면 주가는 200,000만 원이 된다는 것이다. 주가를 결정하는 데 있어 한 축은 미래 기업의 배당금이 담당하지만 또 한 축은 요구수익률이 담당한다. 요구수익률은 주식 투자에서 기대되는 수익률로, 미래의 현금흐름을 현재가치로 바꾸어주는 할인율의 개념이다. 즉 금리와 같은 개념이다.

만약 예금 금리가 3%면 주식에서 요구되는 수익률은 5% 수준일 수 있지만, 예금 금리가 5%면 주식에서 요구되는 수익률은 5%보다 높은 7% 또는 그 이상이 되어야 한다. 이는 예금에서 나오는 이자는 확정적인 반면 배당금은 확정적이지 않고 변할 수 있기 때문에 주식에서 기대되는 수익률이 당연히 예금 금리보다는 높아야 하기 때문이다. 결국 주가를 계산하는 데 할인율이 이용되고 있고, 할인율은 시중금리 수준을 기반으로 해서 결정된다고 이야기할 수 있다. 이는 주식의 가격을 계산하는 밑바닥에는 금리가 존재하고 있다는 것을 보여준다.

또 다른 주가 평가모형인 이익평가모형을 보면 주가는 배당뿐만 아니라 기업 내부에 유보된 이익까지 포괄하여 기업으로부터 예상되는 미래의 주당 이익을 적절한 요구수익률로 할인하여 주식의 가치를 결정한다는 것이다. 이는 배당을 하지 않는 기업의 경우 배당으로만 주식 가격을 계산하는 단점을 해소해주는 모형으로, 다음과 같이 계산한다.

$$주식\ 가격 = \frac{주당이익금}{요구수익률}$$

배당평가모형에 따른 계산식에서 분자를 차지하고 있던 주당배당금이 이익평가모형에서는 주당이익금으로 바뀌었을 뿐 분모는 여전히 요구수익률이 차지하고 있다. 이익평가모형에서도 주식의 가격을 결정하는 밑바탕에 금리가 존재하고 있음을 알 수 있다.

수익형부동산 가격은 환원이율 기준으로 산정

부동산으로 눈을 돌려보자. 저금리 시대가 지속되면서 부동산시장에서 가장 큰 이슈는 '수익형부동산'이 되었다. 이러한 시장의 흐름을 반영하듯 아파트 시장에서도 월세가 전세의 자리로 밀고 들어오고 있다.

전세는 수익형부동산이라기보다는 일종의 파이낸싱(자금 조달) 기능을 하던 부동산 상품이었다. 아파트 가격이 하늘 높은 줄 모르고 오르던 시절에 투자를 목적으로 아파트를 매입하면 이를 전세로 임대를 주고 전세보증금과 아파트 담보대출로 자금을 조달하여 또 다른 아파트를 매입하는 식으로 아파트 가격 상승에 따른 이익을 극대화하는 방법을 사용했다. 그러나 더 이상 아파트 가격이 옛날처럼 상승하지 않자 아파트에 투자하는 사람들이 전세를 통한 자금 조달보다는 월세 형태의 수익을 원하게 되었고, 결국 아파트 시장에서 전세 비중이 축소되고 월세가 상가, 오피스(오피스텔 포함)와 더불어 수익형부동산으로 자리잡게 되었다.

이들 수익형부동산 가격은 기본적으로 '수익환원법'을 통해 가격의 적정성을 평가한다. 수익환원법은 부동산에서 발생되는 순수익(임대 수입-관리유지비)을 환원이율(할인율)로 나누는 방법이다.

$$\text{부동산 가격} = \frac{\text{순 수 익}}{\text{환원이율}}$$

예를 들어, 보유하고 있는 상가에서 나오는 연간 순수익이 1,200만 원이고 환원이율이 5%면 상가의 적정가격은 2억 4,000만 원이 된다. 부동산의 기대수익률도 위의 식을 통해서 구할 수 있는데, 부동산의 기대수익률 즉 환원이율은 '순수익/부동산 가격'으로 계산할 수 있다. 월세가 50만 원인 1억 5천만 원짜리 상가의 기대수익률을 구하면 4%(600만 원/1억 5천만 원)가 된다. 그런데 만약 월세가 50만 원인 동일한 상가의 기대수익률이 5% 수준이면 이 상가는 상대적으로 싸다고 평가할 수 있을 것이다. 이와 같이 적정 부동산 가격을 산출하는 데도 기대수익률을 이용하여 계산하며, 기대수익률은 시중금리 수준에 따라 결정된다. 결국 부동산 가격을 계산하는 밑바탕에도 금리가 자리 잡고 있다.

금리는 채권만이 아니라 주식, 부동산 등 모든 금융자산의 가격이 결정되는 데 있어서 중요한 역할을 한다. 따라서 금리를 기본으로 하고 있는 채권 및 채권 관련 상품을 모르고 재테크를 논의하는 것은 덧셈 뺄셈을 모르고 미분이나 적분을 공부하는 것과 마찬가지다. 무엇을 하든지 기본에 충실한 것이 가장 중요한 것처럼 금리를 기반으로 한 채권 및 채권 관련 상품을 충분히 이해하는 것은 다른 모든 금융상품을 이해하는 데도 도움이 될 것이다.

채권과
만나기 위한
위밍업

START

기본적인
채권의 개념
ΛBC

채권은 개인, 기업 또는 정부 간의 금전소비대차, 즉 돈을 차입하거나 빌려주는 방법 중 하나다. 다양한 거래 주체 간에 오랜 기간 동안 이루어지던 금전소비대차 거래는 시간이 지남에 따라 일정한 형식을 갖추게 되었다. 이러한 일정한 형식이 채권으로 발전되었고, 채권시장이 활성화되면서 일정한 형식은 제도적으로 정착되었다. 여기서는 채권과 관련된 일정한 형식에 대해서 알아보도록 하자.

채권 발행자는 보유하고 있는 현금을 운용 또는 투자하고자 하는 채권 매수자에게 채권을 발행하여 자금을 조달한다. 이때 채권 발행자는 채권 매수자에게 미래의 일정한 시점(이자 및 원금 지급일)에 일정한 금액(이자 및 원금)을 지급할 것을 서면으로 약속한다. 즉, 미래의 현금흐름을 미리 서로 약속하는 것이다. 이와 같이 미래의 현금흐름이 사전에 확정되어 있다는 관점에서 채권(Bond)을 '고정금리증권(Fixed Income Securities)'이라고 부르기도 한다. (이 책에서는 채권을 광의로 해석해서 고정금리를 주는 채권과 더불어 변동금리부채권, 양도성예금증서, 기업어음, 파생결합증권 등 채권 관련 상품을 모두 채권으로 보고 이야기를 함께 풀어가고자 한다.) 한편 채권 발행자 입장에서는 돈을 빌리는 것이므로 '부채증권(Debt Securities)'이라고도 부른다. 명칭이야 어찌됐던 일정한 현금흐름을 약속하고 돈을 차입하는 형태로 발행된 증권을 채권이라고 부른다.

채권의 대표적인 특성 4가지

채권의 가장 큰 특징은 일반적으로 다음의 4가지를 들 수 있다. 물론 이러한 분류는 교과서적인 분류이며, 최근에는 금융상품 간 결합이 일어나면서 그 영역이 애매한 상품들이 나오고 있다. 이는 Part 4 「채권의 진화는 계속된다」에서 알아보도록 하자.

만기가 있다

채권은 만기가 있는 '기한부증권'이다. 채권은 만기가 있어서 채권자와 채무자의 관계가 일정 기간 동안만 성립되고, 만기가 되면 채권 발행자는 채권 보유자에게 원금을 상환함으로써 채권·채무 관계를 해소해야 한다. 만약 만기일까지 채권을 상환하지 않으면 부도(Default)가 나는 것이다. 정부가 발행하는 채권인 국채를 통해 이를 살펴보자.

국고채권02750-1706(14-3)으로 표기되는 국채는 대한민국 정부가 발행한 채권의 종목명이다. 이 채권의 발행일은 2014년 6월 10일이고 만기일은 2017년 6월 10일로, 만기 3년짜리 채권이다. 이 채권의 발행자와 보유자 간의 채권·채무 관계는 3년 동안 유효하고, 발행 후 3년이 되는 2017년 6월 10일에는 채권 발행자인 대한민국 정부가 원금을 상환해야 한다는 의미다.

이자를 지급한다

채권은 일정 기간 동안 사전에 약속된 이자를 지급하는 '이자지급증권'이다. 앞에서 예를 들었던 국채의 경우 채권시장에서 '이표(Coupon)'라고 표현되는 이자를 6개월마다 연 2.75%로 지급하기로 약속되어 있다. 즉 액면 10,000원짜리 국채를 가지고 있으면 3년 동안 매년 6월 10일과 12월 10일에 각각 137.5원(10,000원×0.0275/2)을 채권 발행자인 정부로부터 지급받게 된다.

장기투자 상품이다

채권은 일반적으로 장기 자금을 조달하기 위해 사용된다. 은행 예금의 경우 대부분 만기가 1년 위주이며, 기업어음이나 양도성예금증서는 주로 3개월 위주로 발행된다. 반면에 채권은 3년, 5년 위주로 발행되고, 신용도가 좋은 기업의 경우 7년, 10년의 장기채권을 통해서도 자금을 조달한다. 정부의 경우에는 30년 만기의 장기채권을 발행한다.

시장에서 자유롭게 거래할 수 있다

채권은 '시장성 유가증권'이다. '시장성이 있다'는 것은 필요에 따라 신속하게 현금으로 전환할 수 있다는 의미이며, '유가증권'은 일정한 금전이나 물건에 대해 청구할 수 있는 권리가 표시되어 있는 증서를 말한다. 즉, 채권은 미래의 현금에 대해 청구할 수 있는 권리를 표시하는 유가증권으로, 시장에서 매매를 통해 현금화할 수 있다는 것이다.

앞에서 이야기한 채권의 4가지 특성은 전통적인 채권의 특성을 나타내는 것이고, 최근에는 금융상품 간 영역이 무너지면서 이러한 특성도 혼재되고 있는 상황이다. 채권과 주식의 성격을 동시에 가지고 있는 채권, 파생상품이 결합된 채권, 만기가 없는 채권 등 다양한 형태의 채권이 발행되고 있어, 채권이라는 그 자체의 특성보다는 개별 상품의 특성을 파악하는 것이 더 중요해지고 있다.

채권과 예금은 이웃사촌

채권과 은행 예금은 여러 가지 금융상품 중 가장 유사한 성격을 가지고 있다. 이는 채권과 은행 예금 모두 원금과 일정 수준의 이자를 지급한다는 내용을 사전에 약속하기 때문이다.

두 상품의 차이는 예금은 은행을 통한 간접 금융상품인 반면 채권은 직접 금융상품이라는 점이다. 은행 예금처럼 금융기관이 자금 공급자(예금자)로부터 예금 등의 형태로 자금을 빌린 후 이를 다시 자금 수요자에게 제공하는 금융시장을 간접 금융시장이라고 한다. 반면 채권시장같이 자금 공급자와 수요자 간에 직접 거래가 이루어지는 금융시장을 직접 금융시장이라고 한다.

은행 예금의 경우 자금을 운용하고 싶은 투자자가 은행에 예금을 하면 은행은 다수의 고객(투자자)이 맡긴 자금을 활용하여 개인 또는 기업에 대출을 해주거나 채권 매수 등의 방법을 통해 수익을 얻어 고객에게 이자를 지급하고 원금을 상환한다.

채권은 채권 투자자가 자금이 필요한 기업이나 정부가 발행하는 채권을 직접 매수하고 이자를 받는 구조다. 다만 채권을 거래할 때 일반적으로 투자자가 채권 발행자와 직접 거래하기보다는 증권회사를 통해 거래를 하게 된다. 채권 거래 과정에 증권회사가 포함되기 때문에 채권시장도 간접 금융시장으로 볼 수 있지 않나 하는 의문이 생길 것이다. 하지만 증권회사는 채권의 매매를 중개만 할 뿐 투자자로부터 돈을 모아서 이 돈으로 채권에 투자하는 것은 아니기 때문에 채권시장은 간접 금융시장에 포함되지 않는다.

유동성에 있어서도 채권과 예금은 다소 차이가 있다. 예금의 경우 일부 해약이 불가능한 상품을 빼고는 대부분 만기가 남아 있더라도 약속된 이자의 일부만 손해 볼 뿐 원금은 회수할 수 있다. 반면 채권의 경우는 발행자에게 만기 이전에 상환을 요구할 수는 없다. 만약 만기 이전에 돈을 상환받기 원한다면 주식처럼 채권을 매도를 하면 된다.

시장에서 돈을 쉽게 회수하기 위해서는 해당 채권의 거래가 활발하게 이루어져야 하는데, 이를 '유동성'이라고 한다. 유동성은 채권별로 차이가 많이 난다. 국채같이 신용도가 높고 발행 물량이 많은 채권은 별 어려움 없이 매매를 통해서 현금화시킬 수 있다. 즉 국채는 유동성이 아주 좋다. 반면 발행 물량도 적고 신용도가 낮은 회사채의 경우는 매매를 통해서 현금화하기 어렵다는 단점이 있다. 즉 회사채는 유동성이 떨어진다.

매매를 통해 채권을 현금화할 경우, 예금과 달리 높은 수익을 얻을 수도 있고 손해를 볼 수도 있다. 채권을 매수할 당시보다 낮은 금리에 해당 채권을 파는 경우에는 높은 이익을 볼 수도 있고, 반대로 채권을 매수할 당시보다 높은 금리에 해당 채권을 파는 경우에는 손해를 볼 수도 있다. 이런 시세차익을 노리는 것도 채권 투자의 또다른 묘미라 할 수 있다.

채권과 주식은 자석의 N극과 S극

채권과 주식 발행은 기업이 자금을 조달할 때 사용하는 대표적인 방법으로 직접 금융시장에서 거래되는 상품이라는 공통점이 있다. 그런데 이런 공통점에도 불구하고 채권과 주식은 자석의 N극과 S극처럼 서로 반대의 성질을 가지고 있다. 이는 기업의 경우 주식은 자기자본으로, 채권은 타인자본으로 기업을 구성하기에 서로 섞일 수 없는 관계이기 때문이다.

채권과 주식의 차이점은 크게 5가지를 들 수 있다.

첫째, 발행 주체를 보면 주식은 주식회사만 발행할 수 있다. 반면 채권은 정부, 기업, 특수법인 등 다양한 주체들이 발행할 수 있다.

둘째, 주식은 자기자본인 반면 채권은 타인자본이다. 주식으로 조달된 금액은 재무상태표(대차대조표)에 '자본'으로 기재되고, 채권으로 조달된 금액은 재무상태표에 '부채'로 기재된다. 법적으로는 주식을 매수한 투자자는 '주주'로서의 권리를, 채권을 매수한 투자자는 '채권자'로서의 권리를 갖게 된다.

셋째, 채권 보유자는 채권 발행자로부터 사전에 약속된, 확정된 이자를 지급받는 반면, 주주는 회사의 경영 성과에 따른, 확정되지 않은 배당금을 지급받는다.

넷째, 채권은 만기가 있는 기한부증권인 반면 주식은 만기가 없다. 즉 채권은 일정한 만기가 되면 채권 발행자가 원금을 상환하지만, 주식은 만기가 없어 원금을 상환하지 않고 회사가 청산될 때 잔여재산을 분배한다. 주식을 소유한 투자자는 회사가 청산되지 않으면 원칙적으로 원금을 돌려받지 못한다.

마지막으로, 유동성 측면에서 주식은 대부분 장내시장인 증권거래소에서 거래되어 환금성이 뛰어나다. 반면 채권은 장내에서 거래되는 채권도 있지만 대부분 장외에서 거래되고 있어 유동성 측면에서 주식보다 환금성이 낮다. 다만 한국거래소에서 거래되지 않는 비상장주식의 경우에는 유동성이 채권보다 떨어질 수 있다.

[표 3] 채권과 주식의 차이점

구 분	채 권	주 식
발행 주체	정부, 은행, 주식회사 등	주식회사
증권의 성격	타인자본(부채)	자기자본(자본금)
투자자 지위	채권자	주주
반대급부	이자	배당금
투자 회수	만기상환, 채권매도	주식매도
상환 여부	만기상환	상환 없음

전형적인 채권과 주식의 차이는 금융 기법의 발달로 주식과 채권의

양면적인 성격을 가지고 있는 금융상품들이 나오면서 그 벽이 무너지고 있는 상황이다. 주식과 채권의 양면적 성격을 가진 대표적인 상품으로는 전환사채, 신주인수권부사채, 교환사채, 이익참가부사채(PB), 신종자본증권 등이 있다.

채권은
어떻게
발행되는가?

    채권시장은 크게 채권이 발행되는 발행시장(Primary Market)과 발행된 채권이 거래되는 유통시장(Secondary Market)으로 나눌 수 있다.

    발행시장은 자금을 필요로 하는 정부, 금융기관, 공공단체, 기업 등이 채권을 발행해서 자금을 조달하는 시장이다. 발행시장에서 발행된 채권은 주로 은행, 보험사, 증권사, 자산운용회사 같은 기관투자자들이 인수하며, 개인투자자들은 공모청약을 하는 경우 일부 참여하고 있다.

    유통시장은 이미 발행된 채권이 유통되는 시장으로, 기관투자자들뿐 아니라 개인들도 쉽게 참여할 수 있는 시장이다.

    우선 여기서는 채권이 발행되는 채권발행시장에 대해 알아보자.

채권발행시장의 구성

발행시장을 구성하는 주체는 크게 3가지로 분류할 수 있다.

우선 자금이 필요하여 채권을 발행하는 '채권 발행자'다. 채권 발행자에는 정부, 금융기관, 공공단체, 기업 등이 해당된다.

둘째, 채권 발행과 관련된 업무를 처리하는 '발행 중개기관'이다. 발행 중개기관에는 제3자에게 채권을 취득시킬 목적으로 신규 발행되는 채권을 취득하는 '인수회사', 인수회사를 대표하여 발행회사와 인수 조건(발행 조건) 등을 협의·결정하고 채권 발행에 관련된 업무를 수행하는 '주관회사', 불특정 다수를 대상으로 발행된 채권에 대한 청약업무를 대행해주는 '청약기관'이 있다.

그리고 마지막으로 채권을 매수하는 '투자자'로 구성된다.

[그림 1] 채권발행시장의 구성

채권을 발행하는 방식

채권발행시장에서 채권을 발행하는 방식은 여러 유형이 있는데, 크게 직접발행과 간접발행, 공모발행과 사모발행으로 구분한다.

직접발행과 간접발행

직접발행은 자금을 조달하는 채권 발행자가 직접 채권 매수자(투자자)를 모집하고 채권 발행에 관한 모든 사무를 직접 처리하는 방식이다.

간접발행은 증권사 등 인수기관을 통해서 채권을 발행하는 방식으로, 대표주관회사(발행회사로부터 증권의 인수를 의뢰받은 자로서 주관회사를 대표하는 금융투자회사)가 채권 발행에 관련된 사무를 대행하는 방식이다. 대부분의 채권 발행은 직접발행 방식이 아닌 주관회사를 이용하는 간접발행 방식으로 이루어진다.

간접발행은 채권 인수 방식에 따라 3가지 유형으로 나뉜다.

① 총액인수(firm commitment underwriting) : 인수회사가 발행 물량 전액을 인수한 후 투자자에게 모집 또는 매출하는 방식

② 잔액인수(stand-by underwriting) : 투자자들에게 모집 또는 매출된 금액이 채권 발행총액에 미달할 경우 잔액에 대해서 인수하는 방식

③ 모집주선(best-effort underwriting) : 채권 발행 시 인수기관과 인수계약을 맺지 않고 발행하는 방식으로, 투자자에게 모집 매출된 수량의 채권만 발행하는 방식

기업들이 채권을 발행하는 경우에는 대부분 총액인수 방식으로 발행하고 있다.

공모발행과 사모발행

공모발행은 50인 이상의 불특정 다수를 대상으로 채권을 발행하는 방법이다. 이를 위해 채권 발행 시 50인 이상의 투자자에게 청약 권유가 이루어져야 한다. 채권 발행이 불특정 다수를 대상으로 하기 때문에 투자자를 보호하기 위해서는 유가증권신고서*를 금융위원회에 제출해야 한다. 공모발행은 시장에서 금리를 결정하는 수요예측과정을 통해 발행이 결정되므로 투자자 입장에서는 공정한 가격으로 채권이 발행된다는 장점이 있다. 반면에 발행기업 입장에서는 채권의 발행을 결정하고 발행하는 데 약 한 달가량의 기간이 소요된다는 단점이 있다.

사모발행은 소수의 투자자에게만 채권을 발행하는 것으로, 모집 또는 매출* 시 50인 미만의 투자자에게만 청약 권유가 이루어져야 한다. 사모 방식으로 채권을 발행하는 경우 감독기관인 금융위원회에 유가증권신고서를 제출해야 하는 의무가 면제된다. 사모발행은 소수의 투자자를 대상으로 발행 정보가 공유되고, 원하는 금액만큼만 채권을 발행할 수가 있다.

채권 발행자는 공모 방식으로 채권을 발행하는 경우 금융감독당국에 유가증권신고서를 제출해야 하는데, 이 과정에서 채권 발행자가 해당 기업의 경영 관련 정보가 공시되는 부담을 피하고자 할 경우 사모 방식으로 채권을 발행하기도 한다. 또한 공모로 채권을 발행하는 경우 발행상의 절차적인 문제로 인해 시간이 소요되는 것을 줄이고 신속하게 자

* 유가증권의 모집이나 매출 시 투자자 보호와 건전한 자금 조달을 위해 당해 유가증권과 발행회사에 관한 내용을 기재한 서류. 유가증권신고서를 금융위원회에 제출하고 그 수리된 날로부터 일정한 기간이 경과해야 모집이나 매출을 할 수 있음.

* '모집'은 새로 발행되는 유가증권을 불특정 다수에게 취득 청약을 권유하는 것. '매출'은 이미 발행된 유가증권의 매도 또는 매입 신청을 권유하는 것.

금을 조달하고자 할 때 많이 이용한다. 실제로 롯데그룹에서는 기업 지배구조 관련 내용이 공시되는 부담으로 인해 한때 사모 방식으로 채권을 발행하기도 했다. 기업들이 사모 방식으로 채권을 발행하는 이유는 다음 기사를 참조하면 쉽게 이해할 수 있을 것이다.

회사채 시장서 롯데그룹이 사라졌다

올 들어 롯데그룹의 공모채 발행이 급감했다. 지난해에는 1조 7,000억 원이 넘는 금액을 공모채 시장에서 발행했지만 올해는 시장에서 모습을 감추다시피 했다.

호텔롯데의 사모채 발행은 오는 16일 만기도래 예정인 2,300억 원 규모의 공모사채 차환용으로 해석된다. 올 들어 롯데그룹에서 공모채 발행이 끊긴 것은 호텔롯데뿐만이 아니다. 롯데푸드가 올 초 발행한 500억 원 규모의 회사채를 제외하고는 롯데그룹 전체에서 올해 공모채 발행이 없다. 지난해 롯데그룹 계열사들이 공모채 시장에서 총 1조 7,500억 원을 발행했던 것과 대조적이다. 반면 롯데그룹을 제외한 나머지 대기업 그룹인 삼성, 현대차, SK, LG 그룹은 올 들어 이날까지만 각각 1조 원이 넘는 회사채를 발행했다.

롯데그룹은 회사채 만기도래 및 운영자금 조달에 사모채와 기업어음 발행으로 대응해 왔다. 이날 기준 롯데건설의 미상환 기업어음 발행 물량은 3,840억 원에 달한다.

시장에서는 롯데그룹이 공모채 시장에서 사라진 이유 중 하나로 공모 과정의 번거로움을 꼽는다. 사모사채 시장에서는 소폭 높은 금리를 제공하면 유가증권신고서를 제출할 의무가 없는 만큼 번거로운 절차를 피할 수 있다.

특히 호텔롯데의 경우 지난해 공모채 발행 당시 일본 측 주주 정보에 대해 금감원의 추가 공개 요청을 받은 만큼 공모채 발행에 부담을 느끼는 것이라는 설명이다.

자료 : 「머니투데이」 2014년 6월 12일

위의 기사를 보면 롯데그룹이 채권을 발행할 때 공모 방식이 아닌 사모 방식으로 채권을 발행하는 이유 중 하나로 공모 과정의 번거로움을 들었다. 공모발행은 50인 이상 불특정 다수의 투자자에게 모집 또는 매출에 대한 청약 권유가 이루어져야 한다. 따라서 투자자 보호 차원에서 유가증권신고서를 금융위원회에 제출해야 한다. 반면 50인 미만의 투자자에게 모집 또는 청약 권유가 이루어져야 하는 사모채권은 공모채권에 비해 소폭 높은 금리를 제공해야 하는 부담이 있지만, 증권신고서를 제출해야 하는 번거로움을 피할 수 있다.

또한 유가증권신고서를 제출하지 않음으로써 해당 회사가 공개하고 싶지 않은 경영 관련 사항을 공개해야 하는 부담에서도 자유로울 수 있다는 점이 롯데그룹이 사모사채를 발행한 이유로 언급됐다.

발행금리 결정에 있어서도 사모발행은 투자자와 발행기관이 협의해 발행금리를 자유롭게 결정할 수 있지만, 공모발행의 경우 발행회사와 주관회사는 원하는 금리의 상단 수준과 하단 수준인 금리밴드(금리 범위) 수준만 정하고 발행금리는 투자자들이 시장에서 수요예측에 참여하여 결정하는 방식(수요예측제도)이라 사모발행이 공모발행보다 금리 결정 측면에서 절차가 더 간소하다.

수요예측제도

수요예측제도는 무보증사채를 공모로 발행하는 경우에 시장가격이 반영된 발행금리를 결정하기 위한 제도로, 대표주관회사와 발행회사는 수요예측 결과를 최대한 반영하여 발행금리를 결정해야 한다.

채권의 발행금리를 결정하기 위한 수요예측은 다음과 같은 방식으로 이루어진다. 이러한 발행 절차는 채권 발행을 담당하는 사람이나 전문적으로 채권 투자를 하는 기관투자자가 아니면 몰라도 되지만 시장의 구조를 이해하는 측면에서 살펴보기로 하자.

[표 4] 회사채 수요예측 절차

공모희망금리 및 발행 예정 금액 결정

- 대표주관회사는 해당 무보증사채의 금리 수준을 최대한 적정하게 추정한 후 발행회사와 협의하여 공모희망금리를 결정한다.
- 공모희망금리의 최고금리와 최저금리의 차이는 20bp 이상이 되는 구간의 형태로 제시한다. 단 최고금리는 2개 이상의 채권평가회사가 평가한 금리의 평균인 민평금리 이상으로 제시해야 한다.
- 대표주관회사는 수요예측을 실시하기 이전에 공모희망금리와 유가증권신고서에 기재된 발행예정금리를 수요예측 참여자에게 제시한다.

수요예측 실시

- 대표주관회사가 금융투자협회의 수요예측시스템(FreeBond)을 이용하여 연기금, 보험사, 자산운용사, 은행 등 기관투자자를 대상으로 수요예측 실시한다.
- 수요예측 참여사는 원하는 경우 서로 다른 금리로 참여 금액을 신청할 수 있다.
- 대표주관회사는 수요예측 참여 금액의 합이 발행예정금액에 미치지 못하는 등 불가피한 경우를 제외하고는 수요예측 종료 후 별도의 수요 파악을 하지 않는다.

공모금리 결정

- 대표주관회사는 수요예측에 참여한 전체 수요 중 과도하게 높거나 낮은 금리로 참여한 수요를 제외하고 정상적인 시장수요라고 파악되는 유효수요를 파악한다.
- 대표주관회사는 수요예측 결과를 반영하여 공모금리를 합리적으로 결정한다.
- 수요예측 참여자별로 합리적인 방법으로 청약 예정물량을 배정한다.

절차가 다소 복잡해 보이지만 간단하게 정리해보면 대표주관회사를 담당하는 증권회사는 채권을 발행하고자 하는 회사와 협의하여 채권의 희망금리밴드를 결정한다. 단 희망금리밴드는 2개 이상의 채권평가회사에서 제시하는 금리의 평균(민평금리)을 참고하여 정한다. 금리밴드의 최고금리는 민평금리 이상으로 하고, 최고와 최저의 차이를 20bp 이상으로 해야 한다. 이해를 돕기 위해 2015년 5월에 회사채 발행을 위한 수요예측을 실시한 호텔신라의 경우를 보자.

호텔신라(신용등급 AA)는 5년 만기 회사채 800억 원을 발행하기 위한 희망금리밴드를 민평금리 대비 -15~5bp로 제시했다. '민평금리 대비 -15~5bp'라는 말이 아직 낯설 것이다. 당연하다. 그러니 우선 용어부터 살펴보자.

민평금리란, 채권평가회사가 매일 발표하는 수익률의 평균을 말한다. 대부분의 주식은 한국거래소에서 거래되기 때문에 시장가격을 쉽게 알 수 있다. 반면 채권은 대부분 장외시장에서 거래되기 때문에 시장가격을 쉽게 알 수 없다. 따라서 장외에서 대부분 거래되는 채권은 시장가격을 전문적으로 평가하는 기관이 별도로 필요하다. 이러한 업무를 하는 회사가 채권평가회사다.

-15bp, 5bp에서 'bp'는 'Basis Point'의 약자로 금리를 나타내는 기호다. 우리가 익숙하게 알고 있는 '%'는 숫자 단위로 하면 0.01이다. 이처럼 bp를 숫자 단위로 표시하면 0.0001이다. 즉 '1bp=0.01%=0.0001'이 된다. bp 단위는 채권시장에서 일반적으로 쓰는 단어이므로 친숙해질 필요가 있다. 이를 감안하면 희망하는 금리 수준이 '민평금리 -15bp(-0.15%)~민평금리+5bp(+0.05%)'라는 뜻이다.

수요예측을 하는 날 호텔신라의 5년 만기 채권의 민평금리가 2.345%인 점을 감안하면, 채권을 발행하는 회사가 채권을 발행하면서 시장에 제시한 금리 수준이 2.195~2.395%가 되는 것이다.

여기서 한 가지 궁금한 점이 생길 것이다. 희망금리 범위를 '2.00~

2.20%' 또는 '2.50~2.70%'처럼 알기 쉽게 표기하면 될 텐데 왜 '민평 대비 스프레드'라는 어려운 방식을 취하는 것일까? 이는 채권을 발행하는 회사와 기관투자자들의 이해가 서로 부합된 결과라고 보면 될 것이다. 채권은 수요예측을 한 후 바로 발행하는 것이 아니라 약 2주 정도가 지난 후 발행한다. 따라서 이 기간 동안 금리가 크게 변할 경우 발행자나 투자자 양측 모두에 그에 따른 불편이 발생한다. 따라서 수요예측일과 채권발행일 사이에 발생되는 시장 변화는 수요예측을 할 때 고려하지 않고 단순히 스프레드(spread, 가격 차이를 의미함)만 입찰을 하는 방식으로 제도적으로 정착된 것이다.

이러한 방식으로 정해진 금리밴드와 발행 예정 물량은 금융투자협회에서 운영하는 수요예측시스템(FreeBond)에 공지한다. 이후 수요예측일에 기관투자자들이 원하는 물량과 금리 수준을 수요예측시스템에 입력한다. 수요예측이 끝나면 대표주관회사는 기관들의 수요가 발행물량보다 많은 경우에는 금리가 낮은 순으로 물량을 배정해서 발행물량이 되는 수준에서 발행금리를 결정한다. 반면 수요가 발행물량에 미치지 못하는 경우에는 들어온 수요 중 높은 금리로 발행금리를 결정한다.

공모로 채권을 발행하는 기업은 유가증권신고서를 금융위원회에 제출해야 하며, 유가증권신고서는 수리된 후 일정 기간(보증사채 · 담보부채권 · 자산유동화증권 5일, 무보증사채 7일)이 경과하면 효력이 발생한다. 유가증권신고서가 수리되면 '투자설명서'를 통해, 유가증권신고서가 수리되기 이전에는 '예비투자설명서'를 통해 채권 청약 권유가 가능하다.

투자설명서는 금융감독원의 전자공시시스템(http://dart.fss.or.kr)에서 누구든지 쉽게 찾아 볼 수 있다. 전자공시시스템에 공시되는 투자설명서를 통해 기업의 경영 및 영업 현황과 채권 발행 개요에 대해 자세히 알 수 있다. 투자설명서에는 투자자에게 필요한 기업에 관련된 많은 정보들이 포함되어 있는데, 다음은 투자설명서에 포함되는 주요 내용들이다.

[표 5] 투자설명서 주요 내용

요약 정보

1. 핵심 투자 위험

2. 모집 또는 매출에 관한 일반사항

제1부 모집 또는 매출에 관한 사항

Ⅰ. 모집 또는 매출에 관한 일반사항

Ⅱ. 증권의 주요 권리 내용

Ⅲ. 투자 위험 요소

Ⅳ. 인수인의 의견(분석 기관의 평가 의견)

Ⅴ. 자금의 사용 목적

Ⅵ. 그 밖에 투자자 보호를 위해 필요한 사항

제2부 발행인에 관한 사항

Ⅰ. 회사의 개용

Ⅱ. 사업의 내용

Ⅲ. 재무에 관한 사항

Ⅳ. 감사인의 감사 의견 등

Ⅴ. 이사회 등 회사의 기관 및 계열회사에 관한 사항

Ⅵ. 주주에 관한 사항

Ⅶ. 임원 및 직원 등에 관한 사항

Ⅷ. 이해관계자와의 거래 내용

Ⅸ. 그 밖에 투자자 보호를 위해 필요한 사항

Ⅹ. 재무제표

ⅩⅠ. 부속명세서

전문가의 확인

1. 전문가의 확인

2. 전문가와의 이해관계

투자설명서 '제1부 모집 또는 매출에 관한 사항'에는 발행되는 채권에 관련된 내용이 포함되며, '제2부 발행인에 관한 사항'에는 채권을 발행하는 기업에 대한 내용이 자세하게 나온다. 실제로 금융감독원 전자공시시스템에 나와 있는 삼성중공업 제91회의 투자설명서 'I. 모집 또는 매출에 관한 일반사항' 중 공모개요를 보면 발행되는 채권에 대한 상세한 내용이 나와 있다.

[표 6] 삼성중공업㈜ 제91회 무보증사채 투자설명서

항 목		내 용
사채종목		무보증사채
구분		무기명식 이권부 무보증사채
권면총액		500,000,000,000
발행수익률(%)		2.513
모집 또는 매출가액		각 사채 권면금액의 100%로 한다
모집 또는 매출총액		500,000,000,000
각 사채의 금액		본 사채는 공사채등록법에 의거 사채를 등록발행하며 사채권을 발행하지 아니함
이자 지급 방법 및 기한	이자 지급 방법	이자는 "본 사채"의 발행일로부터 원금상환기일 전일까지 계산하고 매 3개월마다 상기 사채의 이자율을 적용한 연간이자의 1/4씩 분할후급하여 아래의 이자 지급기일에 지급한다.
	이자 지급 기한	2015년 05월 12일, 2015년 08월 12일, 2015년 11월 12일, 2016년 02월 12일, 2016년 05월 12일, 2016년 08월 12일, 2016년 11월 12일, 2017년 02월 12일, 2017년 05월 12일, 2017년 08월 12일, 2017년 11월 12일, 2018년 02월 12일.
신용등급 평가	평가회사명	한국기업평가㈜ / 나이스신용평가㈜
	평가일자	2015년 01월 30일 / 2015년 01월 30일
	평가등급결과	AA / AA
주관회사의 분석	주관회사명	NH투자증권㈜
	분석일자	2015년 1월 30일
상환방법 및 기한	상환방법	본 사채의 원금은 2018년 02월 12일 만기에 일시 상환한다.
	상환기일	2018년 2월 12일

납입기일	2015년 2월 12일
등록기관	한국예탁결제원
원리금지급대행기관	㈜우리은행 판교테크노밸리금융센터

채권은
어떻게
유통되는가?

발행시장에서 채권을 매수한 투자자는 시장 및 본인의 상황에 따라 채권을 팔려고 할 수 있다. 반면 발행시장에서 채권을 매수하지 못했지만 해당 채권을 매수하고자 하는 투자자도 있을 것이다. 이런 경우 서로 거래 상대방을 찾아서 채권을 매매할 수 있다. 이처럼 발행시장에서 채권이 발행된 이후 채권이 거래되는 시장을 채권유통시장이라고 한다. 채권유통시장은 한국거래소에서 채권 거래가 이루어지는 장내시장(Exchange Market)과 한국거래소 밖에서 상대매매 방식으로 매매가 이루어지는 장외시장(OTC : Over the Counter Market)이 있다.

채권 장내시장

장내시장은 한국거래소(KRX : Korea Exchange)*에 개설되어 있으며

'일반 채권시장', '국채전문유통시장', 'Repo시장' 등으로 구성되어 있다.

* 2005년 1월 27일 한국증권거래소, 코스닥증권시장, 한국선물거래소, 코스닥위원회가 합병된 통합거래소로, 한국증권선물거래소로 설립되었으며, 2009년 2월 한국거래소로 명칭이 변경됨.

일반 채권시장

　일반 채권시장은 시장 참가자에 대한 제한이 없어 모든 투자자가 참여할 수 있는 시장으로, 한국거래소에 상장되어 있는 모든 채권이 거래된다. 주식과 마찬가지로 증권회사에 계좌를 개설하고 주식처럼 매매하면 되기 때문에 주식 거래를 해본 투자자라면 쉽게 접근할 수 있는 시장이다. 일반 채권시장에서는 국채, 지방채, 특수채, 회사채를 비롯해 주식 관련 사채(전환사채, 신주인수권부사채, 교환사채 등)가 거래되고 있다. 특히 전환사채는 공정한 가격 형성 및 유동성 제고를 위해 반드시 한국거래소에 개설된 장내시장에서만 거래하게 되어있다.

[표 7] 일반 채권시장 거래내역

종목명	매매현황			
	가격	수익률	거래량(천 원)	거래대금(원)
국민주택1종채권15-02	9,918	2.140	8,000,000	7,934,400,000
두산건설84CB	10,600	0.000	4,255,384	4,487,143,267
금호석유화학142-2	10,200	4.007	2,800,000	2,856,030,000
현대로지스틱스28	10,047	3.610	1,603,000	1,610,534,100
국고채권03000-4212(12-5)	10,985	2.528	1,328,478	1,457,167,712
아시아나항공75	10,090	4.079	1,029,028	1,038,289,252
국민주택2종채권09-12	9,310	1.470	1,000,000	931,000,000
한진해운78	10,040	5.552	666,062	668,985,502
동부CNI43-1	9,999	9.242	533,231	533,227,626

한진68	10,152	4,200	532,600	540,605,013
한진중공업140	10,030	7.067	407,000	408,223,584
한진해운70-2	9,950	7.482	382,417	380,504,915
미래에셋증권3	10,510	2.739	363,461	381,997,511
유안타증권78	10,250	3.898	328,406	336,651,956

자료 : 한국거래소

위의 표는 실제로 한국거래소 일반 채권시장에서 거래된 채권 거래내역이다. 주식 거래내역과 같은 내용이라고 보면 되고, 거래내역의 제일 위에 있는 내용을 보면 국민주택1종채권이 수익률 2.140%, 가격은 액면 10,000원 기준의 채권이 9,918원에 거래되었음을 알 수 있다.(각각의 채권에 대한 자세한 내용은 Part 3 「다양한 형태의 채권들」 참고)

국채전문유통시장

국채전문유통시장(IDM : Inter-Dealer Market)은 국고채전문딜러(PD : Primary Dealer)같이 국채시장에서 시장 조성 업무를 담당하는 일부 금융기관들만 참여하는 시장이다. 국채시장에서 시장 조성 업무를 담당하는 금융기관은 국고채전문딜러, 예비국고채전문딜러(PPD : Preliminary PD), 국채딜러로 분류한다.

국고채전문딜러는 국채시장에서 국채 인수 등에 관하여 우선적인 권리를 부여받는 대신 국채유통시장에서 시장 조성자(Market Maker)로서의 의무를 이행하는 금융기관이다. 국고채전문딜러는 일정한 자격 요건을 갖춘 금융기관 중에 기획재정부 장관이 지정한다.

예비국고채전문딜러는 국채딜러 중 일정한 요건을 갖출 경우 국고채전문딜러가 될 수 있는 금융기관으로, 재정경제부 장관이 지정하는 금융기관이다.

국채딜러는 자본시장과 금융투자업에 관한 법률에 의하여 국채에 대한 자기매매업을 허가받은 금융기관이다. 즉 국채에 대해 자기매매업을 허가받은 금융기관은 국채딜러가 되며, 예비국고채전문딜러를 거쳐 국고채전문딜러가 될 수 있다. 2016년 4월 기준으로 국고채전문딜러는 19개 회사가, 예비국고채전문딜러는 3개 회사가 지정되어 있다.

[표 8] 국고채전문딜러와 예비국고채전문딜러 지정 회사

구분		기관 명
PD(19개사)	은행(9개사)	국민은행, 기업은행, 농협은행, 산업은행, 하나은행, JP모간체이스은행(서울지점), ING은행(서울지점), 크레디아그리콜은행(서울지점), 한국스탠다드차타드은행
	증권(10개사)	교보증권, 대신증권, 대우증권, 동부증권, 삼성증권, 신한금융투자, 한국투자증권, 현대증권, NH투자증권, 미래에셋증권
PPD(3개사)		메리츠증권, 유안타증권, BNP파리바은행(서울지점)

국채전문유통시장에서의 거래체결 방식은 한국거래소가 운영하는 국채자동매매시스템(electronic brokerage system)을 통해 종목별로 매도-매수(two-way quotation)를 입력하여 거래 조건이 맞는 주문끼리 자동적으로 체결되는 방식이다.

Repo시장

Repo(RP : Repurchase Agreement)시장은 현재 시점에서 채권을 매도(매수)하는 동시에 미래 일정 시점(환매일)에 채권을 환매수(환매도)하기로 매매계약을 체결하는 거래다. 즉 현재 시점에서 채권을 파는(사는)동시에 미래의 일정한 시점에 채권을 다시 사기로(다시 팔기로) 매매계약

을 체결하는 것이다. 매수, 매도의 대상이 되는 유가증권은 채권, 주식, CP, CD 등 다양하나 대부분의 RP 매매 대상이 채권으로 이루어지기 때문에 '환매조건부 채권매매'라고 부른다.

[그림 2] Repo(환매조건부 채권매매) 거래 구조

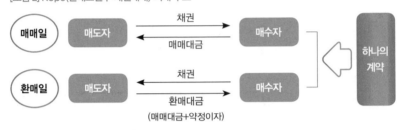

Repo시장은 채권을 사고팔기 위한 시장이 아니라 채권을 매개체로 단기자금을 조달 또는 운용하기 위한 목적으로 개설된 시장이다.

Repo 매도자는 Repo 거래일에 Repo 매수자에게 채권을 팔고 그 대금을 수취한다. 그리고 환매일이 되면 Repo 매도자는 해당 채권을 약속된 가격(매도대금+환매이자)에 다시 사면(환매입) 된다. Repo 매도자는 채권을 판 시점부터 환매일까지 자금을 조달하는 반면, Repo 매수자는 채권을 산 시점부터 환매일까지의 환매이자를 얻을 수 있다. 이때 유가증권을 매도하고 자금을 조달하는 Repo 매도자 입장에서는 "Repo 거래를 한다"라고 하고, Repo 매수자 입장에서는 "역(Reverse) Repo 거래를 한다"라고 한다.

Repo 거래의 법적인 성격은 유가증권 매매에 해당하지만 앞서 언급했던 것처럼 Repo 거래가 단기자금 조달 및 운용의 성격을 가지고 있기 때문에 경제적인 실질은 '담보부소비대차'라고 볼 수 있다. Repo 거래 구조를 보면 매매일과 환매일에 채권의 매매가 이루어지고 해당 채권의 소유권도 이전되므로 일반적인 채권 매매와 동일하다. 그러나 경제적인 측면에서 보면 자금수요자(Repo 매도자)가 보유하고 있는 채권을 담보로 제공하고 자금을 차입하는 형태를 취한다.

또한 Repo 기간 중 발생하는 이표 등의 수익은 채권 보유자(Repo 매수자)에게 귀속되지 않고 채권을 매도한 Repo 매도자에게 귀속된다. 즉 Repo 매수를 통해 채권을 보유하고 있더라도 여기서 발생되는 이표를 Repo 매도자에게 돌려주어야 한다는 점이 채권 매매와 Repo 거래의 가장 큰 차이점이다.

한국거래소에 개설된 Repo시장은 딜러금융(Dealer Financing)을 효율적으로 지원하고 채권시장에서의 차익거래 등을 촉진시키기 위한 목적으로 개설되었으며, 이에 따라 국채딜러만 시장에 참여하도록 허용하고 있다. 2014년 말 기준으로 39개 증권사, 25개 은행 및 증권금융 등이 한국거래소 Repo시장에 참여하고 있고, 국고채 환매거래제도* 도입에 따라 정부도 Repo시장에 참여하고 있다.

* 2003년에 도입된 제도로 국고채전문딜러가 시장 조성 과정에서 일시적으로 국채 결제 물량을 확보하지 못하는 경우 한국거래소를 통해 정부에 국채 공급을 요청할 수 있도록 한 제도.

거래 대상 채권은 매매거래일 현재 미상환액면총액이 2,000억 원 이상인 채권 중 국고채권(일명 '국고채'), 외국환평형기금채권, 통화안정증권, 예금보험공사채권, 신용등급이 AA 이상인 회사채 및 기타 특수채다. Repo 거래 대상 채권을 채권의 신용위험이 낮고 종목당 유동성이 풍부한 채권으로 한정한 것은 Repo 거래의 안정성을 확보하기 위해서다.

Repo는 거래 기간에 따라 Overnight Repo, Open Repo, Term

Repo로 구분된다. Overnight Repo는 계약 기간이 하루인 Repo 거래다. Open Repo는 환매 기간이 미리 설정되어 있지 않은 Repo로, 거래 당사자 중 어느 일방이 Repo 거래를 종료할 때까지 매일 자동적으로 계약이 연장되는 방식이다. Term Repo는 환매 기간이 미리 정해지는 Repo다. 한국거래소 Repo시장은 Term Repo 방식을 채택하고 있으며, 거래 기간은 유동성이 풍부한 1개월 이내 기간(1일물, 2일물, 3일물, 4일물, 7일물, 14일물, 21일물, 30일물)과 60일물, 90일물을 두고 있다.

개인들은 주로 증권사 RP 상품에 가입하는데, 증권사에서 판매하는 RP는 한국거래소 Repo시장에서 거래되는 상품이 아닌 증권사가 고객을 대상으로 판매하는 금융상품이다. 말하자면 증권사의 RP는 증권사가 고객에게 자금을 유치하고 이 자금을 증권사가 운용해서 수익을 내고 약정된 이자를 지급하는 상품이다. 자금을 유치할 때 RP 거래를 통해서 하기 때문에 해당 거래 시 증권사는 약정된 이자를 제공하는 동시에 RP 대상 채권을 RP 가입자에게 제공한다. Repo시장에서 거래되는 RP는 해당 채권의 소유권이 거래 상대방에게 이전되지만 증권사에서 판매하는 RP는 담보의 성격으로만 제공된다. 따라서 증권사 RP 상품에 가입한 후 본인의 증권사 계좌 RP 잔고를 살펴보면 RP 거래에 사용된 채권의 종목명이 표시되어 있을 것이다.

채권 장외시장

채권은 장내시장에서도 거래가 이루어지지만 그 특성상 대부분 장외시장에서 거래된다. 채권은 그 종류가 매우 다양해서 특정 종목을 제외하고는 한국거래소(장내)에서 거래가 이루어질 만큼 거래 참가자가 많지 않다. 따라서 대부분의 채권은 한국거래소 밖(장외)에서 매수/매도 호가를 찾는 작업이 필요하기 때문에 대부분의 채권은 장외시장에서 거래된다.

장외시장에서는 거래소에 상장된 채권뿐 아니라 상장되지 않은 비상장채권을 포함한 모든 종류의 채권이 거래된다. 장외시장에서의 거래는 증권회사 또는 딜러간중개회사(IDB : Inter-Dealer Broker)를 통해 이루어진다. 증권회사 또는 딜러간중개회사는 채권을 거래하고자 하는 투자자에게 거래 상대방을 찾아주고 중간에서 가격 협상을 해주는 역할을 한다. 아파트를 사거나 팔 때 부동산중개소를 이용하는 것과 같은 맥락이다.

장외시장에는 주로 금융기관이나 거액의 자금을 운용하는 법인이 참여하고 있으며, 개인들의 참여도 점진적으로 증가하고 있다. 매매금액은 금융기관들이 거래를 할 경우 관행적으로 100억 원, 200억 원, 300억 원 등 100억 원을 기본 단위로 한다. 상황에 따라서는 100억 원 미만 또는 170억 원, 50억 원, 35억 원 등 100억 원 단위로 딱 떨어지지 않는 금액으로 거래가 이루어지기도 하지만 그 비중은 미미하다.

개인들의 장외시장 거래는 대부분 증권사 창구를 통해 특별한 금액 제한 없이 이루어진다. 개인들이 장외시장에서 채권 거래를 하는 것은 증권사가 채권 거래를 중개하는 것이 아니라 일반적으로 증권사가 보유하고 있는 채권을 개인들에게 판매하는 것이라고 보면 정확하다. 즉 사자 팔자가 힘겨루기를 하면서 거래가 이루어지는 것이 아니고 증권회사가 보유하고 있는 채권에 가격을 매겨 진열대에 전시해놓으면 개인들이 약간의 흥정을 통해 매매하는 것이다. 따라서 대부분 소액을 가지고 있는 개인들이 채권을 사고자 하는 경우에는 증권사가 팔려고 내놓은 채권 중 선택해서 살 수 있지만, 가지고 있는 채권을 장외시장에서 파는 것은 쉽지 않다. 만일 가지고 있는 채권이 상장채권인 경우에는 장내시장에서 매도하는 것이 좋다.

장외에서의 채권 거래는 장외 거래 특성상 특별한 제한은 없으나 금융기관의 주요 업무시간인 9시부터 15시 30분 사이에 주로 이루어진다.

채권 장외 거래는 대부분 증권회사를 통해 이루어지는데, 증권회사 채권영업 관련 부서는 고객의 채권 매도주문이나 매수주문을 접수하면 거래를 체결시키기 위해 주문 조건에 관심이 있는 거래 상대방을 탐색하고 조건을 조정하여 일치시키는 일련의 네고(Nego : negotiate) 과정을 거친다. 증권회사는 채권 장외시장에서 딜러와 중개자 업무를 수행한다. 채권시장에 매도/매수 호가를 내면서 시장 조성자 역할을 하는 경우 '딜러'라고 하는데, 국내 증권회사는 장외시장에서 국채 등 유동성이 좋은 채권에 국한해 일부 딜러 역할을 수행하고, 나머지 채권은 대부분 매매 체결 위주의 단순 중개업무만 수행하고 있다.

장내 거래는 한국거래소를 통해서 매매 체결 및 결제가 이루어지는 반면, 장외 거래는 증권사를 통해 매매가 체결되고 유가증권 결제는 한국예탁결재원의 SAFE시스템*을 이용해서, 대금결제는 한국

* SAFE(Speedy, Accurate, Faithful, Efficient)는 한국예탁결제원의 예탁결제정보통신망으로 증권사, 은행, 자산운용사, 보험사 등 다양한 금융기관이 이용하는 업무시스템. 주식, 채권 등 다양한 금융상품의 예탁, 결제, 담보관리 등의 업무를 처리.

* 금융기관들의 전산망과 한국은행의 전산망을 연결하여 금융기관 간 자금결제가 이루어지도록 한 시스템.

은행의 금융결제망(BOK-Wire)*이나 은행의 당좌계정을 통해서 이루어 진다. 그런데 이렇게 복잡한 결제 방식은 채권을 전문적으로 운용하는 기관투자자들에게나 해당되고 일반인들은 간단하게 거래를 할 수 있다.

개인은 증권회사에 계좌를 개설하면 이 계좌를 통해 간단히 유가증권 결제 및 대금 결제를 할 수 있다. 이는 기관투자자도 마찬가지다.

또 다른 형태의 장외 거래는 딜러간중개회사를 통해 이루어진다. 딜러간중개회사는 2000년에 정부가 마련한 '채권시장구조의 선진화 추진 방안'에 따라 채권중개 기능을 대폭 확충하기로 하면서 설립되었다. 딜러간중개회사는 채권상품을 보유하면서 채권을 중개하는 증권회사와 달리 고객(딜러) 간의 매매 중개만 전문적으로 하는 채권 중개 전문회사다. 이 점이 증권회사와 딜러간중개회사의 차이점이다.

딜러간중개회사는 설립 초기에는 설립 취지에 부합되게 장외시장에서 채권 자기매매업을 영위하는 기관(은행, 증권사, 종금사)을 대상으로 채권 매매 중개업무를 수행했다. 그러나 우리나라에서 딜러를 중심으로 한 채권시장이 활성화되지 않아 딜러간중개회사 본연의 기능을 수행하는 데 한계가 있자, 거래 대상을 딜러뿐 아니라 비딜러 금융기관으로 확대시켜 딜러간중개회사의 영업환경을 개선시켰다. 현재 딜러간중개회사 업무를 수행하는 금융기관은 한국자금중개㈜와 한국채권중개㈜ 2개사다.

채권 관련
시장제도 및
기구

　채권시장에는 채권의 원활한 거래를 위한 제도와 관련 기관이 많이 있다. 여기서는 그중에서도 가장 중요한 제도인 '채권시가평가제도', '신용등급제도'에 대해 알아보고, 채권시장에서 중요한 역할을 하는 '채권평가회사', '신용평가회사', '한국거래소', '한국예탁결제원'의 기능에 대해 알아보기로 하자.

채권시가평가제도

　대부분의 금융기관들은 그들이 보유하고 있는 채권에 대해 매일 그날의 채권 시장가격을 반영하여 채권 가격을 평가하고 있다. 이를 '채권시가평가(mark to market)제도'라고 한다. 말 그대로 채권의 가격을 시가, 즉 시장가격으로 평가하는 제도다.

채권시가평가제도는 1998년 11월 자산운용회사(당시에는 투자신탁회사)에 설정되는 신규 펀드에 한정하여 도입했고, 2000년 7월부터는 모든 펀드에 전면 도입했다. 도입 배경은 1997년에 있었던 외환위기로 거슬러 올라간다. 채권시가평가제도가 도입되기 전에는 자산운용회사의 채권형펀드에 돈을 맡기면 펀드가 실적배당상품임에도 불구하고 대부분 은행 예금처럼 시간이 경과한 후 일정 수준의 이자와 원금을 돌려주는 방식을 취했다. 당시에는 채권형펀드에 편입된 채권에 대해 금리변동을 반영하지 않고, 채권에서 발생되는 이자만 고려해서 펀드의 가치를 평가했기 때문이다. 예를 들어 액면가가 10,000원이고 표면금리가 10%인 채권을 펀드에 편입시켜 1년이 지난 다음에 해당 채권의 가격을 평가한다고 치자. 이때 해당 채권의 실제 시장가격과는 상관없이 10%에 해당하는 1년 동안의 이자 1,000원을 더한 11,000원으로 평가하는 것이다. 이와 같이 채권의 가격을 평가하는 것을 '장부가 평가'라고 한다.

그러나 IMF 때 고객들이 대규모로 펀드 환매에 나서면서 금융기관이 환매 자금을 마련하기 위해 채권을 매각할 수밖에 없는 상황이 도래하자 문제가 발생했다. 금리가 큰 폭으로 상승한 상황이라 장부상의 채권 가격과 실제 시장에서 거래되는 채권 가격 사이에 차이가 발생했기 때문이다. 앞서 예를 들었던 채권이 1년 후 금리상승으로 인해 시장에서 10,500원에 거래되고 있다고 하자. 이 경우 해당 채권을 시장에서 매각하면 장부가와 시장가 사이에 500원의 차이가 발생하게 된다.

결국 이 차이를 자산운용회사가 떠안게 되었고(채권을 정확하게 시가평가 할 경우 발생하는 손실이나 이익은 모두 투자자에게 귀속된다), 이러한 손실이 자산운용회사의 부실로 이어져 우리나라 금융시스템을 불안하게 만들었다. 이러한 문제점을 보완하기 위해 도입된 것이 '채권시가평가제도'다. 즉 자산운용회사는 보유하고 있는 채권을 장부가로 평가하는 것이 아니고 해당 채권의 시장가격을 반영해서 매일 평가하는 것이다. 이는 펀드의 기준가, 즉 가치평가를 시장에서 거래되는 가격을 기준으로 하는 것이다. 앞의 예의 경우 펀드에 편입된 채권의 가치를 10,500으로 평가해서 기준가를 산정하고, 채권을 10,500원에 팔아서 고객에게 10,500원을 지급하면 되는 것이다.

2000년 7월 이후 금융기관은 고객 자산으로 보유하고 있는 채권에 대해 100% 시가평가를 하고 있다. 그 의미는 자산운용에 따른 손익이 100% 고객에게 전가되는 자산운용회사의 채권형펀드 같은 실적배당형 상품은 여기에 편입된 채권에 대해 100% 시장가격으로 평가해야 한다는 것을 의미한다.

채권시가평가제도가 도입됨에 따라 개별 채권의 가격을 매일 평가해야 하는데, 주로 장외에서 거래되는 채권은 해당 채권의 가격을 쉽게 구할 수가 없다. 대부분의 채권은 매일 거래가 일어나지 않을뿐더러 장외 거래의 특성상 채권 가격 정보를 모으는 데도 어려움이 있기 때문이다. 그에 따라 채권 가격을 전문적으로 평가하는 회사가 생겨나게 되었는데, 그 회사가 바로 채권평가회사다.

채권평가회사

채권시가평가제도가 도입됨에 따라 장외에서 대부분 거래되는 채권의 시장가격을 전문적으로 제공하는 기관이 필요하게 되었다. 그에 따라 채권의 가격을 평가하기 위한 수익률을 전문적으로 산출하는 채권평가회사가 설립되었고, 증권업협회*도 시가평가를 위한 수익률을 발표하기 시작했다.

* 증권업협회는 2009년 자산운용협회, 선물협회와 통합되어 한국금융투자협회로 출범함.

채권시가평가제도가 도입된 초기에는 채권을 보유하고 있는 기관이 증권업협회나 채권평가회사가 제공하는 수익률 중 하나를 선택해서 이를 기초로 채권을 평가하도록 했다. 증권업협회에서 발표하는 수익률은 채권 종류별, 잔존만기별 최종호가 수익률인데, 대상 채권의 범위가 제한적이고 정확도가 떨어진다는 점을 반영하여 2001년 9월부터는 2개 이상의 채권평가회사의 수익률을 기초로 채권을 평가하도록 했다.

채권평가회사는 현재 한국자산평가, KIS채권평가, NICE채권평가, FN자산평가 등 4개사 체제로 운영되고 있다. 민간 채권평가회사들은 금융투자협회에서 채권 거래 정보를 제공받아 자전거래* 등 비정상적인 거래라고 판단되는 거래를 제거한 후 각 기관의 자체적인 모델을 이용하여 개별 채권의 수익률을 산정한다.

* 매수주체와 매도주체가 같은 거래.

채권의 경우 발행된 모든 채권의 거래가 매일 이루어지는 것이 아니기 때문에 거래가 없는 채권의 경우에는 거래된 채권을 기준으로 채권평가회사가 각각의 모델로 거래가 없는 채권의 수익률을 산출하여 제공한다. 채권평가사들은 매일 시장에서 거래되는 대부분의 채권수익률을 산출하여 제공하고, 금융기관은 이를 기초로 보유하고 있는 채권을 매일 시장가격으로 평가하게 된다.

[표 9] 채권시가평가 기준수익률 예시

종류	종류명	신용등급	3월	6월	9월	1년	1년6월	2년	2년6월	3년
국채	국고채권	양곡,외평,재정	1,951	1,950	1,942	1,938	1,945	1,957	1,972	1,975
	제2종 국민주택채권	–	1,695	1,696	1,698	1,699	1,713	1,720	1,740	1,819
	제1종 국민주택채권	기타국채	1,955	1,958	1,958	1,959	1,973	1,981	2,000	2,034
생 략										
회사채 I (공모사채)	무보증	AAA	2,032	2,037	2,044	2,048	2,063	2,070	2,091	2,142
		AA⁺	2,060	2,067	2,073	2,077	2,092	2,099	2,121	2,175
		AA⁰	2,095	2,103	2,116	2,120	2,134	2,141	2,163	2,216
		AA⁻	2,133	2,140	2,154	2,158	2,175	2,182	2,203	2,261
		A⁺	2,341	2,375	2,408	2,453	2,479	2,510	2,555	2,690
		A⁰	2,484	2,513	2,555	2,611	2,639	2,666	2,745	2,931
		A⁻	2,684	2,726	2,769	2,836	2,863	2,917	3,064	3,279
		BBB⁺	3,154	3,532	3,903	4,107	4,553	5,005	5,401	5,750
		BBB⁰	3,534	4,036	4,483	4,782	5,363	5,951	6,435	6,800
		BBB⁻	4,211	4,835	5,419	5,770	6,475	7,109	7,671	8,167
화사채 II (사모사채)	무보증	AAA	2,117	2,163	2,195	2,214	2,247	2,274	2,316	2,374
		AA	2,209	2,280	2,312	2,334	2,371	2,405	2,449	2,513
		A⁺	2,526	2,617	2,677	2,744	2,789	2,837	2,921	3,074
		A⁰	2,691	2,788	2,850	2,916	2,966	3,030	3,133	3,329
		A⁻	2,914	3,032	3,097	3,177	3,223	3,302	3,472	3,706

자료 : 금융투자협회 채권정보센터. 2015년 2월 5일 기준(단위 : %)

위의 표는 채권평가사들이 발표하는 채권시가평가 기준수익률이다. 이를 채권시장에서는 민간채권평가사들이 발표하는 수익률 테이블이라는 의미로 '민평테이블'이라고 부른다. '민평'은 '민간채권평가사'의 줄임말이라고 보면 된다.

민평테이블은 채권의 종류 및 만기에 따른 기준수익률을 나타내고,

개별 채권의 수익률은 이를 기준으로 산정된다. 개별적으로 산출된 각 기업의 수익률은 '민평금리'라고 부른다. 개별 기업의 민평금리는 민평 테이블의 기준수익률과 상이한 경우가 많은데, 이는 기준수익률은 말 그대로 동일 만기와 동일 신용등급을 가지고 있는 여러 종류의 채권을 대표하는 수익률인 반면, 개별 기업의 민평금리는 그 기업 고유의 상황 (영업현황, 부채비율, 업계현황 등)을 반영하여 산출하기 때문이다.

예를 들어 앞의 표에서 채권시가평가 기준수익률상 3년 만기 A⁺ 공모 사채의 기준수익률은 2.690%다. 하지만 이날 발행된 신용등급 A⁺인 한화케미칼 만기 3년 채권의 발행금리는 2.747%로 기준수익률 2.690% 와 차이가 있다. 이는 한화케미칼 채권에 대한 시장의 수요와 공급, 해당 기업의 고유한 상황이 반영되어서 채권수익률이 결정되고 거래되기 때문이다.

신용평가회사 및 신용등급

채권의 수익률을 결정하는 가장 중요한 요인은 무엇일까? 그 대답은 채권의 민평테이블을 보면 알 수 있다. 민평테이블을 보면 채권수익률이 채권의 만기와 신용등급, 2개의 조건에 의해 그 수준이 결정된다는 것을 알 수 있다. 채권의 만기는 채권을 발행하는 기관이 그들의 자금 수요를 감안하여 결정한다. 그렇다면 채권의 신용등급은 누가 결정할까? 채권수익률 수준을 결정하는 데 있어 중요한 채권의 신용등급은 신용평가회사(Credit Rating Agencies)가 결정한다.

채권의 신용등급은 신용평가회사가 채권을 발행하는 회사의 신용도와 채무불이행 가능성 등을 평가하여 해당 회사 또는 해당 회사가 발행하는 채권에 부여한 등급이다. 주식에 있어서 가장 중요한 것은 성장성인 반면, 채권에 있어서 가장 중요한 것은 원리금의 안정성이다. 이 안정성에 대한 척도가 바로 채권의 신용등급이라고 생각하면 된다. 결국 채권의 신용등급이란, 해당 기업의 수익성이나 성장성보다는 안정성을 평가하는 지표다.

채권의 신용등급 표시는 평가기관마다 차이가 있지만 기본적으로 영어 알파벳으로 표현하고 AAA부터 D까지 10개의 기본등급으로 분류한다. AA부터 B등급까지는 '+' '-' 부호를 추가해 동일 등급 내에서 우열을 표시한다. 이를 고려하면 채권의 신용등급은 AAA, AA$^+$, AA^0, AA$^-$, A$^+$, A^0, A$^-$, BBB$^+$, BBB^0, BBB$^-$, BB$^+$, BB^0, BB$^-$, B$^+$, B^0, B$^-$, CCC, CC, C, D의 총 20개의 세부등급으로 나뉜다.

다음은 국내 신용평가회사의 신용등급 체계 및 정의다.

[표 10] 국내 신용평가회사의 신용등급 체계 및 정의

AAA	원리금 지급능력이 최상급임.
AA	원리금 지급능력이 매우 우수하지만 AAA의 채권보다는 다소 열위임.
A	원리금 지급능력은 우수하지만 상위등급보다 경제 여건 및 환경 악화에 따른 영향을 받기 쉬운 면이 있음.
BBB	원리금 지급능력이 양호하지만 상위등급에 비해서 경제 여건 및 환경 악화에 따라 장래 원리금의 지급능력이 저하될 가능성을 내포하고 있음.
BB	원리금 지급능력이 당장은 문제가 되지 않으나 장래의 안전에 대해서는 단언할 수 없는 투기적인 요소를 내포하고 있음.
B	원리금 지급능력이 결핍되어 투기적이며, 불황 시에 이자지급이 확실하지 않음.
CCC	원리금 지급에 관하여 현재에도 불안요소가 있으며 채무불이행의 위험이 커 매우 투기적임.

CC	상위등급에 비하여 불안요소가 더욱 큼.
C	채무불이행의 위험성이 높고 원리금상환 능력이 없음.
D	상환 불능상태임.

자료 : 한국신용평가

신용평가회사는 신용등급체계와 더불어 Watchlist(신용감시대상)제도와 Outlook(등급전망)제도를 동시에 운영하고 있다.

Watchlist제도는 기업 환경 변화를 신용평가에 신속하게 반영하기 위하여 기존에 부여된 신용등급에 변화요인이 발생할 경우 신용평가회사들이 등급 변경 검토에 착수하였음을 외부에 공시하는 제도다. Watchlist 등록 시 투자자들의 판단을 돕고자 '상향검토', '하향검토', '미확정검토' 등 3가지 방향성을 부여하여 공시하며 Watchlist 등록 사유도 함께 공시하고 있다.

[표 11] Watchlist 등급변화 방향성

상향검토	등급의 상향 조정이 필요한 사유 발생 시
하향검토	등급의 하향 조정이 필요한 사유 발생 시
미확정검토	신용 상태 변화요인이 발생하였으나 등급의 방향성을 명확하게 판단하기 어려운 사유 발생 시

자료 : 한국신용평가

Outlook제도는 현재의 신용등급체계, 즉 채권 발행회사의 현재의 신용등급과는 무관하게 중기적(일반적으로 2년 이내)인 관점에서 신용등급의 방향성에 대한 의견을 제시하는 제도다. Outlook제도는 신용등급의 잠재적인 변동 가능성에 대해 추가적인 정보를 제공하기 위해 사용되는 신용등급에 대한 보조자료로, 신용평가회사가 신용등급에 영향을 미칠 만한 주요 평가요소를 고려하여 잠재적인 신용등급의 변화 방향에 대한 전망을 제시한다. Outlook은 일반적으로 장기채권에만 적용되고 Watchlist에 등록된 경우에는 Outlook을 부여하지 않는다.

[표 12] Outlook 등급전망 방향성

긍정적 (Positive)	현 등급부여 시점에서 개별 채권의 신용도에 영향을 미칠 만한 주요 평가 요소를 고려할 때 중기적으로 신용등급이 상향 조정될 가능성이 있다고 예측되는 경우
안정적 (Stable)	현 등급부여 시점에서 개별 채권의 신용도에 영향을 미칠 만한 주요 평가 요소를 고려할 때 중기적으로 신용등급이 변동할 가능성이 낮다고 예측되는 경우
부정적 (Negative)	현 등급부여 시점에서 개별 채권의 신용도에 영향을 미칠 만한 주요 평가 요소를 고려할 때 중기적으로 신용등급이 하향 조정될 가능성이 있다고 예측되는 경우
유동적 (Developing)	현 등급부여 시점에서 개별 채권의 신용도에 영향을 미칠 만한 주요 평가 요소를 고려할 때 향후 상황 변화가 상당히 가변적이어서 중기적으로 신용등급의 변동 방향이 불확실하다고 예측되는 경우

자료 : 한국신용평가

신용등급평가의 유용성은 우선 채권 투자자들이 채권을 매수, 보유, 처분 등의 의사결정을 할 때 기업에 원리금상환 능력 및 재무상태 등을 하나의 숫자로 파악할 수 있게 하여 채권 투자를 원활하게 할 수 있도록 하는 데 있다. 둘째 투자자와 채권 발행자 간 정보의 비대칭성(Information asymmetry)을 해결해준다. 투자자들은 채권을 발행하는 회사에 대해 정확하게 분석하기 어렵기 때문에, 신용평가회사가 투자자들을 대신하여 채권 발행회사를 직접 실사(Due diligence)하고 분석하여 등급을 평가하고 정기적으로 모니터링 서비스를 제공한다. 셋째, 신용등급을 통해 시장에서 신용위험 차이에 따른 위험프리미엄을 결정하는 기준을 제공함으로써 금융시장의 효율성 제고에 도움을 준다.

채권의 신용등급을 평가하는 신용평가회사는 우리나라에는 한국기업평가, 한국신용평가, NICE신용평가 3개사가 있다. 이들 3개 회사 외에 서울신용평가가 있으나 서울신용평가는 기업어음 및 자산유동화증권(ABS : Asset Backed Securities)에 한해 신용평가 업무를 하고 있다.

국제적으로도 많은 신용평가회사들이 있는데, S&P(Standard & Poors), 무디스(Moody's Investors Service), 피치(Fitch Ratings)가 대표적이다. 이들 3개 신용평가회사 중 무디스와 피치는 국내 신용평가회사의 대주주로 국내 신용평가 시장에도 참여하고 있다.

한국거래소

한국거래소는 주식, 채권, 상장지수펀드(ETF), 상장지수증권(ETN) 및 파생상품 등을 모두 거래하는 종합거래소이며, 채권의 장내 거래가 이루어지는 장내시장이 개설되어 있다.

한국거래소에서 채권을 거래하기 위해서는 발행된 채권이 상장되어야 한다. 채권의 상장은 한국거래소에 개설되어 있는 유가증권시장 내에서 해당 채권이 매매될 수 있는 자격을 부여하는 것을 말하며, 상장 자격이 부여된 채권을 '상장채권'이라고 한다. 채권의 상장은 신청주의를 채택하고 있어 채권의 상장 여부는 채권 발행기관의 자유의사에 따르고 있다. 따라서 채권 발행기관이 채권을 상장시키지 않더라도 제도적인 불이익은 없으나 현재 국내에서 발행되는 공모채권 대부분이 한국거래소에 상장되고 있고, 사모채권도 상장되는 경우가 많다.

채권 상장에 따른 이점

의무사항이 아니지만 채권을 발행하면서 상장을 하는 이유는 대부분 채권 상장에 따른 다음과 같은 이점이 있기 때문이다.

첫째, 발행기업의 대외 공신력 제고 : 채권을 상장한 기업은 기업 내용 및 채권 발행 정보가 공시되어 해당 기업의 대외 공신력이 채권을 상장시키지 않은 기업에 비해 제고되는 효과를 얻을 수 있다.

둘째, 대용증권 및 담보자산 이용 가능 : 상장된 채권은 현금을 대신하여 주가지수선물 등을 거래할 시 위탁증거금으로 이용할 수 있고, 공공기관에 납부할 보증금(입찰보증금, 계약보증금)과 공탁금으로 사용할 수 있다.

셋째, 각종 금융상품 투자 편입 대상으로 선정 : 자산운용회사나 은행의 신탁계정 등 기관투자자들은 일반적으로 상장채권 위주로 펀드를 운용한다.

넷째, 일반인의 채권 수요기반 확충 : 상장채권의 경우 한국거래소에 개설된 일반 채권시장을 이용해 일반인들이 손쉽게 채권을 매매할 수 있어 개인들의 채권 수요기반을 확충할 수 있다.

한국거래소는 채권이 상장된 이후에도 상장 당시의 기준을 계속 유지시키고 상장채권에 대한 변동사항을 공시하는 등 상장채권이 원활하게 유통될 수 있도록 지속적으로 관리한다. 2015년 말 기준 채권 상장 현황을 보면 상장 종목수는 12,364종목이고 상장 금액은 액면 기준으로 1,559조 원이다. 한국거래소에 상장된 주식(유가증권시장,코스닥시장)은 2015년 말 기준, 종목수가 2,041종목, 시가총액 기준 1,445조 원이다. 이를 보면 채권의 상장 종목수는 주식의 6.1배에 달하고 상장 금액도 주식보다 크다는 것을 알 수 있다.

[표 13] 채권 종류별 상장 현황

구분	국채	지방채	특수채	회사채	외국채권	합계
종목수	183	1,327	3,831	7,021	2	12,364
상장잔액	546	22	635	357	0.2	1,559

자료 : 한국거래소. 2015년 12월 말 기준(단위 : 조 원)

한국예탁결제원

채권시장이 현재와 같이 제도적으로 정착되기 이전, 대부분의 채권 보유자는 보유하고 있는 채권의 이자 지급일이 되면 채권 실물증권에 붙어 있는 이자지급증서(이표)를 채권 발행자에게 제시하고 이자를 수령해야 했다. (이러한 과거의 관행으로 인해 채권에서 지급되는 이자를 '이표'라고 부른다.) 그래서 이자 지급 시점만 되면 채권 보유자나 채권 발행자에게 굉장히 귀찮은 일이 발생하게 되었다. 채권을 매매하는 경우에도 채권 실물증권을 서로 주고받아야 하기 때문에, 채권을 주고받기 위해 매수자와 매도자가 직접 만나야 했다. 말 그대로 귀찮아서 채권매매를 하지 않을 수도 있는 상황이었다. 이러한 불편함을 제거하기 위해 생겨난 제도가 예탁결제제도이며, 이 제도로 인해 이자 지급 시점이나 채권매매 시점에 발생했던 귀찮은 일들이 현재는 거의 사라졌다.

'예탁결제제도'는 증권을 대량으로 보유하고 있는 증권회사나 기관투자자 같은 예탁자가 중앙예탁기관(한국예탁결제원)에 계좌를 개설하여 증권을 예탁하고, 증권의 양도나 질권설정 등의 권리이전 방법으로 실물증권 인도 대신에 계좌대체* 방법을 이용하게 하는 제도다. '예탁(Deposit)'은 보유하고 있는 채권을 예탁기관에 보관하는 행위로, 채권을 예탁기관에 예탁하게 되면 채권에 대한 권리변동이 채권의 물리적인 이동, 즉 직접 채권의 실물증권을 주고받지 않고 법적 장부인 예탁기관의 계좌부상 기재에 의

해 이루어진다. 또한 예탁기관인 한국예탁결제원은 투자자를 대신하여 예탁된 채권의 권리를 한국예탁결제원 명의로 행사하고, 이자 및 원리금 등을 일괄 수령하여 고객에게 지급한다.

채권을 매매하게 되면 청산(Clearing)과 결제(Settlement) 업무가 발생한다. '청산'은 채권 매도자의 경우는 인도할 채권에 대해서, 매수자는 결제일에 지급할 대금에 대해서 확인하는 과정이다. 즉 매매거래 당사자 간의 채권 채무를 확정하는 절차다. '결제'는 청산을 통해 확정된 거래 내용에 따라 증권을 인도하고 대금을 지급하는 업무를 말한다.

한국예탁결제원이 제공하는 예탁·청산·결제 업무를 통해 채권을 보유한 사람은 이자를 수령하거나 매매를 할 때 해당 당사자를 직접 만나지 않고도 업무를 간단하게 처리할 수 있다. 이러한 예탁결제제도는 전문적으로 채권에 투자하는 기관투자자들은 물론 개인들도 이미 널리 이용하고 있다.

우리는 주식이나 채권을 보유하고 있으면 해당 주식이나 채권이 있는 증권회사 계좌로 배당이나 이자가 당연히 들어오는 것으로 알고 있다.

또한 주식이나 채권을 매매할 경우에도 상대방을 직접 만나지 않는다. 우리가 이렇게 편하게 투자를 할 수 있는 것은 채권이나 주식 투자 시 증권회사를 통해 예탁결제시스템을 이용하고 있기 때문이다. 증권회사는 개인, 법인 등이 주식이나 채권 등의 유가증권을 매수하면 이를 증권회사의 고객계좌부에 기재하고, 이를 다시 한국예탁결제원에 고객예탁분임을 명시하고 바로 예탁한다. 본인이 거래하는 증권회사 계좌에 있는 것으로 알고 있는 채권이나 주식은 증권회사에는 장부상에만 표시되고 실물은 한국예탁결제원에 보관되어 있는 것이다.

채권수익률을
결정하는
다양한 요인들

채권 가격은 채권수익률이 결정되면 공식을 이용해 계산하면 된다. 따라서 채권 가격과 채권수익률은 동일한 개념으로 보아도 무방하다. 채권 가격 계산 방법에 대해서는 Part 6 「채권 가격 계산」에서 자세히 알아보도록 하고 여기서는 채권수익률, 즉 채권 가격에 영향을 미치는 요인이 무엇인지 살펴보도록 하자.

채권수익률에 영향을 미치는 요인은 크게 개별 기업이 통제할 수 없는 경기나 물가 등 '거시적 요인', 기업이 속한 산업의 업황 등 '산업적 요인', 기업의 재무상태, 채권의 발행 조건 등 '기업 내적 요인'으로 나눌 수 있다.

거시적 요인은 경기 동향, 물가, 통화정책, 국제수지, 환율, 채권 수급 같은 기업이 통제할 수 없는 외적 요인을 말한다. 거시적 요인은 전반적인 금리 수준과 금리의 상승 또는 하락 같은 방향성을 결정한다. 채권수익률에 관한 고전적인 이론으로 가장 많이 언급되는 것은 피셔방정식

(Fisher equation)으로, 이 방정식은 경제학자 어빙 피셔(Irving Fisher)*의 이름을 따서 지은 것이다. 이 이론에 의하면 시장수익률, 즉 명목이자율은 실질 이자율과 인플레이션(inflation)의 합으로 이루어진다.

* 계량경제학의 창시자 중 한 사람으로, 경제분석에 수학적 방식을 도입한 미국의 경제학자.

$$(1 + i) = (1 + r)(1 + \pi) \longrightarrow i \approx r + \pi$$

i : 명목이자율   r : 실질이자율 π : 기대인플레이션

여기서 실질이자율은 일반적으로 경제성장률을, 기대인플레이션은 소비자물가상승률을 이용한다. 예를 들어 경제성장률이 3%이고 소비자물가상승률이 2%라면 명목이자율, 즉 시장이자율은 5%가 된다는 것이다. 피셔방정식은 금리에 영향을 미치는 요인에 대해 직관적으로 이해할 수 있게 해주는데, 금리 수준을 결정하는 가장 중요한 요인을 '물가'와 '경제성장률'이라고 말한다. 금리는 물가 및 경제상황의 영향을 가장 많이 받지만, 그 외에도 여러 요인의 영향을 받아 복잡하게 결정된다.

여기서는 금리에 영향을 미치는 주요 요인들에 대해서 살펴보기로 하자. 이들 요인이 금리에 1:1 대응하지는 않지만 기본적인 내용을 이해하면 전반적인 경제상식 수준이 상당히 올라갈 것이다.

경기

경기는 기업의 생산 및 투자, 가계의 소비 및 저축, 정부의 지출 및

수입, 수출과 수입 등 한 나라의 전반적인 경제활동 수준을 나타내며, 일정한 기간을 주기로 상승과 하강을 반복하는 현상을 말한다. 경기의 상승과 하강이 반복되는 현상을 '경기순환(business cycle)'이라고 하며, 경기는 일반적으로 호황기(prosperity), 후퇴기(recession), 불황기(depression), 회복기(recovery)의 4단계를 거치면서 순환한다.

호황기에는 경제활동이 활발하게 이루어져 생산, 소비, 고용, 투자가 확대되고, 재고와 실업이 감소하고, 이윤이 증가하며, 물가 및 임금이 상승한다. 후퇴기에는 경제활동이 활력을 잃고 생산 활동이 축소되고 기업 이윤이 감소한다. 불황기는 경기 후퇴가 심화되는 국면으로 기업 이윤이 극감하고 기업 도산이 증가하는 국면이다. 회복기에는 낮은 이자율이 투자 및 소비를 자극하고, 생산 활동이 상승하기 시작한다.

일반적으로 경기 상승기에는 기업의 투자 및 생산 활동이 활발해짐에 따라 투자를 위한 기업의 자금수요가 증가되고, 가계 부문에서도 소비가 늘게 되어 금리가 상승한다. 반면 경기 침체기에는 기업의 생산 활동이나 투자 활동이 위축되어 자금수요가 줄어들고, 개인들도 소비를 줄임에 따라 자금수요가 줄어 금리가 하락한다. 이처럼 경기는 금리 수준을 결정짓는 가장 중요한 요인이라고 할 수 있다.

경제지표 중에서 한 나라의 경제상황을 가장 잘 나타내주는 것이 '국내총생산(GDP : Gross Domestic Product)'이다. 국내총생산은 한 나라에서 가계, 기업, 정부 등 모든 경제주체가 일정 기간 동안 생산 활동에 참여하여 창출한 부가가치 또는 최종 생산물의 시장가격을 평가한 합계다. 따라서 우리는 GDP 성장률을 보고 경기순환국면상 현재의 경기 상황을 파악할 수 있고, 여기에 피셔방정식도 적용해볼 수 있다.

경기국면을 좀더 쉽게 파악하기 위해서는 통계청에서 발표하는 기준순환일을 보면 된다. 기준순환일은 경기순환변동과정에서 확장국면과 수축국면이 전환되는 시점(Turning Point, 저점 및 정점)을 의미하며, GDP, 동행지수순환변동치, 생산, 소비 등 주요 경기지표 및 당시 경제상황과 경기 관련 전문가들의 의견을 종합적으로 검토하여 설정한다.

[표 14] 우리나라 기준순환일 및 경기순환국면

	기준순환일			지속기간(개월)		
	저점	정점	저점	확장기	수축기	순환기
제1순환기	1972. 3	1974. 2	1975. 6	23	16	39
제2순환기	1975. 6	1979. 2	1980. 9	44	19	63
제3순환기	1980. 9	1984. 2	1985. 9	41	19	60
제4순환기	1985. 9	1988. 1	1989. 7	28	18	46
제5순환기	1989. 7	1992. 1	1993. 1	30	12	42
제6순환기	1993. 1	1996. 3	1998. 8	38	29	67
제7순환기	1998. 8	2000. 8	2001. 7	24	11	35
제8순환기	2001. 7	2002. 12	2005. 4	17	28	45
제9순환기	2005. 4	2008. 1	2009. 2	33	13	46
제10순환기	2009. 2	2011. 8[1]		30		
평균	-	-	-	31	18	49

1) 잠정치

자료 : 통계청. 2014년 6월 기준

위의 표를 보면 자료가 작성된 이후 현재의 경기순환국면은 제10순환기이며, 2007년 서브프라임 모기지(비우량주택담보대출) 사태로 인해 경기가 수축된 이후 2009년 2월 저점을 확인하고 경기가 회복되면서 2011년 8월 정점을 찍었다. 이후 경기가 수축국면에 접어들었으나 위의 통계표가 작성된 2014년 6월까지도 저점을 확인하지 못하고 4년째 경기 수축기가 진행되고 있다. 아마도 경기가 저점을 찍고 제11순환기로 가야 경기가 회복되고 서민들의 주머니 사정도 좋아질 것이다.

일반적으로 경기 확장기에는 금리가 상승하고 경기 수축기에는 금리가 하락하지만 그 시점이 꼭 일치하지는 않는다. 즉 경기가 저점을 지난 수개월 이후에야 금리가 저점을 지나고 경기가 정점에 도달하고 수개월이 지난 후에야 금리가 정점에 이르는 경향이 있기 때문이다. 이와 같이 경기변동과 금리 움직임 간에 시차가 발생하는 이유는 경기변화에 대한 기업의 자금수요가 시차를 두고 발생하기 때문이다.

경기회복 초기에 기업은 매출이 증가하더라도 설비투자를 늘리기보다는 기존에 창고에 쌓아두었던 재고를 사용하거나 설비가동률을 늘려서 대응한다. 이후 경기가 본격적으로 회복되기 시작하면 재고 창고가 텅텅 비게 되고, 설비가동률을 늘려 생산을 늘리는 데 한계를 느끼게 된다. 이에 따라 기업들은 설비에 투자하기 시작하고, 이때부터 본격으로 자금수요가 일어나기 시작하는 것이다.

마찬가지로 경기가 정점을 지나 수축국면으로 돌아서더라도 기업의 투자 및 생산 활동이 즉각적으로 조정되지 않고, 또한 매출감소에 따른 운전자금 수요로 인해 자금수요가 일정 기간 이어진다. 실질적인 기업의 자금수요 감소는 경기수축이 어느 정도 지속되어 기업이 경기수축을 확신하고 재고 수준이나 설비투자를 축소할 때 비로소 일어나게 된다.

물가

물가는 기대인플레이션에 대한 영향을 통해서 금리 수준에 영향을 미친다. 물가(物價)는 '물건의 가격'을 나타내고, 금리(金利)는 '돈의 가격'을 의미한다. 예를 들어 현재 1,000원이던 라면 1개의 가격이 1년 후 1,050원이 되었다고 가정하자. 이 경우 물가가 5% 상승한 것이다. 1,000원을 가지고 있는 사람은 현재 시점에 라면을 1개 살 수 있지만 1년 후에는 1개도 못 산다. 이때 라면을 사지 않고 1,000원을 다른 사람에게 빌려주거나 은행에 예금한다면 얼마의 이자를 받아야 1년 후에 라면을 1개 살 수 있을까? 물가가 상승한 수준에 해당하는 50원의 이자를 받아야 한다. 즉 금리가 최소한 5%가 되어야 기회비용이 발생하지 않는다.

따라서 향후에 물가가 상승할 것으로 예상되는 경우에는 그에 상응해서 금리도 상승하고, 물가가 하락할 것으로 예상되면 그에 상응해서 금리도 내려갈 것이다. 물가상승, 즉 인플레이션에 대한 보상이 금리에 영향을 미치기 때문이다.

물가동향에 대해 알 수 있는 가장 손쉬운 방법은 통계청이 발표하는 소비자물가지수(CPI : Consumer Price Index)*를 살펴보는 것이다. 군이 통계청 홈페이지에 들어가지 않더라도 매월 초 TV뉴스나 신문기사를 보면 소비자물가지수를 알 수 있다. 소비자물가지수는 가정에서 소비하기 위해 구입하는 상품과 서비스의 가격 수준을 측정하는 지수로, 특정 상품을 정해 매달 주기적으로 측정한다. 특정 상품(2010년

> *물가상승률(인플레이션)을 측정하는 지표는 소비자물가지수 외에도 생산자물가지수, 수출입물가지수, 농가판매 및 구입가격지수 등이 있다.

기준 481개 대표 품목)에 대한 물가를 산출하는 것이기 때문에 실제로 느끼는 체감물가와 통계로 나오는 소비자물가가 다소 괴리를 보이는 경우도 있다. 예를 들어 소비자물가 산정 시 전세 가격은 포함되지만 집값은 포함되지 않는다. 집값은 상승하는데 전세값이 하락하면 물가는 하락하게 되어 집을 구매하고자 하는 사람의 체감물가와 소비자물가 사이에 괴리가 발생하게 된다.

통화정책

통화정책은 경제상황과 물가를 반영하여 통화당국인 중앙은행이 결정한다. 우리나라는 중앙은행인 한국은행이 통화정책을 담당하고 있다. 통화당국의 목표는 '물가안정'으로, 경제 활성화가 목표인 정부(일반적으로 기획재정부)와 정책 목표에서 뚜렷한 차이를 두고 있다. 이에 따라 일반적으로 정부는 경기침체 시 경기부양을 위해 금리인하를 주장하는 반면, 통화당국은 금리인상을 통해 인플레이션을 막는 데 주력한다.

통화당국이 물가안정이라는 목표를 달성하기 위해 사용하는 통화정책 수단은 크게 '공개시장조작', '여·수신제도', '지급준비제도'가 있다.

공개시장조작

공개시장조작(open market operation)은 한국은행이 금융시장에서 금융기관을 상대로 국채 등 증권을 사고팔아 시중에 유통되는 화폐의 양이나 금리 수준에 영향을 주는 가장 대표적인 통화정책 수단인데, 금리에 가장 큰 영향을 미치는 통화정책이 바로 공개시장조작이다. 특히 환매조건부 채권매매를 통한 공개시장조작은 기준금리 형태로 금리에 가장 큰 영향을 미친다. 한국은행이 금융기관과 RP매매, 자금조정예금 및 대출 등의 거래를 할 때 기준이 되는 금리를 한국은행 '기준금리'라고 하고, 이를 통상적으로 '정책금리'라고 표현한다. 한국은행은 매월 금융통화위원회를 열어 물가동향, 국내외 경제상황, 금융시장 여건 등을 종합적으로 고려하여 기준금리를 결정한다.

금융통화위원회에서 결정된 기준금리는 초단기금리인 콜금리에 즉시 영향을 미치고 전체적인 시장금리 변동에 영향을 미치게 된다. 한국은행 기준금리는 경기침체 및 메르스의 영향으로 2015년 6월 사상 최저치인 1.50%를 기록했다.

[그림 3] 한국은행 기준금리 추이

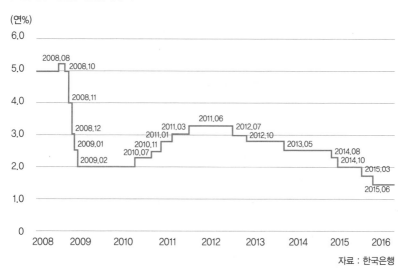

자료 : 한국은행

여 · 수신제도

여 · 수신제도는 중앙은행이 개별 금융기관을 상대로 대출을 해주거나 예금을 받는 정책수단이다. 금융기관이 일시적으로 자금이 부족한 경우 한국은행이 자금을 대출해주는 것을 '자금조정대출', 금융기관에 일시적으로 생긴 여유자금을 예금으로 받아주는 것을 '자금조정예금'이라고 한다.

지급준비제도

금융기관으로 하여금 지급준비금 적립 대상이 되는 채무(예금 등)의 일정비율에 해당되는 금액을 중앙은행에 지급준비금으로 예치하도록 의무화하는 제도다. 중앙은행은 지급준비율을 조정하여 금융기관의 자금 사정을 변화시켜 시중유동성을 조정한다.

다음은 통화정책의 변화가 금리에 어떤 영향을 미치는지 단적으로 보여주는 기사다.

기준금리 인하…… 장 · 단기채 엇갈린 흐름

채권시장이 기준금리 인하에 힘입어 단기물 중심으로 강세 마감했다. 국고채 3년물 금리는 1.9% 아래로 내려와 전일에 이어 다시 사상 최저치를 기록했다. 다만 채권시장은 전일 이미 기준금리 인하 기대감을 선반영한 탓에 단기물 금리 내림 폭은 크지 않았고 장기물 중심으로는 오히려 약세를 보였다.

12일 금융투자협회에 따르면 서울 채권시장에서 국채 3년물 지표금리는 전날 대비 1.1bp(=0.011%P) 내린 1.896%에 최종 고시됐다. 전일에 이어 또다시 사상 최저치를 경신했다. 채권금리가 오른다는 것은 채권 가격이 내린다는 뜻이다.

이날 한국은행은 3월 금융통화위원회를 열고 기준금리를 기존 2.00%에서 1.75%로

자료 : 「머니투데이」, 2015년 3월 12일

환율 및 국제수지

환율(exchange rate)은 자국의 통화(화폐)와 외국 통화의 교환비율을 의미하며, 해당국 통화의 대외가치를 나타낸다. 원화에 대한 평가절상* 또는 평가절하에 대한 기대감으로 발생하는 환율변화는 금리에도 영향을 미친다. 외국 통화에 대해 원화의 평가절상(환율 하락)이 예상되면 원화 채권 등 원화자산에 대한 외국인 투자자들의 수요가 늘어나게 되는데, 이는 금리하락의 요인으로 작용한다. 반면 원화가 약세를 보일 것으로 예상되면 원화자산에 대한 수요가 감소하게 되어 금리상승의 요인으로 작용한다.

> *원화가 평가절상 되면 원화의 가치가 올라가면서 환율은 내려가게 된다. 예를 들어 원달러 환율이 1,100원이면 1달러를 교환하는 데 1,100원이 필요하지만 환율이 1,000원으로 내려가면 1달러를 교환하는 데 1,000원만 필요하다. 결국 환율이 내려간다는 것은 원화의 가치가 커진다는 것을 의미한다.

환율은 통화가치에 대한 기대로 원화자산, 즉 채권 수급에 영향을 미쳐 금리에 영향을 주기도 하지만 환율변동에 따른 수출 부진 등의 요인으로 통화정책에도 영향을 미친다. 내수경기가 부진한 상황에서 수출경기를 회복시키기 위해서는 환율 상승이 필요한데, 환율이 급격하게 하락하는 경우에는 기업들의 수출 경쟁력이 떨어지기 때문이다. 통화당국은 정책금리 결정 시 이와 같은 요인도 고려한다. 만약 수출경쟁력 제고를 위해 환율 상승이 필요하면 통화당국은 정책금리 인하를 통해 원화자산에 대한 매력을 감소시킨다. 정책금리를 인하하면 시중금리가 전반적으로 하락하면서 원화표시자산의 수익률이 떨어지게 되어 외국인 투자자들의 원화자산에 대한 수요가 줄어들게 되고, 이는 결국 원화에 대한 수요 감소로 이어져 환율 상승의 요인으로 작용한다.

대외거래의 결과로 발생하는 국제수지(Balance of payments)도 금리에 영향을 미친다. 국제수지는 일정 기간 동안 한 나라가 다른 나라와 행한 모든 경제적 거래의 결과를 말하며, 경상수지(balance of current account)와 자본수지(balance of capital account)로 나뉜다.

경상수지는 상품, 서비스 등 국가 간의 거래에서 자본거래를 제외한 경상적 거래에 관한 수지이며, 자본수지는 대외거래에서 재화와 서비스의 이동을 필요로 하지 않는 자본 이동에 의해 나타난다. 간단하게 얘기하면 물건이나 용역을 제공하고 돈이 왔다 갔다 하면 경상수지, 투자와 같이 돈만 왔다 갔다 하면 자본수지라고 볼 수 있다.

일반적으로 경상수지나 자본수지가 흑자를 보이면 대외부문에서 통화가 유입되면서 통화량이 증가하기 때문에 시중의 유동성이 풍부해져 금리하락의 요인으로 작용한다. 반면 경상수지나 자본수지가 적자를 보이면 대외부문으로 통화가 유출되어 통화량이 감소하기 때문에 시중의 유동성이 축소되어 금리상승의 요인으로 작용한다.

채권 수급

앞에서 살펴보았던 경제성장률, 물가 등의 요인은 채권의 수요와 공급에 변화를 주어 채권수익률에 영향을 미친다. 이는 채권수익률에 영향을 주는 여러 요인들이 채권의 수요와 공급을 매개체로 채권수익률에 영향을 미친다는 의미다.

채권의 수요와 공급이 채권수익률에 미치는 영향도를 살펴보면 공급 측면보다 수요 측면의 영향력이 더 크다. 이는 채권의 공급은 정부나 기업의 자금수요가 일정한 계획에 따라 이루어지는 반면, 채권의 수요는 여러 경제상황에 따라 탄력적으로 움직일 수 있기 때문이다. 예를 들어, 국채의 연간 발행금액이나 발행일정은 사전에 정해지는 반면, 국채에 대한 수요는 시장상황에 따라 매일 바뀔 수 있다.

한편, 동일한 현상이라 하더라도 서로 다른 경로를 통해 금리에 상반된 영향을 줄 수 있다. 환율의 경우 환율이 상승(원화 가치 하락)할 것으로 예상되면 원화표시자산에 대한 수요가 줄어 금리상승의 요인으로 작용하지만, 환율 상승에 따라 수출경기가 회복되고 이에 따라 경상수지가 개선되면 대외부문에서 통화 공급이 이루어져 금리하락의 요인으로 작용하기 때문이다.

금리의 움직임을 잘 이해하려면 앞에서 얘기된 기본적인 내용들을 이해하고 지속적으로 경제 기사 등을 읽으면서 경제상황과 친해지도록 노력해야 할 것이다.

채권의
수익과 위험을 측정하는
지표들

투자를 할 때 중요한 것은 투자에 따르는 수익과 위험이다. 그중 수익을 측정하는 도구인 다양한 수익률의 개념을 알고 비교하는 것은 투자의 첫걸음이라 할 수 있다. 영어를 배우기 위해 우선 ABCD를 배우는 것과 마찬가지다. 이와 더불어 채권수익률과 채권 가격이 어떤 관계에 있는지 아는 것도 투자를 하는 데 있어서 중요하다.

채권의 위험을 측정하는 데는 여러 방법이 있지만 가장 대표적이고 간단한 방법은 '듀레이션(duration)'이라는 지표를 이용하는 것이다.

채권 투자에 나서기 전에 이 정도의 개념을 이해하는 것은 전쟁에 임하기 전에 최강의 무기를 준비하는 것처럼 꼭 필요한 일이다.

이자율과 채권수익률

이자율(interest rate)은 이자 지급액을 원금으로 나눈 비율로, '금리'와 동일한 의미로 사용된다. 자금이 필요한 사람이 자금을 빌리면서 자금을 공급한 사람에게 지불하는 대가가 곧 이자다. 이처럼 자금의 사용 대가로 지불하는 이자율을 부르는 명칭은 금리, 이자율, 수익률, 할인율 등 다양하다. 여기서는 근본은 같지만 때에 따라 다른 이름으로 불리는 이자율의 다양한 명칭에 대해 알아보자.

이자율

이자율은 화폐의 현재가치와 미래가치를 교환하는 비율을 의미한다. 자금을 대여하는 사람은 현재의 가치를 포기하는 대신 미래의 가치를 얻는 행위를 하는 것이고, 자금을 빌리는 사람은 미래의 가치를 포기하는 대신 현재의 가치를 얻는 경제적 행위를 하는 것이다. 이 과정에서 현재가치와 미래가치를 연결해주는 연결고리가 바로 이자율이다.

예를 들어 자금을 대여하는 사람이 100원의 현재가치를 포기하는 대신 미래에 110원으로 돌려받기로 하는 경우, 현재가치와 미래가치를 연결해주는 이자율은 10%가 되는 것이다. 이를 식으로 나타내면 다음과 같다.

$$FV = PV \times (1 + R) \cdots\cdots (1)$$

FV : 미래가치 PV : 현재가치 R : 이자율

현재가치에 이자율을 곱하면 미래가치가 되고, 미래가치를 이자율로 나누면 현재가치가 된다. 이를 식으로 나타내면 다음과 같다.

$$PV = \frac{FV}{1+R} \cdots\cdots (2)$$

위의 식에서 보듯이 이자율은 현재가치를 미래가치로, 미래가치를 현재가치로 바꾸어주는 역할을 한다. 위의 두 식에 공통적으로 사용되는 이자율은 상황에 따라 다른 명칭으로 불린다. 현재가치를 미래가치로 연결시켜주는 식 (1)에서 사용된 이자율을 '수익률'이라고 부르고, 미래가치를 현재가치로 연결시켜주는 식 (2)에서 사용된 이자율을 '할인율'이라고 부른다. 이자율, 수익률, 할인율은 이름은 다르지만 모두 같은 개념으로 사용되고 있다.

채권수익률

이자율은 기본적으로 수익률과 할인율로 구분해 사용되고 있지만 채권시장에서는 좀 더 세분화된다. 채권시장에서 대표적인 이자율은 만기수익률(YTM : Yield To Maturity)인데, 일반적으로 채권수익률이라고 하면 만기수익률을 지칭한다. 만기수익률은 채권에서 발생되는 미래현금흐름의 현재가치를 채권 가격과 일치시켜주는 이자율이며, 채권 단가 계산 시 사용되는 수익률이다. 투자에 따른 미래현금흐름과 투자안의 현재가치를 같게 해준다는 의미에서 투자안 검토 시 사용되는 내부수익률(IRR : Internal Rate of Return)과 같은 의미이다.

$$PV = \sum_{t=1}^{n} \frac{CF_t}{(1+YTM)^t}$$

PV : 현재가치(채권의 가격) CFt : t 시점의 현금흐름 YTM : 만기수익률 n : 만기

수익률과 할인율의 개념을 생각해보면 만기수익률은 미래현금흐름을 할인하는 이자율이므로 채권수익률보다는 채권할인율이라는 용어가 더 적절할 수도 있다. 그러나 수익률과 할인율은 같은 개념이고 이미 만기수익률은 채권수익률이라는 명칭으로 굳어져 사용되고 있다. 다만 이표채가 아닌 할인채나 기업어음의 경우는 수익률 대신 할인율이라는 용어를 사용한다.

채권수익률은 채권시장에서 채권을 거래할 때 기준이 되는 수익률로, 이를 통해 채권 가격을 계산한다. 다만 채권의 발행 조건이 다양해 서로 다른 채권의 수익률을 단순하게 비교하는 데 한계가 있다. 예를 들어, 동일한 회사가 발행한 만기 3년 남은 A채권과 B채권의 수익률이 각각 3.10%, 3.12%라면 B채권의 투자수익이 높다고 판단할 것이다. 주어진 정보만 보면 당연한 생각이지만 이자 지급주기 등 서로 다른 발행 정보가 감안될 때에는 판단 결과가 달라질 수 있다. 이와 같은 상황에서 투자 판단을 위한 통일된 기준을 제공하고 실질적인 투자수익률의 지표로 활용되는 개념이 '실효수익률(effective rate)'이다.

실효수익률

실효수익률은 현재가치와 미래가치의 관계를 연 단위 복리 기준으로 산출한 수익률을 말하는 것으로, 미래가치를 현재가치로 나눈 총수익

률을 연 단위로 기하평균* 한 수익률을 의미한다. 이를 식으로 나타내면 다음과 같다.

$$Re = \sqrt[n]{\frac{FV}{PV}}$$

Re : 실효수익률   FV : 미래가치   PV : 현재가치   n : 연 단위 기간

채권수익률만 가지고 채권 간 수익성을 비교할 경우 이자 지급주기 같은 차이로 인해 채권 간 비교가능성이 떨어진다. 이때 필요한 것이 실효수익률이다. 실효수익률을 이용하면 투자 시점부터 만기 시점까지의 총수익률을 연복리 수익률의 단일기준으로 환산해주므로 채권 간 수익률 비교가 용이해진다. 실효수익률은 현금흐름이 상이한 채권 또는 금융자산 간의 수익률을 비교할 수 있게 해주어 투자 의사 결정 시 중요한 지표로 사용된다. 채권수익률에 실효수익률을 적용하면 다음과 같다.

$$Re = \left(1 + \frac{R}{m}\right)^m - 1$$

Re : 실효수익률   R : 채권수익률   m : 연간 이표 지급 횟수

수익률이 3.10%인 A채권과 수익률이 3.12%인 B채권의 실효수익률을 구해보자. A채권은 1년에 4번 이자를 지급하는 3개월 이표채인 반면, B채권은 1년에 1번만 이자를 지급하는 채권이다. 이를 이용하여 실

효수익률을 구하면 A채권은 3.14%, B채권은 3.12%로 투자수익 측면
에서 A채권이 더 유리한 것으로 나온다. 채권의 실효수익률 계산 시 이
자를 1년에 1번씩 지급하는 채권과 연복리 채권은 채권수익률과 실효
수익률이 같다. 이는 실효수익률이 연복리 개념이기 때문이다.

$$A채권\ 실효수익률 = \left(1 + \frac{0.0310}{4}\right)^4 - 1 = 3.14\%$$

$$B채권\ 실효수익률 = \left(1 + \frac{0.0312}{1}\right)^1 - 1 = 3.12\%$$

이표채의 경우에는 위의 방식으로 실효수익률을 계산하면 된다. 그러
나 채권에는 이표채뿐 아니라 단리채도 있다. 단리채의 경우에는 다음
의 방식으로 실효수익률을 계산하면 된다.

$$Re = \sqrt[n]{(1 + R \times n)} - 1$$

Re : 실효수익률　R : 채권수익률　n : 만기

이를 예를 통해 살펴보면 A채권의 만기는 3년, 수익률은 3.10%, B채
권의 만기는 3년, 수익률은 3.12%인데, A채권은 3개월 이표채, B채권
은 단리채다. 이들의 실효수익률을 구해보면 A채권은 3.14%, B채권은
3.03%가 된다.

$$A채권\ 실효수익률 = \left(1 + \frac{0.0310}{4}\right)^4 - 1 = 3.14\% \cdots\cdots (이표채)$$

$$\text{B채권 실효수익률} = \sqrt[3]{(1+0.0312 \times 3)} - 1 = 3.03\% \cdots\cdots (단리채)$$

채권수익률과 실효수익률의 관계를 보면 동일한 채권수익률을 가진 채권이라 하더라도 이자 지급 방식에 따라 실효수익률이 달라진다. 따라서 채권의 수익률을 서로 비교하기 위해서는 채권수익률보다 실효수익률로 비교하는 것이 채권을 선택할 때 더 현명한 판단을 할 수 있게 하고 투자수익률을 높이는 데도 도움이 된다. 동일한 채권수익률이라 하더라도 실효수익률은 다를 수 있는데, 일반적으로 동일한 채권수익률을 가진 채권의 경우 이표채의 실효수익률이 가장 높다. 이는 간단하게 보면 단리와 복리 중 복리가 좋은 것과 마찬가지다.

경상수익률

이표수익률(Coupon rate)은 채권의 이자 지급액을 액면가격으로 나눈 반면, 경상수익률(Current Yield)은 채권의 이자 지급액을 채권시장에서 유통되는 가격으로 나눈 수익률로, 단순수익률이라고도 한다. 즉 경상수익률은 채권 투자원금에 대한 연간이자 지급액의 비율을 의미한다. 만약 채권을 액면가격이 아닌 시장가격으로 구입했다면 경상수익률은 이표수익률과 차이가 발생하게 된다. 경상수익률은 일반적으로 단기 채권의 투자수익률을 계산할 때 주로 사용되며, 다음과 같이 계산할 수 있다.

$$\text{경상수익률} = \frac{C}{P} \times 100$$

C : 이자 지급액(액면가 × 액면이자율)   P : 채권의 시장가격

운용수익률

채권에 투자할 때 채권을 만기까지 보유할 수도 있지만, 시장 상황에 따라 중도에 매각하는 경우도 있다. 채권을 만기까지 보유하지 않고 중도에 매각할 경우 얻는 수익률이 바로 운용수익률이다. 채권을 만기 이전에 매각하게 되면 금리변동에 따라 운용수익률이 변하게 되는데, 매수 시점보다 금리가 하락하면 운용수익률은 채권 매수수익률보다 높아지게 되고, 금리가 상승하게 되면 운용수익률은 채권 매수수익률보다 낮아지게 된다. 운용수익률은 다음과 같이 계산할 수 있다.

$$운용수익률 = \sqrt[n]{\frac{매도금액 + 이자수취금액}{매수금액}} - 1$$

n : 연 단위 기간

수익률곡선

채권수익률은 채권의 만기, 발행자의 신용도, 담보의 양과 질, 수의상환조건 등 채권이 가지고 있는 고유의 특징들에 의해 결정된다. 이와 같은 요인들 중 가장 중요한 것은 채권의 만기와 채무불이행위험이다. 채무불이행위험이 동일하다고 가정하면 수익률에 가장 큰 영향을 미치는 요인은 채권의 만기가 된다. 바꿔 말하면 채권수익률에 만기가 미치는

영향을 알기 위해서는 채무불이행위험이 동일하다고 가정해야 한다. 채무불이행위험을 일정하게 하기 위해서는 일반적으로 무위험(risk-free) 채권으로 간주할 수 있는 국채의 수익률을 이용해 채권의 만기가 수익률에 미치는 영향을 살펴보는 것이 편리하다.

채무불이행위험이 없는 국채의 수익률이 시장에서 결정되면 이를 통해 각 만기와 수익률 간의 관계를 얻을 수 있다. 이와 같은 수익률과 만기 사이의 관계를 '이자율기간구조(term structure of interest rates)'라고 하며, 이를 도표로 나타낸 것이 '수익률곡선(yield curve)'이다. 물론 수익률곡선은 국채의 수익률곡선만 있는 것이 아니고 회사채의 수익률곡선도 있다. 회사채의 수익률곡선은 국채의 수익률곡선에 해당 회사채의 신용스프레드가 반영된 수익률곡선이라고 보면 된다.

채권수익률과 만기의 관계를 나타내는 수익률곡선에는 '상승형곡선(ascending curve)', '하강형곡선(descending curve)', '수평형곡선(flat curve)', '낙타형곡선(humped curve)' 등이 있다. 이번에는 수익률곡선의 각각의 형태와 이러한 수익률곡선 형태에 대한 이론에 대해 알아보도록 하자.

수익률곡선의 형태

• 상승형곡선

장기이자율이 단기이자율보다 높은 형태로, 일반적인 수익률곡선의 형태다. 이를 그래프로 나타내면 수익률곡선의 오른쪽이 위로 올라가는 모습을 보여 수익률곡선이 '우상향한다'고 표현한다. 수익률곡선이 우상향하는 것은 향후에 금리상승이 예상되거나 경기상승으로 인해 기업들의 설비투자자금 수요가 증가하면서 장기이자율이 상승하는 경우다.

• 하강형곡선

단기이자율 수준이 장기이자율 수준보다 높은 경우에 나타나는 수익률곡선의 형태다. 이는 단기자금 수요가 많거나 향후 금리가 하락할 것으로 예상될 때 나타나는 형태다. 수익률곡선의 오른쪽이 내려가는 모습을 보여주기 때문에 수익률곡선이 '우하향한다'고 표현한다.

[그림 4] 상승형 수익률곡선과 하강형 수익률곡선

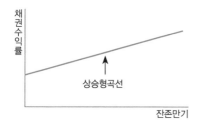
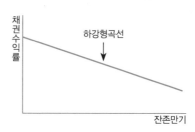

• 수평형곡선

단기이자율과 장기이자율이 같은 수준을 나타내는 경우다. 이는 향후 이자율 수준이 현재의 수준과 같을 것이라는 기대가 반영된 경우이다.

• 낙타형곡선

이는 정부의 일시적인 금융긴축이나 시장의 마찰적 요인으로 인하여 일정 구간에서의 금리가 높은 수준을 보이는 형태로, 일반적으로 단기자금시장이 경색을 보일 때 나타나는 형태다.

[그림 5] 수평형 수익률곡선과 낙타형 수익률곡선

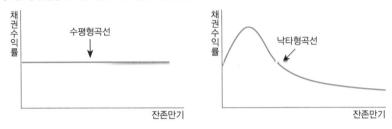

수익률곡선에 관한 이론들

수익률곡선은 일반적으로 우상향의 형태를 나타내지만 시장 여건에 따라 우하향 형태를 나타내기도 한다. 이 같은 수익률곡선의 형태를 설명하는 이론에는 기대가설(expectation hypothesis), 유동성선호가설(liquidity preference hypothesis), 시장분할가설(market segmentation hypothesis)이 있다.

• 기대가설

기대가설은, 수익률곡선은 미래 시장금리에 대한 투자자들의 예상이 반영되어 결정된다는 이론이다. 즉, 현재 시점에서 금리의 기간 구조에 내재된 선도수익률(forward rate)은 미래의 현물수익률의 불편추정치(unbiased predictors)라는 논리이다.

쉽게 풀어서 얘기하자면 기대가설은 장기금리가 미래의 단기금리를 반영하고 있다고 보는 견해다. 즉 미래의 단기금리를 나타내는 장기금리가 단기금리보다 높으면 미래의 단기금리가 현재의 단기금리가 높다는 것이다. 결국 장기금리가 단기금리보다 높다는 것은 미래의 금리가 올라갈 것이라는 시장의 기대치가 반영된 결과라는 것이다.

한편, 수익률곡선이 우하향하는 것은 시장 참가자들이 미래에 금리가 하락할 것으로 예상하기 때문이라는 것이다. 만일 포트폴리오 관리자가 향후 금리가 하락할 것으로 예상하면 그는 투자수익을 극대화하기 위해 단기채권을 장기채권으로 전환하여 투자할 것이다. 왜냐하면 금리하락 시 장기채권의 가격 상승폭이 단기채권의 가격 상승폭보다 클 것이기 때문이다. 따라서 금리하락이 예상될 때에는 단기채권의 수요가 줄고 장기채권의 수요가 늘어 장기금리의 하락폭이 더 커져 수익률곡선이 우하향 형태를 띠게 된다. 반대로 금리상승이 예상되는 경우에는 장기채권의 가격 하락이 더 크므로 장기채권의 금리상승폭이 커져 수익률곡선이 우상향 형태를 띠게 된다.

• 유동성선호가설

채권은 만기가 길수록 채권 가격의 변화가능성이 증가한다. 이에 따라 위험 회피적인 투자자는 단기채권과 장기채권의 기대수익률이 비슷하더라도 장기채권보다는 단기채권을 더 선호하는 경향이 있다는 것이다. 이는 한 달 동안 비가 오는 날보다는 1년 동안 비가 오는 날이 더 많은 것과 같다.

또 대부분의 사람들은 장기채권에 투자해서 장기간 자금을 묶어두는 것보다 유동성이 높은 단기채권에 투자하는 것이 효율적이라고 판단한다는 것이다. 이와 같이 단기채권을 선호하는 것을 유동성프리미엄

(liquidity premium)이라고 한다.

유동성선호가설에 따르면 장기채권의 수익률은 장기투자에 따른 유동성프리미엄을 감안해야 하기 때문에 단기채 수익률보다 높아야 한다. 즉 유동성선호가설에서의 수익률곡선은 유동성프리미엄으로 인해 항상 우상향하게 된다.

• 시장분할가설

시장분할가설은 투자자들이 각각의 채권에 대해 만기별로 서로 다른 선호도를 가지고 있어 채권시장이 몇 개(단기, 중기, 장기 등)의 하부 시장으로 분할되어 있다고 보는 것이다. 즉 장기채권은 장기채권 나름의 수요와 공급이 존재하고 단기채권은 단기채권 나름의 수요와 공급이 존재하기 때문에 각각의 시장에서의 수요와 공급에 의해 수익률이 결정된다는 것이다. 따라서 수익률곡선의 모양은 각각의 시장에서 형성된 수요와 공급에 따라 형성된 결과로 파악할 수 있는 것이다.

시장분할가설에 의하면 우상향 형태의 수익률곡선은 단기채권에 대한 수요가 장기채권에 대한 수요에 비해 상대적으로 큰 것을 의미하며, 우하향 형태의 수익률곡선은 그 반대를 의미한다는 것이다. 또한 채권에 대한 선호도가 만기별로 상당히 세분화될 경우, 비정형적인 수익률곡선 형태를 가지는 경우도 있다. 그러나 이 가설은 서로 다른 시장에서 결정되는 금리 간의 밀접한 관계를 설명하지 못한다.

수익률곡선에 왜 관심을 가져야 하는가?

채권 투자자들이 수익률곡선에 관심을 가져야 하는 이유는 수익률곡선의 형태가 현재의 채권시장의 정보를 잘 나타낼 뿐 아니라 미래 금리에 대한 기대를 반영하고 있기 때문이다. 수익률곡선을 통해 경기예측이나 기대인플레이션과 같은 유용한 정보를 추출할 수 있는데, 이미 많은 채권시장 참여자들이 금리 예측, 투자 정보 획득의 수단 및 효율적인 채권 투자전략의 지표 등으로 수익률곡선을 활용하고 있다.

선진 금융시장에서는 수익률곡선은 아무리 강조해도 지나치지 않을 정도로 중요시되어 왔고 투자자, 분석가 들도 수익률곡선에 깊은 관심을 표명하고 있다. 수익률곡선을 통해 채권의 잔존만기별 채권수익률 측정이 가능하므로 채권 투자자는 만기별로 채권의 가격 움직임을 예상할 수 있고, 채권 발행기업은 자금 조달을 하는 데 있어서 판단 기준으로 활용할 수 있다.

현재 시점에서 일정 기간 동안의 금리를 '현물수익률(spot rate)'이라고 부르고, 미래의 일정시점에서 일정 기간 동안의 금리를 '선도수익률'이라고 부른다. 예를 들어 오늘 은행에 가서 1년 만기 정기예금을 3%에 들면 3%는 현물수익률이다. 만약 은행에 가서 1년 후에 1년 만기 예금을 4%에 들기로 하면 4%는 선도수익률이다. 이를 그림으로 나타내면 다음과 같다.

[그림 6] 현물수익률과 선도수익률

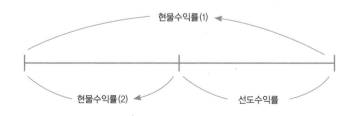

현물수익률은 우리가 쉽게 알 수 있지만 미래 시점의 금리인 선도수익률은 알 수가 없다. 다만 이론적으로 구할 수 있는 방법이 내재선도수익률(IFR : Implied Forward Rate)을 구하는 것이다. 내재선도수익률은 현물수익률에 반영된 선도수익률로, 현물수익률을 통해서 구한 미래수익률이라는 의미다.

내재선도수익률을 구하는 간단한 방법을 알아보자. 예를 들어, 앞의 그림에서 현물수익률(1)이 4%로 만기가 1년인 채권의 수익률이고, 현물수익률(2)는 3%로 만기가 6개월인 채권의 수익률이다. 6개월 후에 6개월 동안의 수익률, 즉 6개월 후에 만기 6개월 채권의 수익률은 선도수익률이 된다. 내재선도수익률은 '(1+장기현물수익률)=(1+단기현물수익률)×(1+선도수익률)'이 성립되는 선도수익률이다. 이 식을 이용하여 구한 내재선도수익률은 5%가 된다.

$$(1 + 0.04 \times \frac{12}{12}) = \left(1 + 0.03 \times \frac{6}{12}\right)(1 + \text{IFR} \times \frac{6}{12})$$

$$\text{IFR} = 0.05$$

1년 만기 채권수익률이 장기금리이므로 왼쪽에 오고 6개월짜리 금리가 단기금리이므로 오른쪽에 오게 된다. 이를 통해 내재선도수익률을 쉽게 구할 수 있다.

장기금리가 단기금리보다 높은 경우, 즉 수익률곡선이 우상향하는 경우 미래의 금리가 현재의 금리보다 높다는 것을 의미한다. 이는 현물수익률과 내재선도수익률의 관계를 통해서 알 수 있다. 앞에서 살펴본 것처럼 현재 시점에서 만기 6개월의 채권수익률은 3%지만, 6개월 후에 만기 6개월의 채권수익률은 5%가 되어 현재 시점의 수익률보다 높다. 물론 여기서 구해진 미래수익률은 이론적인 수익률이기 때문에 미래에 꼭 실현된다고 볼 수는 없다. 하지만 수익률곡선을 통해 현물수익률에 내재되어 있는 미래수익률을 추정해볼 수 있다.

채권 가격과 수익률의 관계

채권의 현금흐름이 주어져 있을 경우 채권 가격과 채권수익률 간에는 1:1의 관계가 성립한다. 채권 가격 계산식에서 액면금액, 이표, 만기는 채권의 발행 조건에 따라 고정된 상수이므로 채권의 가격과 채권수익률은 1:1의 역의 관계에 놓임을 알 수 있다.

$$채권 \ 단가(P) = \frac{CF}{(1+r)^n}$$

CF : 미래현금흐름(이표+액면금액)　r : 채권수익률　n : 만기

따라서 채권수익률이 상승하면 채권 가격은 하락하고, 반대로 채권수익률이 하락하면 채권 가격은 상승한다. 즉 채권 가격과 채권수익률은 역의 관계에 있다.

[그림 7] 채권 가격과 수익률의 관계

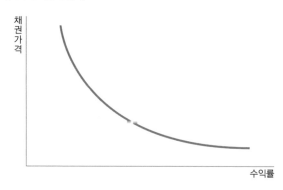

채권 가격과 채권수익률의 관계는 반비례 관계에 있으나 직선의 형태는 아니다. 금리가 상승할 때의 가격하락폭보다 금리가 하락할 때의 가격상승폭이 더 크다. 이는 채권 가격과 수익률이 완전한 반비례가 아니라 원점에 대해 볼록하기 때문이다. 이를 채권 가격과 채권수익률 간의 '볼록성(convexity)'이라고 한다. 볼록성에 대해서는 바로 뒤에 나오는 「듀레이션」 부분에서 다시 이야기하도록 하자.

채권 가격이 채권수익률에 의해서만 영향을 받는 것은 아니다. 만기나 이자도 채권 가격의 움직임에 영향을 미친다. 만기가 긴 장기채권일수록 단기채권보다 금리 변화에 더 큰 영향을 받기 때문에, 동일한 조건하에서는 동일한 금리 움직임에 대해 단기채권에 비해 장기채권의 가격변동성이 더 크다. 3년 만기 국채보다 5년 만기 국채가 동일한 금리 변화에 대해 가격변동성이 더 크게 나타난다. 또한 다른 조건이 동일하고 표면금리만 다른 채권의 경우 표면금리가 높은 채권보다는 표면금리가 낮은 채권의 가격변동성이 더 크게 나타난다. 이는 고(高)이표채일수록 만기 이전에 발생하는 현금흐름이 많아 듀레이션이 짧아지고, 듀레이션이 짧아지면 가격민감도가 낮아지기 때문이다.

채권 가격과 채권수익률의 관계를 요약하면 다음과 같다.

첫째, 채권 가격과 수익률은 역의 관계에 있다.

둘째, 장기채권이 단기채권보다 일정한 수익률 변동에 대한 가격변동폭이 크다.

셋째, 이자율 변동에 따른 채권 가격의 변동폭은 만기가 길수록 증가하나 그 증가율은 체감한다.

넷째, 만기가 일정할 때 수익률 하락으로 인한 가격상승폭이 같은 크기의 수익률 상승으로 인한 가격하락폭보다 크다.

다섯째, 표면금리가 낮은 채권이 표면금리가 높은 채권보다 일정한 수익률 변동에 따른 가격변동폭이 크다.

듀레이션

금리가 변하면 자산이나 부채의 가치도 변하는데, 이러한 위험을 '금리변동위험'이라고 한다. 금리변동위험은 채권을 발행하여 자금을 조달하는 발행자나 채권을 보유하고 있는 투자자 모두에게 영향을 미친다. 발행자 입장에서는 금리 변화가 자금 조달 비용에 영향을 미치고, 투자자 입장에서는 보유하고 있는 투자자산의 수익률에 영향을 미친다.

금리변동위험은 크게 투자위험과 수익위험으로 나눌 수 있다. 투자위험은 금리의 변화가 채권의 가치를 감소시키는 위험을 의미하며, 가격위험(price risk)이라고도 한다. 수익위험은 차입금리(조달금리)와 대출금리(투자수익률)의 변화가 일치하지 않을 때 발생하는 수익의 감소위험을 의미하며, 금융기관에서는 '갭(gap) 문제'라고 부르기도 한다. 이와 같은 금리변동에 따른 위험을 측정하는 데 사용되는 대표적인 지표가 듀레이션이다.

듀레이션과 수익률곡선 개념은 채권 투자에 있어서 가장 중요한 개념이므로 다소 어렵더라고 꼭 이해할 필요가 있다.

채권의 가격변동성을 측정하는 대표적 지표, 듀레이션

채권의 듀레이션은 1938년 영국의 통계학자 매콜리(F. R. Macaulay)가 개발한 지표로, 금리변동에 따른 채권의 가격변동, 즉 채권의 가격탄력성을 측정하는 지표 중 가장 훌륭한 지표라고 할 수 있다.

듀레이션은 채권 원금을 회수하는 데 걸리는 가중평균상환기간, 즉 채권의 원금이 상환되는 가상의 기간을 의미하는 것으로, 채권의 만기까지 각 기간에 들어오는 현금흐름의 현재가치를 기간별로 가중평균하여 계산한다.

채권의 만기는 채권의 원금상환이 이루어지는 시점을 의미하며, 채권에서 발생되는 이자와는 상관이 없다. 반면 듀레이션은 채권에서 발생되는 이자까지 고려하여 원금이 상환되는 기간을 나타내는 지표로, 가상의 채권 만기라고 할 수 있다. 예를 들어 표면금리가 5%이고 만기 3년인 A채권과 표면금리가 3%이고 만기가 3년인 B채권은 만기는 동일하지만 A채권의 표면금리가 높아 이자를 고려하면 투자액이 더 빨리 회수

된다. 따라서 만기는 동일하지만 표면금리를 고려하는 가상의 만기 개념, 즉 듀레이션은 A채권이 짧다.

듀레이션은 채권에서 발생되는 현금흐름의 현재가치를 시간 가중한 합계를 채권의 가격으로 나눈 값이다. 이를 식으로 나타내면 다음과 같다. 식이 어렵다면 개념만 이해하도록 하자.

$$\text{듀레이션} = \sum_{t=1}^{n} \frac{PVCF_t \times t}{P}$$

PVCF$_t$: t 시점 현금흐름의 현재가치
t : 현금흐름 발생 기간
P : 채권 가격

이해를 돕기 위해 듀레이션을 계산하는 간단한 예를 살펴보기로 하자. 만기가 3년이고 표면금리(6개월 이표채) 4%, 채권수익률(만기수익률)이 3.5%인 채권의 듀레이션을 구해보자.

액면 10,000원 기준의 채권 가격은 10,141.2원이고, 각 기간의 현금흐름을 시간으로 가중한 시간가중현금흐름의 현재가치(PVCF$_t$)의 합은 28,982.8원이다. 이를 이용하여 채권 발행일의 듀레이션을 구하면 2.86년이 나온다. 듀레이션은 채권의 만기인 3년보다 짧은데, 이는 만기 이전에 발생되는 현금흐름으로 인해 채권의 원금 회수 기간이 그만큼 짧아지기 때문이다.

[표 15] 듀레이션 계산 사례

기 간	현금흐름	현재가치(P)	시간가중현금흐름 현재가치(PVCFt)
0.5	200	196.6	98.3
1.0	200	193.2	193.2
1.5	200	189.9	284.8
2.0	200	186.6	373.2
2.5	200	183.4	458.5
3.0	10,200	9,191.7	27,575
합계		10,141.4 ①	28,983.0 ②
듀레이션(② ÷ ①)			2.86

채권의 만기가 길수록 듀레이션도 길다

듀레이션은 금리변동에 따른 채권 가격변동을 측정할 수 있는 대표적인 지표다. 듀레이션이 크면 클수록 해당 채권의 금리변동위험도 커지고, 듀레이션이 작으면 작을수록 금리변동위험도 작아진다. 듀레이션을 '갈대의 높이'라고 하고 금리변동을 '바람'이라고 하자. 동일한 바람이 불었을 때 어떤 갈대가 많이 움직일까? 당연히 높이가 높은 갈대가 많이 움직인다. 동일한 금리 변화에 듀레이션이 큰 채권의 변동성이 큰 것과 같은 맥락이다.

듀레이션 값이 크면 채권 가격의 변동성이 커진다는 사실은 알았는데, 문제는 듀레이션 값 구하기가 복잡하다는 것이다. 여기서는 정확한 듀레이션 값은 아니라 하더라도 듀레이션이 상대적으로 큰지 작은지 알아보는 간단한 방법을 알아보자.

수평저울의 받침대 위치가 듀레이션 값이라고 이해하는 것이다. 이를 시각적으로 이해하기 위해 다음 그림에서 보는 것처럼 채권에서 발생되는 현금흐름의 현재가치를 수평저울 위에 놓을 경우 무게중심(수평저울 받침대)이 위치하는 곳이 듀레이션이라고 생각하면 직관적으로 이해하기 쉬울 것이다.

예를 들어, 만기가 5년씩 동일하고 표면금리가 각각 3%, 5%인 채권이 있다고 하자. 어떤 채권의 듀레이션이 큰지 수평저울을 이용해서 알아보자.

다음의 그림에서 각각의 채권에서 발생되는 현금흐름의 현재가치를 수평저울 위에 올려놓아보자. 표면금리가 5%인 채권에서 발생되는 현금흐름이 표면금리가 3%인 채권에서 발생되는 현금흐름보다 더 크다. 이로 인해 수평저울의 중심축은 표면금리가 5%인 채권의 수평저울 받침대가 표면금리가 3%인 채권의 수평저울 받침대보다 왼쪽에 위치한다. 즉 표면금리 5%인 채권의 듀레이션 값이 표면금리 3%인 채권의 듀레이션 값보다 작다. 이는 표면금리가 높은 채권의 듀레이션 값이 표면금리가 낮은 채권의 듀레이션 값보다 더 작다는 의미이며, 곧 표면금리가 높은 채권의 가격변동위험이 더 적다는 것을 말한다.

[그림 8] 이표채의 현금흐름과 듀레이션

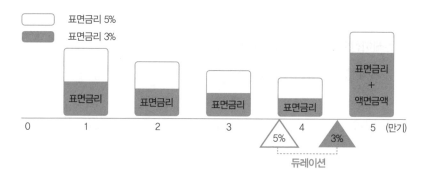

듀레이션은 다른 조건이 일정하다는 가정하에 만기, 수익률, 표면금리, 이자 지급 횟수 등에 따라 다음과 같은 특징을 나타낸다.

첫째, 채권의 만기가 길어질수록 듀레이션이 길어진다(수평저울의 무게 중심이 오른쪽으로 움직인다).

둘째, 채권의 수익률(만기수익률)이 높을수록 듀레이션이 짧아진다(채권의 수익률이 높을수록 만기가 긴 채권의 현금흐름에 대한 할인이 더 커지기 때문에 수평저울의 무게중심이 왼쪽으로 움직인다).

셋째, 표면금리가 높을수록 듀레이션이 짧아진다(액면금액에 비해 만기 이전의 현금흐름이 더 커지기 때문에 수평저울의 무게중심이 왼쪽으로 움직인다).

넷째, 이자 지급 횟수가 많을수록 듀레이션이 짧아진다(이자 지급 횟수가 많을수록 동일한 표면금리라 하더라도 이자 지급 현금흐름이 왼쪽에 위치하기 때문에 수평저울의 무게중심이 왼쪽으로 움직인다).

다섯째, 이자 지급이 없는 순수할인채의 경우 듀레이션은 만기와 일치한다(만기 시점에 1회의 현금흐름만 발생하기 때문에 무게중심이 만기와 일치한다).

듀레이션으로 채권 가격의 변화 계산

듀레이션은 채권의 위험을 측정하는 지표로 사용되는 동시에 금리 변화에 따른 채권 가격 변화를 계산할 수 있게 해준다. 일반적으로 금리 변화에 따른 채권 가격의 변화를 알기 위해서는 현재 수익률에서의 채권 가격을 계산하고 변화된 수익률에서의 채권 가격을 계산하여 그 차이를 계산하면 된다. 그런데 가뜩이나 복잡한 계산식으로 두 번이나 채권 가격을 계산하는 것은 번거로운 일이다. 하지만 듀레이션을 이용하면 금리 변화에 따른 채권 가격의 변화를 쉽게 계산할 수 있다. 듀레이션을 이용한 금리 변화에 따른 채권 가격 변화는 다음의 식으로 표현할 수 있다.

$$\Delta P = -D \times P \times \frac{\Delta r}{1+r}$$

ΔP : 채권 가격의 변화

D : 듀레이션

P : 채권 가격

Δr : 채권수익률 변화

r : 채권수익률

다음의 예를 통해 듀레이션을 활용해서 채권 가격 변화를 계산하는 방법을 알아보자.

국고채권15-3의 발행일은 2015년 6월 10일, 만기는 2018년 6월 10일로 만기 3년 국고채다. 표면금리는 1.625%이며, 시장에서 1.70%(2015년 6월 24일 기준)에 거래되고 있다. 이 경우에 국고채권15-3의 시장수익률이 100bp(1.0%) 상승해서 2.70%가 되는 경우, 채권 가격은 어떻게 변하는지 살펴보도록 하자.

먼저, 수익률이 1.70%일 때 국고채권15-3의 채권 가격부터 계산해보면 채권의 가격은 9,984원(액면 10,000원 기준)이 된다.

$$\text{채권 단가}(P) = \frac{CF}{(1+r)^n} = 9{,}984\text{원}$$

다음으로 듀레이션을 계산해보면 해당 채권의 듀레이션은 2.91년 이다.

$$\text{듀레이션} = \sum_{t=1}^{n} \frac{PVCF_t \times T}{p} = \frac{29{,}031}{9{,}984} = 2.91$$

위에서 구한 값을 가지고 듀레이션을 이용한 채권 가격 변화 공식에 대입하면 채권 가격 변동 금액은 액면 10,000원 기준으로 -285.7원이 된다. 즉 금리가 100bp 상승하면 채권 가격은 285.7원 하락한다. 이처럼 듀레이션만 알고 있으면 금리 변화에 따른 채권 가격의 변동폭을 손쉽게 계산할 수 있다.

$$\Delta P = -D \times P \times \frac{\Delta r}{1+r} = -2.91 \times 9{,}984 \times \frac{0.01}{1+0.017} = -285.7$$

앞에서 살펴본 것처럼 듀레이션을 이용해서 금리변동에 따른 채권 가격의 변동폭을 손쉽게 구할 수 있지만, 이를 통해서 구해진 값은 정확한 값이 아니고 근사치다.

이런 현상이 발생하는 것은 앞서 얘기한 것처럼 채권 가격과 채권수익률 간의 볼록성 때문이다. 채권 가격과 채권수익률의 관계를 그래프로 나타내면 다음의 그림에서 보듯이 원점에 대해서 볼록한 형태를 나타내는데, 이를 채권 가격의 볼록성이라고 한다.

이로 인해 동일한 금리변동폭일지라도 채권 가격변동폭에서 차이가 발생한다. 다음의 그림을 보면 현재 'y'인 채권수익률이 동일한 폭으로 상승했을 경우가 'y₁', 동일한 폭으로 하락했을 경우가 'y₂'다. 수익률 변화에 따른 가격변동폭을 보면 금리가 상승했을 경우의 채권 가격 변화폭 'P(y)-P(y₁)'이 금리가 하락했을 경우의 가격 변화폭 'P(y₂)-P(y)'보다 작다.

[그림 9] 채권 가격의 볼록성

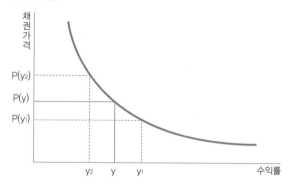

이러한 현상은 채권 가격의 볼록성으로 인해 나타나는 것이다. 채권 가격의 볼록성으로 인해 듀레이션을 이용해서 측정한 채권 가격의 변동폭이 실제 채권 가격변동폭과는 다소 차이를 보인다. 채권 가격의 볼록성으로 인해 수익률이 상승(하락)하면 채권 가격이 하락(상승)하지만, 수익률이 상승(하락)함에 따라 가격이 하락(상승)하는 정도가 작아(커)지기 때문이다.

수익률과 채권 가격은 원점에 대해 볼록한 관계를 가지면서 우하향하지만, 듀레이션에 의한 수익률과 채권 가격의 관계는 직선의 형태로 우하향한다. 이러한 차이로 인해 실제 채권 가격의 변화와 듀레이션에 의해 측정한 채권 가격의 변화에 차이가 발생하는 것이다.

다음 그림을 보면 이를 좀 더 쉽게 이해할 수 있다. 그림에서 수익률이 y_0에서 y_1로 변할 때 채권 가격은 'A'에서 'B'로 변하게 된다. 그러나 듀레이션으로 채권 가격의 변화를 측정할 때는 수익률과 채권 가격의 관계를 A에서의 기울기 직선으로 간주하였으므로, 수익률 변화에 따른 채권 가격은 'C'로 계산된다. 그 결과 'B'와 'C' 만큼 오차가 발생하게 된다.

[그림 10] 채권 가격 볼록성과 듀레이션

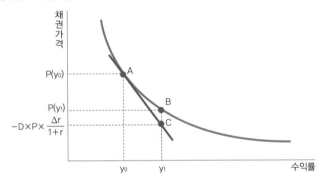

앞서 예를 든 경우를 살펴보면 금리가 100bp 변했을 경우 듀레이션을 이용하여 계산한 채권 가격의 변화폭이 -285.7원으로 계산되었다. 하지만 실제 채권 가격을 계산해보면 채권수익률이 1.70%일 때 채권 가격이 9,984원이고, 채권수익률이 2.7%일 때 채권 가격이 9,702원으로 실제 채권 가격변동폭은 -282원이었다. 듀레이션으로 측정한 채권 가격 하락폭이 실제 채권 가격 하락폭보다 3.7원 만큼 더 크게 나왔다. 즉 그림에서 볼 수 있는 것처럼 금리가 상승하는 경우에는 실제 가격변 동폭보다 듀레이션으로 측정한 가격변동폭의 하락폭이 크게 나온다.

금리 변화에 따른 채권 가격 변화를 계산하는 이유는 금리변동에 따라 본인이 보유하고 있는 채권의 가격 변화를 알아보기 위해서다. 금리 변화에 따른 채권 가격의 변화는 실제 채권 가격을 계산해서 산출할 수도 있고, 듀레이션을 이용하여 계산할 수도 있지만 이를 실제로 계산하는 것이 채권에 익숙하지 않은 투자자에게는 어려운 과정이고, 채권을 잘 아는 사람에게는 귀찮은 일일 것이다. 이런 어렵고 귀찮은 과정은 다른 곳으로 떠넘길 수도 있다. 실제로 증권회사를 통해 채권을 매입하는 경우, 보유하고 있는 채권의 평가금액을 HTS나 홈페이지에서 매일 확인할 수 있으니 이를 이용하면 쉽게 채권의 가격 변화를 알 수 있다. 그럼에도 불구하고 이러한 개념들을 이해하고 지나가기를 권하는 것은 이런 과정이 채권 투자의 기본기를 닦는 지름길이기 때문이다.

PART 3

다양한
형태의
채권들

- ↗ 발행 주체에 따른 채권의 종류
- ↗ 이자 지급과 원금상환 방식에 따른 채권의 종류
- ↗ 신용도, 만기 등의 기준에 따른 채권의 종류

START

발행 주체에
따른
채권의 종류

　채권은 이자 지급 방식, 발행 주체, 원금 지급 방식, 옵션 여부, 보증 여부, 만기 등 다양한 기준으로 분류할 수 있다. 최근에는 새로운 형태의 채권이 속속 등장하면서 채권의 종류가 다양해지는 만큼 분류 기준도 다양해지고 있다. 특히 금융상품 간 경계가 무너지면서 기존의 분류체계로 명확하게 분류하기 어려운 채권들도 다양하게 발행되고 있다.

　채권 분류 기준에 대해 알고 나면 채권을 쉽게 이해할 수 있을 뿐 아니라 새로운 채권이나 다른 금융상품을 이해하는 데도 많은 도움이 될 것이다. 여기서는 발행 주체에 따른 채권의 종류에 대해 알아보기로 하자.

　채권 가격에 영향을 미치는 가장 큰 요인은 채권 발행 주체의 신용으로, 채권 발행 주체에 따른 분류는 가장 일반적인 채권 분류 방법이다. 이는 채권시가평가 기준수익률 산정 등 다양한 목적에 사용된다.

　발행 주체에 따라 채권은 국채, 지방채, 특수채, 통화안정증권, 금융채, 회사채로 분류된다.

국채

국채는 가장 대표적인 발행 주체인 대한민국 정부가 경기부양, 실업 대책 등 공공의 목표를 달성하기 위해 국회의 동의를 얻어 발행하는 채권으로, 정부의 조세수입보다 지출이 많아질 경우 그 부족액을 조달하기 위해 발행한다. 국채는 정부가 원리금을 보장하기 때문에 신용도와 대표성이 가장 좋은 채권이며, 일반적으로 무위험자산(risk-free asset)으로 분류한다.

국채는 발행 목적에 따라 국고채권, 재정증권, 국민주택채권, 공공용지보상채권으로 나뉜다.

국고채권*은 정부가 공공 목적에 필요한 자금을 확보하기 위해 발행하는 채권으로, 국고채전문딜러 제도에 의한 경쟁입찰방식으로 발행한다. 만기*는 3년에서 30년까지 다양하며, 6개월 단위로 이자가 지급된다.

* 공공자금관리기금법에 의한 공공자금관리기금의 부담으로 발행.

* 국채 만기는 3년, 5년, 10년, 20년, 30년의 5개 만기로 발행.

재정증권은 국고금관리법에 근거하여 국고금 출납상의 일시적인 부족 자금을 조달하기 위해 발행한다. 일시적인 자금 부족분을 충당하기 위해 발행하는 것이므로 1년 이내 만기의 단기물로 발행한다. 이자 지급 방식은 이표채 지급 방식인 국고채와 달리 할인채 방식이다.(본문 152쪽 「이자 지급과 원금상환 방식에 따른 채권의 종류」 참고)

국민주택채권은 국민주택건설을 위한 재원 마련을 위해 주택도시기금법에 근거한 주택도시기금의 부담으로 발행하는 채권으로, 기획재정부 장관이 발행한다. 국민주택채권은 국고채권과 달리 채권발행시장에서 발행되는 것이 아니라 법령에 의해 의무적으로 특정인이 매수해야 하는 채권으로, 이러한 채권을 '첨가소화채권'이라고 부른다. 국민주택 채권은 채권을 매수하는 기준에 따라 3가지 형태로 발행이 된다. 1종 국 민주택채권은 국가 또는 지방자치단체로부터 건축허가, 부동산등기 등 각종 인·허가를 받거나 등기를 신청할 때 매수하도록 하는 채권이다. 2종 국민주택채권은 아파트를 분양할 때 부동산 과열 지역에서 투기를 억제할 목적으로 아파트 입찰자에게 매입하도록 하는 첨가소화채권이 다. 3종 국민주택채권은 공공택지 안에서 택지를 공급받는 자가 얻는 개발이익을 환수하여 서민 주거안정을 위한 주택자금으로 활용될 수 있 도록 발행하는 채권이다. 이에 따라서 $85m^2$를 초과하는 주택을 건설하 기 위한 공공택지 분양 시 국민주택채권을 많이 매입한 주택건설업자에 게 공공택지를 분양하는 방식으로 발행되었다. 현재 2종 국민주택채권 과 3종 국민주택채권은 발행이 중단된 상태다.

공공용지보상채권은 공익사업에 필요한 토지 등을 협의 또는 수용에 의하여 취득하거나 사용함에 따른 손실을 보상하기 위해 발행하는 채권 이다.

우리가 실생활에서 한 번쯤은 접해봤거나 접해야 하는 채권은 1종 국 민주택채권이다. 1종 국민주택채권은 부동산등기를 할 때 의무적으로 매입해야 하는 채권이기 때문이다.

여기서 정부가 왜 국민주택채권을 강제로 사게 하는지 의문이 생길 것이다. 국민주택채권도 국고채권처럼 시장에서 발행하면 될 텐데 굳이 강제로 떠넘기는 이유는 무엇일까? 그 이유는 정부가 국민주택채권을 시장금리보다 낮은 금리로 발행하기 때문이다. 말하자면 9,800원짜리

채권을 10,000원에 발행하는 것인데, 시장에서 발행하면 9,800원에 거래될 채권을 10,000원에 의무적으로 사게 하는 것이다. 이 200원*의 가격 차이가 등기를 할 때 등기 비용 한 구석에 적혀 있는 국민주택채권 매입 비용이며, 정부가 국민주택채권을 의무적으로 사게 하는 이유다.

> * 200원은 실제로는 정부가 지급해야 하는 이자인데, 이만큼 이자를 적게 줌으로써 이자 비용을 줄이는 것이다.

[표 16] 국채 종류별 발행 조건

구분	발행 목적	발행 조건			
		발행 방법	이표율	금리 지급	만기
국고채권	회계/기금에의 자금예탁	경쟁입찰	낙찰수익률	이표채(매6개월)	3~30년
재정증권	재정부족자금 일시보전	경쟁입찰[1]	낙찰할인율	할인	1년 이내
1종 국민주택채권	국민주택건설 재원조달	첨가소화	연 1.75%	연단위 복리후급	5년
2종 국민주택채권[2]	주택투기 수요억제	첨가소화	연 3%	연단위 복리후급	20년
	주택매입자의 시세차익환수	첨가소화	연 0%	연단위 복리후급	10년
3종 국민주택채권[3]	주택건설사의 개발이익환수	첨가소화	연 0%	연단위 복리후급	10년
보상채권	용지보상비	교부발행	실세금리	연단위 복리후급	5년 이내

1) 필요 시 상대매매로도 발행
2) 2종 국민주택채권은 2013년 5월 발행 중단
3) 3종 국민주택채권은 2006년 2월 발행 중단

자료 : 한국은행, 기획재정부

지방채

지방채는 지방자치단체 재정의 건전한 운영과 공공의 목적을 위해 지방재정법에 근거하여 발행하는 채권이다. 지방채는 지방자치단체별로 발행되기 때문에 다양한 채권이 발행되고 있는데, 대표적으로 도시철도채권과 지역개발채권이 있다.

도시철도채권은 도시철도법에 따라 지하철 건설자금을 조달하기 위해 지방자치단체가 발행하는 채권으로, 현재 서울 · 인천 · 대구 · 광주 · 대전 5개의 지방자치단체가 발행하고 있다. 따라서 채권의 발행 주체가 지하철공사가 아닌 관할지방자치단체다. 대부분의 도시철도채권은 만기 5년에 연복리로 일시 상환되지만 서울도시철도채권은 7년 만기로 5년 복리 후 2년 단리 형태로 상환된다. 표면이율은 1.5%(2015년 말 기준)로 모든 도시철도채권이 동일하다.

지역개발채권은 지방자치법, 지방공기업법, 지역개발기금설치조례 등에 의거하여 지방자치단체가 수도, 하수도, 토지 개발 등의 사업을 위한 투자재원확보와 지역개발을 위한 기금조성을 위해 발행하는 채권이다.

지방채는 모집발행, 매출발행 및 교부발행 형태로 발행된다.

모집발행은 청약을 통해서 투자자들에게 채권을 발행하는 것으로, 지방자치단체가 은행, 보험사, 자산운용사 등 금융기관과 계약을 체결하고 발행하는 경우에는 사모발행을, 증권시장을 통해 투자자를 모집하는 경우에는 공모발행을 한다.

매출발행은 지방자치단체가 주민 또는 법인을 대상으로 특정한 인허가 · 등기 · 등록 시에 의무적으로 매입하게 하는 방식으로 발행하며, 준

조세적 성격을 가지고 있다. 지방채는 대부분 매출발행 형태로 발행되며, 매출발행 형태로 발행된 지방채는 국민주택채권과 마찬가지로 첨가소화채권이다.

교부발행은 지방자치단체가 공사대금 또는 보상금을 현금 대신 채권을 발행하여 지급하는 방식으로, 채권을 발행할 때 자금의 이동이 전혀 수반되지 않는 형태다.

특수채

특수채는 특별법에 의하여 설립된 법인(공사, 공단 등)이 발행하는 채권으로, 공기업이 발행하는 대부분의 채권이 여기에 속한다.

특수채는 한국은행이 발행하는 '통화안정증권', 특별법에 의해 설립된 특수은행(한국산업은행, 한국수출입은행 등)이 발행하는 '금융특수채', 특수은행을 제외한 특별법에 의해 설립된 기관이 발행하는 '비금융특수채'로 나눌 수 있다. 실무적으로는 한국은행이 발행하는 통화안정증권은 '통안채'로, 비금융특수채는 '공사채'로 표현하고 채권 관련 기사나 자료들에서도 대부분 이와 같은 실무적인 표현을 사용한다. 한편 한국산업은행과 같은 국책은행이 발행하는 금융특수채는 편의상 일반 시중은행이 발행하는 은행채와 동일하게 표현하기도 한다.

통화안정증권

통화안정증권(이하 '통안채')은 한국은행이 통화량을 조절하기 위해 한국은행법 및 한국은행통화안정증권법에 근거하여 발행하는 채권이다. 한국은행은 경상수지 흑자 및 외국인 투자자금 유입으로 시중의 유동성이 증가하여 이를 억제할 필요가 있을 경우 통안채를 순발행하여 유동성을 흡수한다. 반면 경상수지 적자 및 외국인 투자자금 유출로 시중의 유동성이 축소될 경우에는 통안채를 순상환하여 유동성을 공급한다.

통안채는 경쟁입찰방식, 모집매출방식, 일반매출방식, 상대매출방식으로 발행된다.

경쟁입찰방식은 가장 일반적인 발행방식으로 한국은행과 '통화안정증권 거래에 관한 약정'을 맺은 금융기관을 대상으로 한국은행 금융결제망을 통해 전자입찰을 하며, 한국은행과 거래약정을 맺지 않은 금융기관은 경쟁입찰 참가기관을 통해 간접적으로 입찰에 참여할 수 있다.

모집매출방식은 사전에 정해놓은 발행금액과 발행금리로 거래 대상 기관들로부터 응모를 받고 매출하는 방식이다. 응모금액이 발행예정금액을 초과할 경우 응모금액에 따라 안분배분하고, 응모금액이 발행예정금액에 미달될 경우 응모금액이 전액 낙찰된다.

일반매출방식은 발행금리가 사전에 결정되고 발행예정금액 범위 내에서 매입 신청 순서에 따라 배분되는 형식으로, 2009년 6월에 모집발행제도가 도입되면서 현재는 이용되지 않고 있다.

상대매출방식은 유동성 조절 또는 통화신용정책의 운영을 위하여 필요할 때 만기 2년 이내에서 특정금융기관 또는 정부출자기관을 상대로 발행하는 방식이다.

[표 17] 통화안정증권 발행 조건

만 기	14일, 28일, 63일, 91일, 140일, 182일, 364일, 371일, 392일, 546일, 2년물	
이자 지급 방식	만기 14~546일물	할인채, 만기에 이자 지급
	만기 2년물	이표채, 3개월 단위 이자 지급

비금융특수채 및 금융특수채

비금융특수채는 공사 또는 각각의 공단 설립 취지에 맞는 법률에 근거하여 발행하는 채권으로, 인수기관을 통한 간접발행 형식으로 발행하는 간접발행방식과 교부발행방식의 매출방식으로 발행된다. 대부분의 특수채는 간접발행방식을 채택하고 있으나 공공용지보상을 위해 한국토지주택공사가 발행하는 토지주택채권 등은 매출방식으로 발행하고 있다. 특수채는 국채에 비해서는 수익성이 높고, 회사채에 비해서는 안정성이 높다는 장점을 가지고 있다. 공사 또는 공단에서 발행하는 채권의 발행한도는 각각의 설립 근거법에 명시되어 있다.

[표 18] 특수채 설립 근거법과 발행한도

구 분	근 거 법	발 행 한 도
한국전력채권	한국전력공사법	자본금과 적립금 합계액 2배 이내
인천국제공항공사채권	인천국제공항공사법	자본금과 적립금 합계액 4배 이내
토지주택채권	한국토지주택공사법	자본금과 적립금 합계액 10배 이내
한국가스공사채권	한국가스공사법	자본금과 적립금 합계액 4배 이내
한국수자원공사채권	한국수자원공사법	자본금과 적립금 합계액 2배 이내
한국농어촌공사채권	한국농어촌공사 및 농지관리기금법	자본금과 적립금 합계액 2배 이내
도로공사채권	한국도로공사법	자본금과 적립금 합계액 4배 이내
한국석유공사채권	한국석유공사법	자본금과 적립금 합계액 2배 이내
대한석탄공사채권	대한석탄공사법	자본금과 적립금 합계액 이내

금융특수채는 한국산업은행, 한국수출입은행 등과 같이 특별법에 의해 설립된 금융기관이 발행하는 채권이다.

금융채와 회사채

금융채는 은행법에 의해 시중은행이 발행하는 채권, 여신전문금융업법에 따라 카드회사·리스회사·캐피탈회사 등이 발행하는 채권으로 분류할 수 있다. 은행은 수신과 더불어 채권을 이용해 자금을 조달하고, 수신 기능이 없는 여신전문금융기관은 주로 채권을 이용하여 자금을 조달한다. 일반적으로 은행이 발행하는 채권을 '은행채', 여신전문기관이 발행하는 채권을 '여전채(카드채, 캐피탈채)'라고 부른다.

회사채는 기업이 비교적 거액의 장기자금을 일시에 조달하기 위해 발행하는 채권이다. 기업이 자금을 조달하는 방법에는 간접금융조달방식과 직접금융조달방식이 있는데, 은행 등 금융회사로부터 대출을 받는 것은 간접금융조달방식에 해당되고, 회사채를 발행하여 자금을 조달하는 것은 직접금융조달방식에 해당된다. 회사채는 배당압력과 경영권 침해의 위협 없이 장기자금을 조달할 수 있다는 이점이 있어 주식과 더불어 기업의 대표적인 직접금융조달수단으로 사용된다. 반면 수익과 상관없이 항상 이자를 지급해야 한다는 점과 부채비율 상승으로 재무구조가 악화될 수 있다는 단점이 있다.

50인 이상의 투자자에게 채권 취득 청약을 권유하는 경우를 공모회사채(공모사채)라고 하고, 50인 미만의 투자자에게 채권 취득 청약을 권유하는 경우를 사모회사채(사모사채)라고 한다. 공모사채는 대부분 증권회사를 통한 총액인수방식으로 발행되며, 공모가액이 10억 원 이상일 경우 투자자 보호를 위해 금융위원회에 유가증권신고서를 제출해야 한다.

[표 19] 채권 종류별 발행 잔액

구 분	잔 액		종목수
	금액(억 원)	비중(%)	
국 채	5,447,028	32.0	224
지 방 채	214,939	1.3	1,339
특 수 채	3,342,572	19.6	3,370
통화안정증권	1,809,300	10.6	49
은 행 채	2,539,824	14.9	2,767
기 타 금 융 채	965,552	5.7	3,078
회 사 채	2,281,899	14.2	8,828
A B S	421,430	2.5	2,241
합 계	17,022,544	100.0	22,530

자료 : 금융투자협회 채권정보센터. 2015년 말 기준

이자 지급과
원금상환 방식에 따른
채권의 종류

채권은 다양한 방식으로 이자를 지급하고 원금을 상환하는데, 이자를 지급하는 방식과 이자 지급액을 결정하는 방식, 그리고 원금을 상환하는 방식에 따라서도 채권을 분류할 수 있다.

이자 지급 시점과 방식에 따른 채권 분류

채권으로 자금을 조달하는 사람은 채권 보유자에게 이자를 지급하기로 약속하고 채권을 발행하는데, 이자는 다양한 형태로 지급될 수 있다. 이에 따라 채권은 이자를 지급하는 방식에 따라 이표채, 할인채, 복리채, 단리채로 분류할 수 있다. 최근에는 구조화채권 같은 다양한 종류의 채권이 발행되면서 전통적인 이자 지급 방식 외에도 다양한 방식이 시도되고 있다.

이표채

이표채는 일정 기간마다 이자를 지급하는 채권으로, 대부분의 채권이 이표채로 발행된다. 명동에서 "김서방" 하고 부르면 다 돌아보는 것처럼 채권도 대부분 이표채라고 보면 된다.

'이표'라는 말은 '이자지급교부표'의 약자로, 채권을 실물 발행하게 되면 채권증서 하단에 같이 인쇄되어 발행된다. 채권 보유자가 이자 지급시점에 이를 절취해서 채권 발행자에게 제시하면 이자를 지급받게 되는 일종의 증권이다. 최근에는 증권예탁제도로 인해 직접 이표를 제시하고 이자를 지급받는 경우가 거의 없지만 채권의 이자 지급은 개념적으로 이표를 통해 이루어진다.

이표채는 이자를 지급하는 주기에 따라 다시 나뉘는데, 국고채권은 6개월 단위로 1년에 2번 지급하고(6개월 이표채), 회사채는 대부분 3개월 단위로 1년에 4번 지급(3개월 이표채)한다. 현금흐름에 기초하여 발행되는 자산유동화증권은 1개월 단위로 이자를 지급하는 형태로 발행되기도 한다.

할인채

할인채는 채권만기일까지의 이자를 계산하여 이를 액면금액에서 차감한 금액으로 발행하는 채권이다. 즉, 이자를 선지급하는 방식이라고 볼 수 있다.

만기 1년 미만의 채권이나 기업어음, CD 등이 할인채 방식으로 이자를 지급한다. 예를 들어 이자가 10%인 액면 10,000원의 할인채를 매입하는 경우 10,000원을 지불하지 않고 10%에 해당하는 이자 1,000원을 할인한 9,000원만 지불하면 된다. 따라서 할인채를 할인율 10%에 매입하더라도 실질적인 수익률은 11.11%(1,000÷9,000원)가 된다. 투자에 따른 투자수익률은 그 기준에 따라 항상 마술을 부리기 때문에 그 내용을 알고 투자해야 한다. 아는 것이 힘이 아니고 아는 것이 돈이 되기 때문이다.

복리채

복리채는 채권 만기 이전에는 이자를 지급하지 않고 이자 지급 기간 동안 발생한 이자를 만기까지 재투자한 것으로 계산하여 만기 시 원금과 함께 이자를 지급하는 채권이다. 이자를 지급받는 것은 이표채와 같지만 이표채는 이자를 지급받을 때마다 지급받은 이자를 투자자가 직접 재투자해야 한다는 점에서 복리채와 다르다. 한 푼이라도 더 벌기 위해서는 예금에 가입하든 채권을 사든 해야 하는데, 이는 굉장히 귀찮고 번거로운 일이다. 그러나 복리채의 경우에는 이자가 약정된 수익률로 재투자되므로 이런 고민이 사라진다. 금리가 하락하는 경우, 이표채 투자자는 지급받은 이자를 낮아진 수익률로 재투자해야 하지만 복리채 투자자는 이자가 채권 발행 시 정해진 수익률로 재투자되므로 수익률 측면에서도 훨씬 유리하다. 물론 금리가 상승할 때에는 반대의 상황이 발생한다. 대표적인 복리채로는 국민주택채권과 지역개발채권이 있다.

단리채

단리채는 이자 지급 기간 동안 이자가 단리로 계산되어 채권 만기 시 원금과 함께 이자가 지급되는 채권이다. 복리채는 이자가 복리로 재투자되지만 단리채는 이자가 단리로 재투자된다. 즉 복리채는 이자에 대한 이자가 추가로 지급되지만 단리채는 이자에 대한 이자는 지급되지 않는다. 모든 조건이 동일하다면 투자자 입장에서는 무조건 복리채가 수익률 측면에서 유리하다.

이자 지급액 결정 방식에 따른 채권 분류

이자 지급액을 결정하는 가장 일반적인 방식은 발행 시점에 채권발행자가 투자자에게 채권 만기까지 지급할 이자 지급액을 사전에 확정하는 방식으로, 이러한 채권을 '고정금리부채권'이라고 한다. 이것이 채권 이자에 대한 일반적인 상식이기는 하지만 이와 다르게 이자 지급액이 결정되기도 한다.

채권 발행 시 채권 발행자가 투자자에게 채권 만기까지 지급할 이자 지급액을 확정하지 않는 채권이 있는데, 이를 '변동금리부채권'이라고 한다. 변동금리부채권은 일반적으로 3개월마다 이자를 지급하고, 지급할 이자 금액을 결정하는 기준만 사전에 정하는데, 일반적으로는 시장에서 대표성을 가지는 '금리(기준금리)'에 연동해서 이자 지급액을 결정하는 방식을 취한다. 가장 대표적인 변동금리부채권은 CD금리에 연동되는 변동금리부채권으로, 이자 지급액이 기준금리인 CD금리에 가산금리를 합하여 결정되는 형태다.

예를 들어, A은행이 3년 만기 채권을 CD+0.30%의 조건으로 발행하면, 이는 3개월 단위로 CD금리(기준금리)에 30bp(가산금리)를 더한 금리로 이자를 지급한다는 것이다. 채권 발행일 현재 CD금리가 2.5%면 3개월 후에 지급하는 이자는 '2.50+0.30=2.80%'가 된다. 6개월 후에 지급하는 이자는 3개월 후의 CD금리에 30bp를 더해서 결정한다. 이러한 형태의 변동금리부채권이 가장 기본적인 형태의 변동금리부채권이며, 이를 '바닐라 변동금리부채권(vanilla FRN)'이라고 부른다.

변동금리로 이자를 지급하는 채권에는 바닐라 변동금리부채권 외에도 구조화채권이 있다. 구조화채권은 이자 지급액이 시장금리인 기준금리에 가산금리가 합산된 형태에서 벗어나 다양한 조건을 결합한 형태로 이자를 지급한다. 구조화채권에 대한 더 자세한 내용은 Part 4 중 「안정성은 물론 추가적 수익까지, 구조화채권」에서 알아보기로 하고 여기서는 구조화채권에서 금리가 결정되는 간단한 과정만 살펴보자. 예를 들어, 다음과 같은 이자 지급 조건을 가진 구조화채권이 있다고 가정하자.

$$\text{금리 지급 방식} = 7\% \times n/N$$

N : 이자 지급 기간 전체 일수

n : KTB 3Y − IRS 3Y<40bp인 일수

여기서 'N'은 이자 지급 기간 전체 일수로, 예를 들어 3개월마다 이자가 지급된다면 N은 92일이 된다. 'n'은 주어진 조건을 충족한 일수다. 주어진 조건에서 'KTB 3Y'는 국고채 3년물의 금리이고, 'IRS 3Y'는 금리스왑(Part 5 중 「원하는 것은 무엇이든 교환할 수 있는 스왑」 참고) 3년물의 금리이다. 따라서 둘 사이의 금리 차이가 40bp를 넘지 않는 날수가 n이 되는 것이다. 만약 해당 기간 동안 조건을 충족하는 일수, 즉 국고채 3년 금리에서 금리스왑 3년 금리를 뺀 값이 40bp를 넘지 않는 날이 85일이라면 지급되는 금리는 '7%×85/92=6.47%'가 된다. 최근 증권회사나 은행에서는 이와 같은 형태의 금융상품들을 지속적으로 판매하고 있다.

원금상환 방식에 따른 채권 분류

채권은 원금을 상환하는 방식에 따라 만기상환채권, 분할상환채권으로 분류할 수 있다.

만기상환채권은 채권의 만기 시점에 원금을 일시에 상환하는 채권으로, 대부분의 채권이 만기상환채권 형태로 발행된다.

분할상환채권은 채권의 원금을 만기 이전에 일부 상환하는 채권으로, 원금을 채권 발행일로부터 일정 기간이 경과한 후 정기적으로 상환하는 '정기상환채권'과 채권 발행일로부터 채권의 만기일이 도래하기 전에 언제든 발행 주체나 채권 보유자의 상황에 따라 전부 또는 일부 상환할 수 있는 '임의상환채권'이 있다.

임의상환채권은 '옵션부채권(bond with embedded options)'이라고도 하는데, 원금상환에 대한 의사결정을 누가 하느냐에 따라 '수의상환채권(콜옵션부채권, callable bond)'과 '상환청구채권(풋옵션부채권, puttable bond)'으로 분류한다.

콜옵션부채권은 채권 발행자가 만기 이전에 해당 채권을 특정 가격(일반적으로 액면가격)으로 상환할 수 있는 권리를 가지는 채권이다. 즉, 채권 발행자가 채권을 상환할 수 있는 콜옵션을 발행 조건에 포함시켜

*특정한 기초자산을 만기일 이전에 미리 정한 가격으로 살 수 있는 권리. 콜옵션부채권의 경우에는 채권 발행자가 해당 채권을 만기 이전에 살 수 있는 권리임.

발행하는 채권이다. 발행자 입장에서는 콜옵션(call option)*을 매수한 입장이 되어 콜옵션을 행사하면 본인이 발행한 채권을 특정 가격에 매수할 수 있다. 콜옵션부채권은 금리하락 시 채권 발행자가 발행 채권을 상환하고 낮은 금리로 자금을 재조달할 수 있다는 이점이 있어 옵션이 없는 채권에 비해서는 금리가 높게 발행된다.

예를 들어, A기업이 3년 만기 채권 100억 원을 5%에 발행했다고 하자. 1년 후 시중금리가 하락하여 A기업이 다시 채권을 발행하면 4%로 발행이 가능한 상황이다. 만약 기존에 발행했던 채권에 콜옵션이 없다면 A기업은 지속적으로 5%의 이자를 지불해야 하지만 발행 조건에 콜옵션을 포함시켰다면 4%에 채권을 발행해서 자금을 조달하고 기존의 5%짜리 채권은 콜옵션을 행사해서 상환할 수 있다. 그러면 A기업은 이자 비용을 5%에서 4%로 줄일 수 있다. 반면 채권 보유자 입장에서는 금리가 하락하더라도 채권 가격 상승에 따른 이익을 누릴 수가 없다. 채권에 포함되어 있는 콜옵션으로 인해 금리가 하락해서 채권 가격이 상승해도 발행자가 콜옵션을 행사하면 만기일 이전일지라도 액면가에 채권을 상환받아야 하기 때문이다.

콜옵션이 없는 채권의 경우 금리와 채권 가격은 반비례 관계에 있으며, 원점에 대해 볼록한 모습을 보인다. 그러나 콜옵션이 있는 채권의 경우 콜옵션의 특성으로 인해 금리하락에도 불구하고 가격이 상승하지 않는다. 이를 그림으로 살펴보면 다음과 같다.

[그림 11] 콜옵션부채권과 일반 채권의 수익률과 가격의 관계

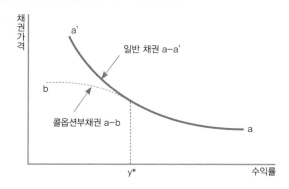

일반 채권의 경우 수익률과 채권 가격이 'a-a''의 모습을 보여주는 반면, 콜옵션부채권은 발행수익률 y* 이하로 하락하는 경우 채권 가격의 움직임이 일반 채권의 가격 움직임과 다르게 나타난다. 이처럼 금리가 하락하더라도 콜옵션부채권의 가격이 상승하지 않는 것은 발행자가 언제든지 액면가로 채권을 상환할 수 있으므로 이 채권을 액면가 이상으로 사려고 하는 투자자가 없기 때문이다. 따라서 투자자 입장에서는 콜옵션부채권에 투자를 하면 일반 채권에 비해 다소 높은 이자를 받을 수 있으나, 채권에 포함되어 있는 콜옵션으로 인해 금리가 하락하더라도 채권 가격 상승에 따른 이익을 볼 수 없다.

콜옵션부채권 발행 사례를 보자.

SK텔레콤은 2014년 5월에 15년 만기의 채권을 발행하면서 콜옵션을 포함한 옵션부채권을 발행했다. 발행 조건은 다음과 같다.

[표 20] SK텔레콤 제64-3 무보증 옵션부채권 발행 조건

발행일	2014년 5월 14일
만기일	2029년 5월 14일
표면이율	4.725%(3개월 이표)
조기상환권	발행일 이후 매 1년마다 도래하는 이자 지급일이 행사일 발행회사는 행사일 기준 10영업일 전에 조기상환권 행사 사전 통보

풋옵션부채권은 콜옵션부채권과 반대로 채권 투자자가 채권을 조기에 상환받을 수 있는 권리를 가지는 채권이다. 즉, 시장 상황에 따라 채권 보유자가 만기 이전이라도 채권 발행자에게 채권상환을 요구할 수 있는 권리를 갖는다. 풋옵션부채권을 보유하고 있는 투자자는 금리가 상승하면 보유하고 있는 채권의 상환을 요구하고, 다시 높은 금리에 재투자할 수 있는 이점이 있다. 반면, 채권 발행자는 금리상승 시 풋옵션*이 행사되면 높은 금리로 자금을 재조달해야 하는 리스크가 있다. 따라서 풋옵션부채권은 발행자에게 리스크가 있기 때문에 풋옵션이 없는 채권에 비해 금리가 낮게 발행된다.

* 콜옵션과 반대 개념으로, 특정한 기초자산을 만기 이전에 팔 수 있는 경우. 풋옵션부채권의 경우에는 보유하고 있는 채권을 만기 이전에 발행자에게 일정 가격에 팔 수 있는 권리임.

예를 들어, 투자자 갑은 B기업이 발행한 이표 5%의 3년 만기 풋옵션부채권을 매수해서 보유하고 있다. 1년이 지난 시점에 금리가 상승하여 B기업의 채권 금리가 6%로 상승했다면 갑은 풋옵션을 행사하여 채권을 상환받고, 상환받은 돈으로 다시 B기업의 채권을 사서 수익률을 높일 수 있다.

발행시장에서 옵션부채권을 사는 경우에는 옵션이 없는 채권과 동일한 방식으로 하면 된다. 하지만 옵션부채권을 유통시장에서 살 때는 옵션이 없는 채권과 달리 유의할 점이 있다.

A기업은 2015년 2월 2일 만기 5년인 채권을 발행했다. 단, 1년 이후 언제든지 발행자가 해당 채권을 액면가에 조기상환할 수 있는 콜옵션을 발행 조건에 포함시켰다. 발행금리는 발행 시점에 콜옵션이 없는 채권의 금리가 2.8%인 점을 감안해서 3.0%로 결정했다.

2016년 2월 2일 투자자 갑은 여유자금을 채권에 투자하기 위해 A기업이 발행한 채권 매입을 검토했다. 현재 시장에서 만기 4년 남은 A기업의 채권은 2.0% 수준인데, 2015년 2월 2일 발행된 콜옵션부채권을 2.5%에 팔려고 하는 투자자가 있었다. 발행 당시의 상황을 살펴보면 콜옵션이 없는 채권과 콜옵션부채권의 금리 차이가 20bp였는데, 지금은 50bp로 수익률 측면에서 콜옵션부채권이 유리하다고 생각하고 콜옵션부채권을 2.5%에 매수했다. 2.5% 수익률로 계산한 채권매입가격은 10,190원으로, 투자자 갑은 상대적으로 유리한 조건으로 채권을 매수했다고 생각했다. 그런데 채권을 매수한 다음날 A기업이 갑이 보유한 채권을 조기상환하겠다고 통보했다. 이로 인해 어떤 일이 벌어졌을까? 한마디로 투자자 A는 머리에 쥐가 났다. 어제 10,190원에 산 채권을 오늘 10,000원에 조기상환받은 것이다. 높은 금리에 좋은 채권을 샀다고 생각했는데 하루 사이에 1.9%의 손실이 발생한 것이다. 이는 콜옵션부채권의 특성을 제대로 이해하지 못했기 때문에 발생한 일이다.

간단하게 생각하면 콜옵션부채권은 액면가 이상에서 채권을 매입하게 되는 경우, 채권이 조기상환되면 상대적으로 불리한 상황에 직면할 수 있다. 반대로 액면가 이하에서 채권을 매입하는 경우, 채권이 조기상환되면 상대적으로 유리한 상황에 놓이게 된다. 이 점을 기억하고 채권을 매수할 때 콜옵션 여부를 꼭 따져봐야 한다. 우리나라 채권은 구조화채권을 제외하고는 대부분 콜옵션이 없는 형태로 발행되어 그나마 채권에 투자할 때 신경 쓸 부분이 적다.

콜옵션부채권과 풋옵션부채권을 비교하면 콜옵션부채권은 발행자에게 유리한 조건이고, 풋옵션부채권은 투자자에게 유리한 조건이라고 생각하면 된다.

신용도, 만기 등의
기준에 따른
채권의 종류

일부 채권의 경우에는 채권의 원활한 발행을 위해 담보를 제공하거나 신용보강을 한다. 이러한 관점에서 채권을 '무보증사채'와 '보증사채'로 분류할 수 있다. 또한 채권의 만기에 따라 분류할 수도 있다.

조달 비용을 낮추거나 원활한 채권 발행을 위한 보증사채

대부분의 채권은 채권의 원금상환 및 이자 지급이 발행회사 신용에 의존하게 되어 있다. 이와 같이 제3자의 보증이나 담보 없이 발행자가 원금상환 및 이자 지급의 모든 책임을 지는 채권을 '무보증사채'라고 한다. 무보증사채는 발행기업의 신용이 중요하기 때문에 채권을 발행할 때 신용평가회사로부터 신용평가를 받는다.

반면 보증사채는 발행자 이외의 제3자가 원리금 지급을 보증하는 채권이다. 이는 발행자의 신용이 채권을 발행하기에 부적합해서 발행자보다 신용이 좋은 제3자의 보증을 제공받고 채권을 발행하는 형태다. 부동산 등 물적담보를 제공하는 사채를 '담보부사채'라고 한다. 담보부사채는 '담보부사채 신탁법'에 의해 발행된다. 제3자의 보증이나 담보를 통해 채권이 발행된 실제 사례를 보자.

2012년 설립된 메리츠캐피탈은 사업 초기에 자금을 조달하기 위해 회사채 발행을 고려했으나 신생회사라 신용등급이 나쁘고 자금 조달이 쉽지 않아 지주회사인 메리츠금융지주(신용등급 AA⁰, 2014년 말 기준)의 보증을 통해 회사채를 발행했다. 지주회사의 보증을 받은 '메리츠캐피탈 16회'(2015년 1월 23일 발행, 만기 2년) 회사채의 신용등급은 보증회사인 메리츠금융지주의 신용등급인 AA⁰ 등급으로 발행했다. 반면 다음 달발행된 '메리츠캐피탈 17회'(2015년 2월 3일 발행, 만기 1년)는 지주회사의 보증 없이 발행했다. 이에 따라 메리츠캐피탈 17회의 신용등급은 자사의 신용등급인 A⁰으로 평가 · 발행했다. 당연히 보증을 통해서 등급이 높게 나온 16회 회사채의 발행금리가 상대적으로 낮게 발행되었다.

농약과 비료를 생산하는 동부팜한농 무보증사채의 신용등급은 BBB⁰(2014년 말 기준)이다. 그러나 2018년 만기인 '동부팜한농 14회'(2013년 3월 5일 발행, 만기 5년) 회사채는 자사 공장의 토지 등을 담보로 한 담보부사채로 발행했고, 신용보강을 감안해 신용등급이 무보증사채보다 한 단계 높은 BBB⁺로 평가되었다.

현재 채권시장에서 대부분의 채권은 무보증사채로 발행되고 있다. 일부 회사채의 경우 앞에서 본 사례처럼 제한적으로 보증 또는 담보를 통해 신용보강을 한 후 발행되고 있다. 과거로 돌아가보면 IMF 이전에 발행된 회사채는 대부분 은행 등 금융기관의 보증을 통해서 발행되었다. 이는 당시에는 회사채시장이 활성화되지 않아서, 직접 금융시장인 회사채시장이 은행 보증을 통한 간접 금융 형태로 운용되었기 때문이다. 하지만 IMF 전후로 대기업 부도, 은행 영업 정지 등을 겪으면서 회사채시장은 보증사채시장에서 무보증사채시장으로 바뀌어갔다.

만기에 따른 채권 분류

개별 채권의 수익률에 영향을 미치는 요인은 다양하지만 가장 중요한 2개의 요소를 꼽으라면 발행자의 신용등급과 만기라고 할 수 있다.

신용등급은 개별회사의 원금상환 능력을 보는 것으로, 신용등급이 높을수록 원리금상환에 대한 불확실성이 적고 신용등급이 낮을수록 원리금상환에 대한 불확실성이 커진다.

만기는 원금을 상환하는 기간을 의미하므로 일반적으로 만기가 길수록 원금상환에 대한 불확실성이 커지고, 만기가 짧을수록 원금상환에 대한 불확실성이 작아진다. 채권은 만기에 따라 단기채권, 중기채권, 장기채권으로 분류한다.

일반적으로 만기가 1년 미만인 채권을 '단기채권'이라고 한다. 대표적인 단기채권은 통화안정증권으로 만기 14일, 28일 63일, 91일, 140일, 182일, 364일 등 다양하게 발행되고 있다. 또한 자금을 직접 금융시장에서 조달하는 카드회사 및 캐피탈회사 같은 여신전문금융기관도 1년 만기 채권을 주기적으로 발행한다. 만기 1년 초과 5년 이하의 채권은 '중기채권'으로 분류하는데, 대부분의 채권은 중기채권으로 발행된다. 특히 회사채는 대부분 중기채권 위주로 발행된다. '장기채권'은 만기가 5년 이상인 채권*으로, 대부분 신용등급이 좋은 정부, 공기업 및 은행이 발행하고 있다. 국채 중에는 30년 만기 국채도 발행하고 있다.

* 채권 만기의 장기화가 진행되면서 장기채권의 기준을 10년 이상 채권으로 분류하기도 한다.

단기채권시장에는 전자단기사채(ABSTB : Asset-Backed Short-Term Bond)제도가 도입되어 있다. 전자단기사채는 단기채권을 전자방식으로 발행하는 경우를 말하며, 전자적으로 등록되므로 실물발행은 금지되어 있다.

전자단기사채는 기업의 단기자금 조달 창구였던 기업어음이나 자산유동화기업어음(ABCP : Asset-Backed Commercial Paper)의 부작용을 해소하고 단기자금시장을 활성화하기 위해 도입한 제도로, 2013년 1월 '전자단기사채 등의 발행 및 유통에 대한 법률'의 제정과 함께 도입되었다. 자산유동화기업어음은 유동화전문회사가 매출채권, 리스채권, 회사채 등의 자산을 담보로 발행하는 기업어음이다. 이를 채권으로 발행하면 자산유동화증권(ABS)이 된다. 이에 대한 내용은 Part 4 중「미래의 현금흐름을 기반으로 하는 자산유동화증권」에서 알아보기로 하자.

기업어음이나 자산유동화기업어음은 유통내역과 발행내역이 공개되지 않음으로써 시장에서 부작용이 많았는데, 전자단기사채의 도입으로 채권의 발행 현황 등이 한국예탁결제원 등을 통해 조회가 가능해지면서 투명성이 높아졌다.

전자단기사채를 발행하기 위해서는 다음과 같은 일정한 요건을 갖추어야 한다.

첫째, 각 사채의 금액이 1억 원 이상일 것

둘째, 만기가 1년 이내일 것

셋째, 사채 금액을 일시에 납입할 것

넷째, 만기에 원리금 전액을 일시에 지급할 것

다섯째, 주식 관련 권리 부여 금지

여섯째, 담보 설정 금지

전자단기사채는 도입된 후 기업어음의 역할을 빠르게 대체하면서 성장하고 있다. 특히 과거 자산유동화기업어음 형태로 발행되던 건설사 PF(Project Financing)*가 전자단기사채로 발행되면서 기관투자자뿐 아니라 고액의 자산가들에게도 인기가 높아지고 있다. 또한 정부가 콜시장*을 은행 간 시장으로 개편하면서 콜시장 참여에 제한적이었던 증권회사들이 전자단기사채를 통해 단기자금(7일물 이내)을 조달하면서 발행이 급증했다. 또한 3개월 이내의 전자단기사채는 유가증권신고서 제출 의무가 없어 3개월 이내 전자단기사채 발행도 지속적으로 늘고 있다.

* 프로젝트 사업에서 발생하는 현금흐름에 기초하여 자금을 조달하는 방식.

* 금융기관이 단기자금을 거래 하는 시장.

채권, 어디까지
알고 있니?

채권 투자 홀로서기에 나선
왕보수

한가로운 오후를 보내고 있던 한고수의 휴대폰이 울리기 시작했다.

"고수야, 나 보수다. 잘 지내지? 일전에 네가 채권에 대해서 공부해보라고 준 책 있잖아? 나 그걸로 요즘 열공하고 있는데, 몇 가지 궁금한 점이 있어."

왕보수는 얼마 전 한고수의 집에 다녀온 뒤로 채권에 대해 관심을 가지고 열심히 책을 읽는 중이었다. 그러나 아직 채권은 생소해서 모르는 용어도 많았다. 그동안 왕보수가 여유자금을 주로 운용했던 예금의 경우는 선택 사항이 별로 없었는데, 채권은 그 종류가 너무 많아서 사실 투자할 엄두가 나질 않았다. 그래서 아무래도 채권 전문가인 한고수에게 조언을 구하는 것이 빠르겠다고 생각했다.

"고수야, 채권은 종류가 너무 다양해서 예금과 달리 선택하는 데 어려움이 있네. 채권의 종류를 쉽게 이해하는 방법이 없을까?"

"음, 채권의 종류가 많다……. 예금에 비하면 당연히 많다고 생각할 수 있지. 그런데 가장 기본적인 원칙만 알면 채권에 대해 간단히 파악할 수 있어. 채권에서 가장 중요한 것은 만기 때 원금을 상환해준다는 거야. 따라서 이러한 원금상환 능력을 기준으로 채권을 판단하면 아주 간단해."

"혹시 신용등급을 이야기하는 거야?"

한고수가 하는 얘기를 왕보수가 바로 알아듣고 웃으면서 물어봤다. 그 사이 왕보수도 채권에 대한 기본적인 내용을 많이 이해한 듯했다.

"제법인데! 맞아. 신용등급을 기준으로 판단하면 채권의 종류가 많은 것도 아니야. 같은 신용등급의 채권은 대부분 원금상환 능력이 비슷하다고 보면 돼. 또 수익률도 비슷한 수준을 보이고 있지. 따라서 간단하게 생각하면 채권의 종류는 신용등급 수만큼 있다고 생각해도 무방해."

한고수의 이야기를 듣고 갑자기 왕보수는 가슴이 뻥 뚫리는 것 같은 느낌이 들었다.

"맞아, 많은 회사가 있지만 신용등급과 그에 따른 수익률을 보고 판단하면 되지? 내가 이렇게 쉬운 걸 너무 어렵게 생각했네."

"아, 그리고 또 궁금한 게 있는데, 가끔 신문을 보면 채권을 통해서 주식에 투자할 수 있고, 채권이 변형된 다양한 상품이 있다고 하던데, 그건 뭘 말하는 거야?"

왕보수의 질문을 받으면서 한보수는 이전과는 사뭇 다른 느낌을 받았다. 왕보수가 예금 일변도였던 이전의 자산관리 스타일에서 이제 투자 대상을 다양하게 넓히고 있다는 느낌이 들었다.

"응, 얘기해 줄게. 우리가 일반적으로 알고 있는 채권, 즉 정해진 이자를 주고 만기 때 원금을 상환해주는 채권 말고도 다양한 채권이 있어.

이 중 일반인들이 가장 관심을 많이 가지고 있는 채권이 주식연계채권이지. 주식연계채권은 채권에 주식의 성격이 가미되어 있는 채권으로 전환사채, 신주인수권부사채 등이 있어.”

한고수는 계속 말을 이어갔다.

“주식연계채권은 보유하고 있으면 이자가 나온다는 점에서는 일반 채권과 같아. 그런데 만약 발행한 회사의 주가가 올라가면 대박이 날 수도 있어. 간단하게 얘기하면 발행기업의 주가가 2배 오르면 주식연계채권의 가격도 2배로 올라 큰 이익이 나고, 반면 주가가 오르지 않더라도 사전에 약속된 이자를 받을 수 있는 요지경 같은 상품이야.

“캬~ 그거 신기하네! 채권인데 기본적으로 이자를 받을 수 있고, 상황에 따라서는 일종의 보너스를 받는다는 얘기네? 보너스로 대박도 날 수 있고. 왜 진작 얘기 안 해 줬어? 좀더 자세히 알아봐야겠네.”

왕보수는 갑자기 흥분되기 시작했다. 채권에 투자해서 이자를 받을 수도 있고, 주식처럼 대박이 날 수도 있다니!

“그래 이제는 다양하게 투자를 해봐. 어떻게 보면 채권은 예금처럼 단순해 보이지만, 알고 보면 양파 같은 성질이 있어. 껍질을 벗겨도 또 새로운 껍질이 나오는 것처럼 채권도 하나를 알고 나면 또 다른 하나가 나오지.”

“고수야. 고맙다. 네 덕분에 채권이라는 새로운 세상을 알게 된 것 같다. 내가 조만간 술 한잔 살게.”

통화가 끝나고 나서 한고수는 자신이 친구를 위해 조금이나마 도움이 될 수 있다는 점이 흐뭇했다.

왕보수는 그동안 은행에 예금을 하면서도 조금이라도 더 수익을 얻기

위해 신문에 나오는 관련기사를 열심히 읽고 있었다. 그런데 신문 기사
는 주식, 채권, 부동산, 금 등 다양한 상품에 대해 언급하고 있지만 기사
내용만으로는 관련된 내용을 깊이 알 수는 없었다. 특히 채권의 경우는
더욱 그랬다. 왕보수의 이러한 궁금증은 최근에 조금씩 해소되고 있었
지만 아직 부족한 부분이 많았다. 하지만 한고수의 눈에는 채권에 관심
을 가지고 열심히 질문을 하는 왕보수의 모습이 너무도 보기 좋았다.

Q. 주식은 기업들이 발행하는데, 채권은 누가 발행하나요?

주식은 주식회사만이 발행할 수 있으나 채권은 주식회사뿐 아니라 모든 기업이 발행할 수 있습니다. 앞에서 얘기한 것처럼 정부도 채권을 발행하고 있습니다.

Q. 채권도 상장을 하나요?

대부분의 채권은 주식처럼 한국거래소에 상장되어 있습니다. 일부 상장이 안 된 채권은 비상장채권이라고 합니다. 주식도 비상장 주식이 있는 것처럼 말입니다.

Q. 만기가 긴 채권과 만기가 짧은 채권은 수익률과 안정성에서 차이가 있나요?

일반적으로 만기가 긴 채권일수록 수익률이 높습니다. 이는 만기가 길수록 채권의 위험성이 커진다는 얘기입니다. 예를 들어 A기업이 1년 동안 부도날 확률과 10년 동안 부도날 확률을 보면 아무래도 10년이라는 긴 기간 동안에 부도날 확률이 높기 때문입니다. 그런데 가끔은 만기가 긴 채권의 수익률이 만기가 짧은 채권의 수익률보다 낮은 경우도 있습니다. 이는 향후 금리가 더 하락할 것이라는 기대감으로 장기채권에 대한 수요가 증가하는 경우에 나타나는 현상입니다.

Q. 채권은 안전한 상품이라고 하는데, 원금을 손해 볼 수도 있나요?

상황에 따라서 원금을 손해 볼 수도 있습니다. 원금을 손해 보는 상황은 크게 2가지인데, 그중 하나는 시장 금리 변화에 따른 채권 가격변동으로 채권 가격이 원금 이하로 떨어지는 경우입니다. 그런데 이 경우에는 채권을 만기까지 가지고 가면 원금을 돌려받을 수 있기 때문에 완전히 손실이라고 보기는 어렵습니다. 또 다른 상황은 기업이 부도가 나는 경우입니다. 이때는 기업이 부채 조정을 하거나 청산을 하기 때문에 대부분 원금 손실이 발생합니다. 채권 투자 시 유념해야 할 사항입니다.

Q. 채권의 수익은 어떤 식으로 나오나요?

채권 투자에서의 수익은 기본적으로 정기적으로 지급받는 이자가 주 수익입니다. 이자 외에도 채권 가격이 상승할 때 채권을 팔면 주식처럼 시세차익을 얻을 수 있습니다. 채권의 종류에 따라서는 주식 가격 움직임이나 일정한 요건을 충족하면 추가적인 수익을 얻을 수 있는 상품도 있습니다.

Q. 채권인 듯 채권 아닌 듯한 채권들이 있다는데, 어떤 것들이 있나요?

아주 좋은 질문입니다. 채권의 가장 큰 장점은 다양한 상품이 있다는 것입니다. 주식은 보통주, 우선주 그것으로 끝이지만 채권은 그 종류가 매우 다양합니다. 이표채, 할인채, 복리채 등은 기본이고, 주식의 성격을 가지고 있는 주식연계채권, 이자가 일정한 조건에 따라 변하는 구조화채권과 파생결합증권, 이자를 서로 교환하는 스왑 등 다양한 채권 관련 상품이 있습니다.

Q. 채권 중개 수수료는 어느 정도인가요?

채권 거래를 할 때 수수료도 중요한 요소입니다. 한국거래소에서 거래되는 장내채권에 대한 수수료는 주식처럼 증권사마다 조금씩 다릅니다. 증권사의 수수료 체계를 보면 만기에 따라 수수료를 다르게 받고 있는데, 간단히 살펴보면 다음과 같습니다.

증권사	기 간							
	수수료(bp)							
대우 증권	1년 미만			1~3년 미만			3년 이상	소액채권
	10			20			30	60
SK 증권	~4개월	~8개월	~12개월	~18개월	~24개월	24개월 이상		
	0.6	1.6	2.6	4.6	7.6	10.6		
교보 증권	~3개월	~6개월	~12개월	~24개월		24개월 이상		60.52
	0.52	5.52	10.52	20.52		30.52		
유안타 증권	~3개월	~6개월	~7개월	~10개월	~13개월	~18개월	18개월 이상	60
	없음	1	2	3	5	10	15	

각 회사 홈페이지 참조(2015년 기준)

증권사가 제공하는 정보, 서비스와 수수료 수준 등을 고려해 증권사를 선택하면 됩니다.

장외에서 거래하는 경우에는 장내 거래처럼 사전에 정해진 수수료가 없습니다. 마치 수수료가 없는 것처럼 보이기도 하지만 수수료가 없는 것이 아니라 가격, 즉 금리에 수수료가 일정 부분 반영되어 있다고 보면 됩니다.

Q. 채권을 주식으로 바꿀 수도 있다면서요?

주식으로 바꿀 수 있는 채권을 주식연계채권이라고 합니다. 대표적인 주식연계채권으로는 전환사채와 신주인수권부사채가 있습니다. 주식전환에 대한 메리트로 인해 투자자들 사이에서 인기가 높습니다. 2015년 9월에 현대상선이 발행한 신주인수권부사채(BW)에는 1,500억 원 발행하는 데 무려 4조 2,882억 원의 돈이 몰렸고, 같은 달 한화갤러리아타임월드의 전환사채(CB)는 500억 원 발행하는 데 2조 5,854억 원의 돈이 몰렸습니다. ■

채권의
진화는
계속된다

START

채권과
주식이 만나면,
주식연계채권

기업의 자금 조달 수단의 양대 축인 주식과 채권은 그 영역과 특성이 확실하게 구분되어 있었다. 그러나 기업의 원활한 자금 조달과 투자자들의 다양한 요구가 맞물려 주식과 채권은 그 경계가 이미 상당 부분 허물어지고 있다. 이러한 영역 간 장벽은 전환사채, 신주인수권부사채, 교환사채 등의 출시와 함께 허물어지기 시작했다. 이들을 '주식연계채권'이라고 부른다.

기업의 자금 조달을 원활하게 할 목적으로 주식연계채권에 관한 제도적인 변화도 뒷받침되었는데, 1984년에는 상법이 개정되면서 주주총회의 권한이었던 전환사채의 발행을 이사회의 권한으로 변경하였고, 신주인수권부사채 발행을 통한 기업의 자금 조달을 허용하였다. 1987년에는 자본시장 육성에 관한 법률* 개정 시 이익참가부사채, 교환사채, 기타 대통령령으로 정하는 신종사채를 상장법인이 발행할 수

* 1968년 기업공개 등 증시 자금 조달을 촉진하기 위해 제정된 법률로, 1996년 증권거래법(자본시장과 금융투자업에 관한 법률)으로 통폐합되었다.

있게 했다.

주식연계채권으로 시작된 채권의 진화는 신종자본증권, 구조화채권, 파생결합증권, 자산유동화증권으로 계속 진화하였고, 그 속도는 점점 더 빨라지고 있다. 여기서는 채권의 안정성과 주식의 수익성을 동시에 누릴 수 있는 매력적인 상품인 주식연계채권에 대해 하나씩 살펴보도록 하겠다.

전환사채

전환사채(CB : Convertible Bond)는 채권 보유자가 보유한 채권을 채권 발행회사의 주식으로 전환할 수 있는 권리를 갖는 채권이다. 이에 따라 전환사채 보유자는 2가지 권리를 동시에 갖게 되는데, 우선 채권 보유자로서의 권리를 가짐으로써 채권 보유에 따른 이자를 지급받고 만기에는 원금을 상환받는다. 그리고 보유하고 있는 채권을 해당 회사의 주식으로 전환할 수 있는 권리를 갖는다.

발행회사 입장에서도 전환사채는 많은 장점을 가지고 있다.

우선 투자자에게 전환권을 부여하는 대신 일반 채권에 비해 낮은 금리로 채권을 발행함으로써 자금 조달 비용을 줄일 수 있다. 또 주식 가격이 상승해 전환사채 보유자들이 채권을 주식으로 전환할 경우 부채비율이 줄어들어 재무구조가 개선된다. 또한 이로 인해 이자비용이 감소하는 효과도 가져온다.

전환사채는 신용도가 낮아서 채권으로 자금 조달을 하기 어려운 기업들이 주로 발행하는데, 금리를 낮추는 대신 전환권을 부여하는 방식으로 자금을 조달하는 경우에 사용한다. 또 성장성은 높으나 자금 조달이 용이하지 않거나 자금 조달 비용을 낮추고자 하는 기업들도 주로 발행한다.

투자자 입장에서는 발행회사의 주가가 상승하는 경우, 보유하고 있는 전환사채를 주식으로 전환하여 주식 가격 상승에 따른 자본이득을 얻을 수 있고, 주가가 상승하지 않으면 전환권을 행사하지 않고 만기까지 보유했다가 사전에 약속된 이자와 원금을 상환받을 수도 있다. 다만, 전환사채는 전환권이 없는 채권보다 낮은 금리로 발행되기 때문에 주가가 상승하지 않는다면 일반 채권을 보유하는 것보다는 수익률이 낮을 것이다. 결국 주가 상승에 따른 미래의 이익창출 가능성을 일반 채권과의 수익률 차이로 지불하고 매수하는 개념이다. 즉 해당 회사의 주식에 대한 콜옵션을 매수하는 것과 같다.

전환사채는 전환권이 부여됨에 따라 일반 채권의 발행 조건과 다른 점이 다소 있다. 발행 조건을 항목별로 살펴보자.

- 전환 대상 주식 : 전환사채 발행회사의 주식으로 전환된다.
- 표면이율 : 만기 시까지 전환사채 보유자에게 지급하는 이자. 주가 상승에 따른 이익을 누릴 수 있다는 장점으로 인해 일반 채권에 비해 낮게 책정된다.
- 만기보장수익률 : 일반 채권에 비해 낮게 책정되는 표면이율로 인해 전환사채 보유자는 주가가 상승하지 않으면 전환사채 보유기간 중에 상당히 낮은 이자를 지급받게 된다. 이러한 투자자들의 위험을 일부 제거

해주기 위해 만기가 도래한 전환사채는 추가적인 이자를 지급하는데, 이를 '만기보장수익률'이라고 한다. 즉 만기보장수익률은 전환사채를 중도에 주식으로 전환하지 않고 만기까지 보유하는 경우에 보장해주는 수익률이다.

- 전환가액 : 전환사채 보유자가 전환청구 기간 동안 전환사채를 발행회사의 주식으로 전환하는 가격으로, 해당 주식의 매입가격을 말한다.
- 전환가액 조정(refixing) : 전환사채가 발행된 이후 해당 회사의 증자나 감자로 인해 주식의 가치가 변하는 경우에 전환가액을 하향 조정하는 것을 말한다. 증자나 감자 외에 주가가 하락하는 경우에도 일정한 한도 내에서 전환가액을 조정한다.
- 전환청구 기간 : 발행회사가 정관에서 정하는 바에 따라 자율적으로 정할 수 있다. 다만 주권상장법인이 사모사채를 발행하는 경우에는 발행후 1년이 지나야 주식으로 전환하고, 공모사채를 발행하는 경우에는 1개월이 경과한 후에 전환하는 조건으로 발행해야 한다.

전환사채의 가치는 채권의 가치와 주식의 가치를 함께 고려하여 형성된다. 채권의 가치는 전환사채로부터 발생하는 미래의 현금흐름(이자, 만기보장수익, 원금)을 다른 조건은 동일하고 전환권만 없는 채권의 시장수익률로 할인한 현재가치이다. 일반적으로 전환사채에서 발생되는 현금흐름은 일반 채권에서 발생되는 현금흐름에 비해 적다. 이로 인해 채권 측면에서의 전환사채의 가치는 일반 채권의 가치보다 낮게 계산된다. 이를 보충해주는 것이 전환사채에 부여된 주식전환권에서 나오는 주식의 가치다. 해당 회사의 주가가 전환가격을 하회하면 전환권의 가치는

'0'에 가까워 전환사채의 가격은 채권 측면에서의 가치만 있게 된다. 반면 해당 회사의 주가가 전환가격을 상회하면 전환권의 가치는 주식 가격과 밀접하게 움직이면서 가치를 인정받게 된다. 주가가 상승하면 상승할수록 전환권의 가치가 커져 전환사채의 가격은 일반 채권의 가격보다 높게 거래된다.

전환권의 가치를 나타내는 지표는 '패리티(Parity)'를 사용한다. 패리티는 전환가격에 대한 주식가격의 비율을 나타내는 것으로, 패리티가 높을수록 주식의 전환권 가치도 높다.

$$패리티 = \frac{주식\ 가격}{전환가격} \times 10,000^*$$

* 한국거래소 일반 채권시장의 거래 시 호가단위가 10,000원이므로 이와 비교 가능성을 높이기 위해 10,000을 사용. 일반 교재에서는 100을 주로 사용함.

예를 들어, 전환사채를 발행한 A기업의 주가가 10,000원이고 전환사채의 전환가격이 8,000원이라면 패리티는 '10,000원/8,000원× 10,000=12,500원'이 된다. 패리티가 '10,000' 이상일 때 전환사채를 주식으로 전환하면 추가 수익을 얻을 수 있다.

우리나라는 전환사채를 의무적으로 장내에서 거래하도록 되어 있는데, 장내 일반 채권시장에서는 전환사채에 투자하기 위한 지표로 '괴리율(disparate ratio)'을 사용한다. 괴리율은 전환사채를 주식으로 전환하여 이익을 실현할 것인지, 아니면 전환사채 자체를 매각할 것인지 판단할 때 사용한다.

$$괴리율 = \frac{전환사채 \; 시장가격 - 패리티}{패리티}$$

괴리율이 '+'일 때는 전환사채의 시장가격이 패리티보다 높다는 것을 의미하는데, 이런 경우에는 전환사채를 주식으로 전환하는 것보다 전환사채 자체로 매각하는 것이 이익이다. 괴리율이 '-'일 때는 전환사채의 시장가격이 패리티보다 낮다는 것을 의미하므로 전환사채를 주식으로 전환하여 이익을 실현하는 것이 유리하다.

일반적으로 시장에서 거래되는 전환사채의 괴리율을 보면 대부분 '-'를 보인다. 이러한 현상이 나타나는 이유는 전환사채를 주식으로 전환하는 데 소요되는 시간 때문이다. 전환사채 보유자가 전환사채에 대해 주식전환신청을 하면 해당 회사에서 신주를 발행하여 투자자에게 교부하는 데 시간이 걸리고, 이 기간 중에 주가가 하락하면 오히려 손해가 발생할 수도 있다. 반면 전환사채 자체로 매각을 할 경우에는 전환 기간 동안 발생할 수 있는 주가변동위험이 없기 때문에 이러한 위험프리미엄이 반영되어 괴리율이 일반적으로 '-'를 나타내는 것이다.

실제 사례로 2014년에 발행된 두산건설㈜ 제84회 무보증 전환사채를 살펴보자. 당시 두산건설은 건설업 불황이 지속되면서 자금 조달 여건 악화와 낮은 신용등급(BBB[0])으로 인해 일반 사채 대신 전환사채를 2,000억 원어치 발행했다. 발행 조건을 요약하면 다음과 같다.

[표 21] 두산건설㈜ 제84회 무보증 전환사채 발행 조건

발행일	2014년 9월 4일	만기일	2017년 9월 4일
표면이율	4.0%	만기보장수익률	7.5%
전환가액	11,700원	만기상환율	111.6534%
조기상환청구권	1.5년 후 이자 지급일 : 105.5023 2.5년 후 이자 지급일 : 109.5264		
발행금액	2,000억 원		

자료 · 금융감독원 전자공시시스템

발행 조건을 살펴보면 두산건설㈜ 제84회 무보증 전환사채(이하 '두산건설84CB')는 2014년에 발행되어 2017년에 만기가 도래하는 만기 3년 채권으로, 제3자의 보증이나 담보가 제공되지 않은 채권이다. 단, 주식으로 전환할 수 있는 조건이 붙어 있는 전환사채인데, 이 사례를 토대로 전환사채의 발행 조건에 대해 좀 더 자세히 분석해보자.

전환가액

전환 조건을 보면 전환가액이 11,700원이다. 이는 주식전환신청을 하면 채권 액면 11,700원이 두산건설 주식 1주로 전환된다는 것이다. 예를 들어보면, 두산건설 전환사채 액면 1,000만 원을 보유하고 있는 사람이 이 채권에 대해 주식전환신청을 하면 주식 854.7주(1,000만 원÷11,700원)로 전환이 된다. 이때 발생하는 1주 미만의 주식을 '단수주'라고 하는데, 주식으로 전환할 때 발생하는 단수주는 현금으로 계산해 지급한다. 즉 보유하고 있는 액면 1,000만 원의 전환사채를 주식전환신청하면 두산건설 주식 854주와 약 8,190원(11,700원×0.7주)의 현금으로 전환된다.

전환가액에는 대부분 '전환가액 조정'이라는 조항이 있는데, 일반적으로 '리픽싱(refixing)'이라고 한다(리픽싱 조항이 없는 전환사채도 있다). 이는 유상증자, 주식배당 등이 있거나 주가가 하락했을 때 전환가액을 조정하는 조건이다. 쉽게 얘기해서 주식 가격이 하락하면 전환가격도 하향 조정되는 것이다. 투자자에게는 유리한 조건이라고 할 수 있다. 실제로 두산건설84CB는 두산건설 주가가 하락하면서 전환가액이 여러 번 변경되었다. 2014년 12월 4일 11,700원에서 10,200원으로 변경되었고, 2015년 6월 4일 다시 8,570원으로 변경되었다.

이러한 전환가액 조정이 무한정으로 이루어지는 것은 아니다. 전환사채 발행 시 발행 조건에 전환가액의 조정 여부와 전환가액조정의 금리하한(floor)이 사전에 정해져 있는데, 두산건설84CB의 경우 전환가액 조정의 최대치는 최초 전환가액(11,700원)의 70%(8,190원)로 정해져 있다. 실제로 2015년 9월 4일 두산건설84CB의 전환가액은 다시 8,190원으로 조정되었다. 이로 인해 전환가액이 금리하한까지 내려옴에 따라 이 채권의 만기까지의 추가적인 전환가격 조정은 없을 것이다.

표면이율과 만기보장수익률

표면이율과 만기보장수익률은 둘 다 수익률을 의미한다. 표면이율은 3개월 단위로 만기 이전에 지급하는 이자로 4%이며, 만기보장수익률은 7.5%다. 이 둘의 차이는 무엇일까? 일단 만기 이전까지는 3개월 단위로 연 4%의 이자를 지급(표면이율)하고, 만기 시점에는 그동안 주가가 오르지 않아 주식으로 전환하지 못한 점을 고려해 7.5%의 이자를 발행 시점부터 소급해서 지급(만기보장수익률)하겠다는 것이다. 3개월마다 지급한

4%의 이자를 제하고 나머지 3.5%는 만기에 추가로 지급하는 것이다.

발행 시점부터 만기까지의 3.5%는 어떻게 지급할까? 그 해답은 만기상환율에 있다. 대부분의 채권은 만기 시점에 액면금액을 상환하는데, 전환사채는 액면금액이 아닌 만기상환율을 감안하여 상환한다. 이채권의 만기상환율은 111.6534%다. 이는 만기 시점에 액면 10,000원의 111.6534%에 해당하는 11,165.34원을 상환하겠다는 말이다. 액면 10,000원과 만기상환금액 11,165.34원과의 차이에는 추가로 지급하는 3.5%가 반영되어 있다고 보면 된다. 즉 만기일에 표면이율과 만기보장수익률 간의 차이를 원금과 함께 상환하는 것이다. 한편 만기보장수익률은 만기 시점에 지급되는 것이므로 만기 이전에 주식으로 전환한 사람과는 상관없는 이야기다.

조기상환청구권

이 채권에는 조기상환청구권, 즉 풋옵션이 포함되어 있다. 풋옵션은 투자자에게 유리한 조건이므로 두산건설은 채권 발행을 용이하게 하기 위해 풋옵션을 포함시킨 것으로 보아도 무방할 것이다. 풋옵션 조건에 따르면 발행 후 1.5년이 되는 날과 2.5년이 되는 날*, 만기와 상관없이 투자자는 전환사채의 원금을 상환받을 수 있다. 다만 상환 금액이 액면가가 아닌 105.5023(1.5년 후의 경우)으로 되어 있다. 이는 액면 100원에 대해 105.5023원을 상환해주겠다는 의미다. 이는 중도에 풋옵션을 행사하더라도 만기 시점에 상환받는 것과 마찬가지로 7.5%를 보장해주겠다는 것이다. 이와 같이 풋옵션 행사 시 보장해주는 수익률

* 이날은 투자자가 돈을 상환받는 날이고, 실제로 조기상환을 청구하는 날은 해당일 60일 전~해당일 30일 전임.

을 '조기상환수익률(YTP : Yield to Put)'이라고 하며, 이 채권의 경우에는 조기상환수익률이 만기상환수익률과 같은 7.5%다. 투자자들이 전환사채 조기상환을 청구하는 경우는 주가가 많이 빠져서 더 이상 전환사채를 보유하고 있어도 주식으로서의 가치가 없다고 판단하는 경우와 해당 기업의 신용도가 이전보다 나빠질 것으로 예상되는 경우 등이다.

전환사채는 주식과 채권의 특성을 함께 가지고 있어서 발행 조건이 다소 복잡해 보일 수는 있으나 내용 자체가 어려운 것이 아니고 생소한 내용이기 때문에 복잡해 보이는 것일 뿐이다. 천천히 시간을 들여 책을 다시 한 번 읽어보고 시장에서 거래되고 있는 전환사채나 발행예정 전환사채의 발행 조건을 자주 접하다보면 쉽게 이해할 수 있을 것이다. 전환사채 발행 조건은 금융감독원 전자공시시스템에서 쉽게 찾아볼 수 있다.

두산건설84CB의 실제 거래 가격을 통해 전환사채에 대해서 좀더 실전적으로 이해해보도록 하자. 두산건설 전환사채와 두산건설의 주가 추이는 서로 동일한 움직임을 보인다. 다만 주가가 하락하는 국면에서는 전환사채는 채권의 특성으로 인해 액면가격인 10,000원 밑으로는 잘 내려가지 않는다. 다음 그림에서 전환사채의 가격 변동 추이를 보면 이러한 움직임을 확실히 알 수 있다. 즉 주가 상승 시 주가 상승에 따른 이익은 향유하면서 주가가 하락해도 채권 가격이 액면가 밑으로 하락하지 않는 전환사채의 특성을 잘 보여주고 있다.

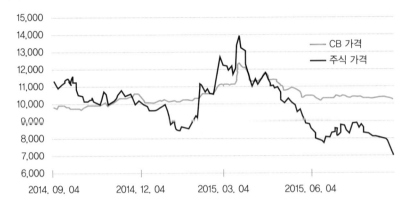

[그림 12] 두산건설㈜ 제84회 무보증 전환사채(CB) 가격과 두산건설 주가 추이

전환사채 발행 이후 두산건설 주가는 2014년 말에 있었던 부동산 경기 부양책으로 인해 상승하면서 2015년 3월 19일에는 14,000원까지 상승했다. 당시 전환가격 10,200원에 대비해 주식전환으로 얻을 수 있는 이익은 약 40%에 달한다. 패리티로 표현하자면 2015년 3월 19일 전환사채의 패리티는 13,726원(14,000원÷10,200원×10,000)이다. 액면 10,000원짜리 채권이 13,726원의 가치가 있다는 개념으로, 바로 주식으로 전환해서 팔면 37.26%의 높은 이익을 얻을 수 있다.

그러나 전환사채는 바로 주식으로 전환되지 않는다. 3월 19일에 주식 전환신청을 하더라도 일정 기간이 지나야 주식으로 전환되는데, 전환사채가 주식으로 전환되는 데는 통상 15일에서 한 달 정도가 걸린다. 이 기간 동안 주식 가격이 변하게 되면 기대하는 이익이 발생하지 않을 수 있으므로 주식으로 전환하지 않고 전환사채를 매도하는 것도 좋은 방법이다.

이날 전환사채의 가격은 12,399원이다. 전환사채를 팔아서 이익을 실현하면 수익률은 23.99%로, 주식으로 전환해서 바로 팔 경우의 수익률에 비해 상당히 낮다. 이를 나타내는 지표가 바로 괴리율이다. 공식에 따라 이날 두산건설 전환사채의 괴리율을 계산해보면 괴리율은 -9.7%로 저평가되어 있음을 알 수 있다. 이는 주식전환 신청일과 전환된 주식을 받는 날의 차이로 인한 위험이 반영된 결과다. 실제로 주가 추이를 보더라도 두산건설 주가가 14,000원의 고점을 찍고 급락한 모습을 보임에 따라 이날 주식전환을 신청한 사람은 아마도 전환사채 자체를 팔아서 이익을 실현한 사람보다 이익이 적었을 것이다. 극단적으로 전환된 주식을 주가가 반등할 것으로 기대하고 보유하고 있었던 사람도 그 이후로 많은 손해를 보았을 것이다. 결국 이익실현은 지식의 문제가 아닌 판단의 문제다.

신주인수권부사채

신주인수권부사채(BW : Bond with Warrant)는 채권 보유자에게 일정한 기간 동안 사전에 정해진 가격으로 채권 발행회사의 신주를 인수할 수 있는 권리가 부여되는 채권이다. 신주인수권부사채에는 신주를 인수할 수 있는 권리인 '신주인수권'이 포함되어 발행된다.

신주인수권부사채와 전환사채는 채권에 주식을 인수할 수 있는 권한이 부여된다는 공통점이 있다. 그러나 주식 인수 방식에서는 차이가 있다. 전환사채는 전환권을 행사하면 채권이 주식으로 전환되어 주식을 인수하기 위한 추가적인 자금이 필요하지 않고, 채권은 주식 인수 자금으로 사용되어 사라지게 된다. 반면 신주인수권부사채로 신주인수권을 행사하기 위해서는 신주 발행대금을 납입*해야 한다. 즉 신주를 인수하기 위해서는 추가적인 자금이 필요하고, 채권은 신주인수권이 소멸된 상태에서 일반 채권으로 그대로 남아 있게 된다.

채권을 발행할 때 신주인수권을 부여하는 이유는, 발행회사 입장에서는 채권 매수자에게 신주인수권을 부여하는 대신 일반 채권보다 발행금리를 낮춤으로써 자금 조달 비용을 절감시킬 수 있기 때문이다. 신주인수권부사채는 전환사채와 마찬가지로 자금시장 경색 국면이나 자금 조달이 어려운 기업이 신주인수권을 통해 자금 조달을 용이하게 하기 위해 발행한다. 투자자 입장에서는 전환사채와 마찬가지로 채권으로서 투자의 안정성을 기함과 동시에 신주인수권을 통해 추가적인 수익을 얻을 수 있다는 2가지 장점이 제공된다.

신주인수권부사채는 신주인수권 분리 여부에 따라 '분리형 신주인수권부사채'와 '비분리형 신주인수권부사채'로 나뉜다.

분리형 신주인수권부사채는 채권과 신주인수권이 별도의 증권으로 분리 표시되어 있어 채권과 신주인수권이 각각의 형태로 따로 유통된다. 분리형 신주인수권부사채는 한국거래소에 상장되어 장내시장에서 거래되기 때문에 거래가 용이하다. 한국거래소에서 거래되는 신주인수권에는 '신주인수권증권'과 '신주인수권증서'가 있다.

신주인수권증권은 기업이 자금을 조달하기 위해 신주인수권부사채를 발행할 때 채권 보유자에게 발행회사의 주식을 인수할 수 있는 권리를 부여한 증권이다. 반면 신주인수권증서는 신주인수권증권과 이름은 비숫하나 그 성격은 다르다. 신주인수권증서는 상장기업이 주주배정방식으로 유상증자를 할 때 기존 주주가 다른 사람에 비해 신주를 우선적으로 인수할 권리를 갖게 되는데, 그 권리를 증빙하는 증서이다. 유상증자를 할 때 기존 주주에게 신주인수권증서가 교부되면 이 증서는 신주배정 기준일부터 청약일까지 한국거래소 신주인수권증서시장에서 거래할 수 있다. 이후에 신주인수권증서가 상장이 되면 기존 주주가 아니더라도 신주인수권증서를 사들여 청약을 하면 유상증자에 참여할 수 있게 된다.

신주인수권증권과 신주인수권증서는 모두 신주를 인수할 수 있는 권리를 갖는다. 그러나 신주인수권증권은 신주인수권부사채에서 권리가 발생하고, 신주인수권증서는 유상증자 시 보유하고 있는 주식으로부터 그 권리가 발생한다. 신주인수권증권은 채권자에게, 신주인수권증서는 주주에게 주어지는 권리이다.

비분리형 신주인수권부사채는 채권과 신주인수권이 하나의 증권으로 병기되어 신주인수권과 채권을 함께 매매해야 한다.

신주인수권부사채가 도입될 당시에는 비분리형 신주인수권부사채의 발행만 허용되었다가 1999년 1월부터 분리형 신주인수권부사채의 발행도 허용되었다. 이로써 신용도가 낮은 중소기업들이 낮은 금리로 자금을 조달하는 도구로 활발하게 사용하였다.

서브프라임 모기지 사태의 후유증으로 2008년 9월 미국의 투자은행 리먼브라더스사가 파산하면서 시작된 글로벌 금융위기로 당시 자금 조달에 어려움을 겪고 있던 기업들은 분리형 신주인수권부사채를 활용해 자금 조달에 성공했다. 2009년 2월 코오롱이 1,000억 원의 분리형 신주인수권부사채 발행에 성공했고, 이어 기아자동차(2009년 3월 19일 4,000억), 아시아나항공(2009년 3월 30일 1,000억) 등이 적극적으로 분리형 신주인수권부사채를 발행했다.

공모 신주인수권부사채의 사례로 2009년에 발행된 기아자동차㈜ 제275회 무보증 신주인수권부사채에 대해 살펴보자. 발행 조건은 다음과 같다.

[표 22] 기아자동차㈜ 제275회 무보증 신주인수권부사채 발행 조건

발행일	2009년 3월 19일	만기일	2012년 3월 19일
표면이율	1.0%	만기보장수익률	5.5%
행사가액	6,880원	만기상환율	114.5692%
행사기간	2009년 4월 19일 ~ 2012년 2월 19일		
신주주급납입방법	현금납입 및 사채대용납입		
신주인수권	분리형		
발행금액	4,000억 원		

기아자동차 신주인수권부사채 발행 조건을 보면 2009년 3월에 발행되었고 만기는 2012년 3월로 3년 만기 채권이다. 신주인수권은 채권과 분리되어 한국거래소에 상장되어 거래되는 공모 분리형 신주인수권부사채다.

만기일 이전까지는 1%의 연이율로 이자가 3개월 단위로 지급되고, 만기 시까지 채권을 보유하는 경우에는 5.5%의 수익률을 보장한다. 표면이율 1%와 만기보장수익률 5.5%와의 차이를 보장하기 위해 만기 시 액면 100원에 대해 114.5692원을 상환한다. 신주인수권의 행사가액은 6,880원이며, 신주인수권을 행사할 수 있는 기간은 채권을 발행하고 1개

월 후인 2009년 4월 19일부터 만기 1개월 전인 2012년 2월 19일까지다. 신주주급, 즉 신주를 받기 위한 대금은 현금으로도 납부할 수 있고 보유하고 있는 신수인수권부사채를 대체할 수 있는 사채대용납입도 가능하다.

기아자동차㈜ 제275회 무보증 신주인수권부사채 1,000만 원을 청약받은 경우를 살펴보자. 청약 받은 신주인수권부사채는 액면 1,000만 원의 무보증사채(기아자동차 제275회 무보증사채)와 신주인수권(기아자동차 제275회 신주인수권증권)으로 분리되어 상장된다. 분리되어 받게 되는 신주인수권증권은 1,453주*로, 이는 기아자동차 1,453주를 행사가격인 6,880원에 인수할 수 있는 권리이다.

> * 분리되는 신주인수권증권의 수량은 '액면금액 ÷ 행사가격'으로 정해짐.

신주인수권 상장 이후 기아자동차 주식 가격은 주식시장 상승세에 힘입어 큰 폭으로 상승했다. 신주인수권부사채 발행일인 2009년 3월 19일에는 기아자동차 주가가 6,330원으로 행사가격 6,880원보다 낮게 거래되어 신주인수권의 가치는 없는 상황이었다. 그러나 기아자동차 주식 가격이 상승하면서 신주인수권이 상장된 4월 1일에는 행사가격보다 높은 8,950원이 되면서 신주인수권으로 이익을 볼 수 있게 되었다. 특히 2011년 4월 26일에는 기아자동차 주가가 82,400원까지 상승했다. 만약 이때까지 신주인수권을 행사하지 않고 가지고 있었다면 행사가격 대비 무려 12배가 오르는 상황이 되었을 것이다.

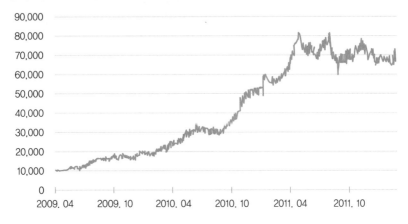

[그림 13] 신주인수권 행사기간의 기아자동차 주가 추이

만약 신주인수권을 행사해서 2011년 4월 26일에 주식을 매도했다면 어떻게 되었을까?

우선 신주인수권을 행사하고 신주인수 대금을 납입해야 한다. 신주인수대금은 9,996,640원(1,453주×6,880원)은 현금으로 납부해도 되고, 보유하고 있는 기아자동차 주식으로 대용납입해도 된다. 신주인수권 행사로 받은 기아자동차 주식 1,453주를 2011년 4월 26일 매도하면 매도금액이 1억 1,973만 원이 된다. 말 그대로 대박이다. 채권에서 나오는 이자는 덤이고 1,000만 원 투자해서 1억 원이 넘는 이익을 얻은 것이다.

이러한 신수인수권 행사 절차가 복잡하다고 느낀다면 신주인수권 자체를 팔아서 이익을 실현할 수도 있다.

대기업의 대주주들이 분리형 신주인수권부사채의 신주인수권을 자녀들에게 경영권을 승계하기 위한 방법으로 편법적으로 사용하는 일이 빈번해지자 2013년 8월 공모 분리형 신주인수권부사채의 발행이 금지되었다. 그러다가 2015년 6월 다시 공모 분리형 신주인수권부사채 발행이 허용되었다. 다시 투자자들에게 기회가 오고 있다. 기회는 준비된 사람만이 잡을 수 있다. 지금이 그 준비를 할 때다.

교환사채

교환사채(EB : Exchangeable Bond)는 채권 보유자가 일정 기간 내에 사전에 정해진 가격으로 채권 발행회사가 보유하고 있는 유가증권(자기주식 포함)으로 교환을 청구할 수 있는 권리(교환권)가 부여된 채권이다. 교환사채는 채권을 주식으로 교환하겠다고 청구할 경우 추가적인 자금이 이동하지 않는다는 점에서 전환사채와 동일하나, 주식 교환 후 발행회사의 자본금이 증가하지 않는다는 점에서는 전환사채와 다르다.

발행회사 입장에서는 채권 보유자에게 교환권을 부여하면서 일반 채권에 비해 낮은 금리로 자금을 조달할 수 있다. 교환사채는 특히 발행회사가 보유하고 있는 유가증권을 시가보다 높은 가격으로 매각하기 위한 수단으로 활용하거나 계열사 상호주식 보유에 대한 제한을 이행하기 위하여 보유 주식을 매각하고자 할 때 주로 활용한다. 투자자 입장에서는 채권의 안정성과 동시에 교환권 행사에 따른 추가적인 수익을 얻을 수 있다는 측면에서 효용성을 가진다.

이전에는 '자본시장과 금융투자업에 관한 법률'의 주권상장법인에 대한 특례 부분에서 상장법인들의 교환사채 발행에 관해 규정하고 있어서 교환사채는 상장회사가 상장증권만을 대상으로 발행할 수 있는 것으로 해석되었다. 그러나 2012년 상법 개정 시 교환사채에 대한 내용이 추가되면서 비상장법인도 비상장증권을 대상으로 발행할 수 있게 되었다. 다만 교환사채 발행 전에 주요 조건을 이사회에서 결정하고, 교환사채를 발행하는 회사는 교환 대상 유가증권을 한국예탁결제원에 예탁하도록 하였다.

[표 23] 전환사채 · 신주인수권부사채 · 교환사채 비교

구 분	전환사채	신주인수권부사채	교환사채
권리 내용	전환권	신주인수권	교환권
권리 대상	발행회사 신주	발행회사 신주	발행회사 보유주식
주식 취득 가격	전환가격	행사가격	교환가격
권리 행사 시 추가자금	추가자금 필요 없음	추가자금 필요 (신주인수대금)	추가자금 필요 없음
권리 행사 시 사채권 존속	사채권 소멸	사채권 존속	사채권 소멸
주주 효력 발생	전환청구 시	신주대금 납입 시	교환청구 시

교환사채에 대해서 좀 더 자세히 이해하기 위해 자사주를 기초자산으로 발행한 셀트리온 교환사채와 다른 회사 주식을 기초자산으로 발행한 세아제강 교환사채를 살펴보도록 하자.

바이오 의약품 제조업체인 셀트리온은 2015년 6월 19일 교환사채를 발행하였다. 발행 조건은 다음과 같다.

[표 24] 셀트리온 사모 교환사채 발행 조건

발행일	2015년 6월 19일	만기일	2018년 6월 19일
표면이율	2.0%	만기보장수익률	5.0%
교환가액	82,540원	교환대상	셀트리온 주식
교환기간	2015년 12월 19일 ~ 2018년 5월 19일		
발행금액	1,120억 원		

셀트리온이 발행한 교환사채는 사모로 발행이 되어 일반인에게 청약을 받지 않고 한 군데 투자기관에서 투자한 것으로 알려졌다. 표면이율은 연 2%로 3개월 단위로 지급되고, 만기 시까지 교환사채를 보유하고 있으면 만기보장수익률 5%와 표면이율 2%의 차이를 만기 시점에 지급한다.

교환기간은 발행 6개월 후인 2015년 12월 19일부터 만기 1개월 전인 2018년 5월 19일까지다. 교환사채 보유자가 주식으로의 교환을 신청하면 교환사채를 셀트리온이 보유하고 있는 자사주로 교환해준다. 이를 위해 셀트리온은 교환사채 발행에 따른 자사주 교부 목적으로 자사주 135만 6,918주(1,120억 원÷82,540원)를 처분하기로 결정했다고 공시했다.

예를 들어 교환사채 1,000만 원을 보유하고 있는 경우를 생각해보자. 채권 교환이 가능한 2016년에 주가가 교환가격보다 상승하면 이익을 실현하기 위해 보유하고 있던 교환사채의 교환을 신청할 수 있다. 교환으로 받게 되는 셀트리온 주식은 121주다.

셀트리온 교환사채는 채권이 해당 회사의 주식으로 바뀐다는 점에서는 전환사채와 비슷해 보이지만 큰 차이점이 있다. 바로 지급되는 주식이 태어난 날이 다르다는 점이다. 전환사채의 경우 채권이 주식으로 전환되는 경우 신주가 발행되어 지급된다. 따라서 전환된 주식이 태어난 날은 전환일이 된다. 반면 교환사채는 신주가 발행되는 것이 아니라 보유하고 있는 기존의 주식을 교부받게 된다. 즉 나이가 들어 있는 주식을 교부받게 되는 것이다. 즉 교환사채는 신주를 지급받지 않고 기존에 발행되어 있는 구주를 지급받는다는 차이가 있다. 셀트리온은 보유하고 있는 해당 회사의 주식(자사주)을 기초로 교환사채를 발행한 경우이다.

그렇다면 이번에는 다른 회사의 주식으로 교환사채를 발행하는 경우를 살펴보자.

철강업을 영위하고 있고 강관 및 강판 제품을 주로 생산하는 세아제강은 자금 조달을 위해 세아제강이 보유하고 있는 특수강을 생산하는 세아베스틸 보통주를 기초자산으로 교환사채를 발행했다. 세아제강이 발행한 교환사채의 발행 조건은 다음과 같다.

[표 25] 세아제강 제39회 공모 교환사채 발행 조건

발행일	2011년 2월 25일	만기일	2014년 2월 25일
표면이율	1.0%	만기보장수익률	2.5%
교환가액	50,700원	교환대상	세아베스틸 주식
교환기간	2011년 3월 25일 ~ 2014년 1월 25일		
발행금액	1,521억 원		

세아제강이 발행한 교환사채는 공모 형태로 일반인들을 대상으로 청약을 통해 발행되었다. 발행일은 2011년 2월 25일이며 3년 만기 교환사채로, 표면이율은 연 1%다. 만기까지 교환사채를 보유하고 있는 경우에는 만기보장수익률 2.5%와 표면이율 1%의 차이를 만기 시에 지급한다. 교환대상 주식은 세아제강이 보유하고 있는 세아베스틸 보통주이며 교환가액은 50,700원이다. 교환기간은 교환사채 발행 1개월 후인 2011년 3월 25일부터 만기 1개월 전인 2014년 1월 25일까지다.

[그림 14] 교환권 행사 기간의 세아베스틸 주가 추이

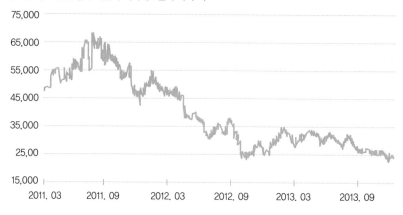

교환대상인 세아베스틸 주가를 보면 교환기간 초기에 주가가 상승하면서 이익을 실현할 타이밍을 제공해주었다. 발행되고 약 6개월 후인 2011년 8월 18일에는 세아베스틸 주가가 68,800원까지 올라갔다.

세아제강 교환사채 1,000만 원을 청약받고 주가가 상승한 당시에 교환권을 행사하고 8월 8일에 주식을 매도한 경우를 살펴보자.

보유하고 있는 교환사채를 교환신청 하면 세아베스틸 주식 197주(1,000만 원÷50,700원)로 교환된다. 이를 68,800원에 매각하면 약 357만 원의 이익이 발생하는데, 이는 투자원금 1천만 원 대비 약 36%의 수익률이다. 앞서 예를 들었던 기아자동차 신주인수권부사채에 비하면 수익률이 낮지만 36%의 수익률이면 말 그대로 감지덕지 아닌가.

그래도 사람의 욕심이 끝이 없어 이 상황에서 세아베스틸 주식 가격이 더 상승할 것으로 보고 전환권을 행사하지 않은 경우도 있을 것이다. 그러나 주가는 마음대로 되지 않는다고, 이후 세아베스틸 주가는 지속적으로 하락하면서 주식교환을 통해서 이익을 얻을 기회가 사라져버

렸다. 아쉬움은 남지만 그래도 만기까지 교환사채를 보유하고 있으면 2.5%의 이자는 받을 수 있어서 위안으로 삼을 수 있다. 이것이 교환사채 같은 주식연계채권의 매력이라고 할 수 있다.

최악의 경우는 주식으로 전환을 한 상태에서 좀 더 높은 가격에 주식을 팔려고 하다가 주가가 하락하는 경우이다. 이 경우에는 원금에 손식이 발생할 수 있기 때문이다. 따라서 주식연계채권은 적절한 시점에 주식으로 전환하는 것이 이익실현을 하는 데 있어서 중요한 포인트라고 할 수 있다.

이익참가부사채

이익참가부사채(PB : Participating Bond)는 채권 보유자가 채권 보유에 따른 이자를 지급받는 것 외에 발행회사의 이익배당에도 참가할 수 있는 채권이다. 채권에 주식의 성격을 일부 가미한 것으로 최소한의 확정이자를 보장하면서 채권 발행회사에 일정 이상의 이익이 발생하면 이익배당에도 참가할 수 있게 한 것이다. 이익참가부사채는 채권의 주식화 경향의 한 단면이며, 경제적으로 무의결권 주식과 유사한 기능을 갖게 된다. 이익참가부사채 보유자는 이익배당에 참여할 수 있는 권리가 있는 반면 주식으로의 전환, 신주 인수 및 주식 교환의 권리는 없다.

이익참가부사채는 당해 연도 배당을 받지 못했을 경우, 지급받지 못한 미배당금의 이월 여부에 따라 '누적적 이익참가부사채'와 '비누적적 이익참가부사채'로 나뉜다.

누적적 이익참가부사채는 당해 연도에 배당을 받지 못했을 경우 다음 연도로 권리가 넘어가는 반면, 비누적적 이익참가부사채는 당해 연도에 배당을 받지 못하면 배당에 대한 권리가 소멸된다.

발행회사 입장에서 보면 이익참가부사채는 최소한의 확정이자만 부담하고 전환사채나 신주인수권부사채와 달리 신주발행에 따른 대주주 지분희석에 대한 부담감이 없다. 투자자 입장에서는 일정 부분의 확정 이자를 받는 동시에 발행회사의 수익 상황에 따라 배당을 받아 더 많은 수익을 얻을 수 있다. 이익참가부사채는 다른 주식연계채권에 비해 상대적으로 기업들의 자금 조달 수단으로 많이 활용되고 있지는 않은 상황이다.

안정성은 물론
추가적 수익까지,
구조화채권

구조화채권은 채권에 파생상품이 결합되어 만들어진 상품으로 채권의 이자가 금리, 통화, 주가, 신용 등의 기초자산에 연동되어 결정되도록 설계된 상품이다. 증권사가 발행하는 ELB(Equity Linked Bond)도 구조화채권의 일종이지만 ELB는 일반적으로 상품의 특성상 파생결합증권이라고 부르고 있다.

구조화채권은 채권의 안정성에 추가적인 수익을 낼 수 있는 구조를 결합한 상품으로, 채권수익률에 만족하지 못하는 투자자들이 관심 있게 보아야 한다. 여기서는 구조화채권의 간단한 개념과 실제 발행된 사례를 살펴보자.

채권에 파생상품이 결합되면 구조화채권

구조화채권은 이자 지급 조건이 금리, 주가, 환율, 신용과 같은 자산의 가격에 연계되어 결정되는 채권이다. 여기서 이자를 지급하는 조건으로 사용되는 자산 또는 자산의 가격을 '기초자산(reference)'이라고 한다. 구조화채권은 기본적으로 채권에 옵션 성격의 파생상품이 결합된 형태이며, 일반적으로 투자자가 파생상품의 매도포지션을, 발행자가 매수포지션을 취하게 된다.

파생상품(주로 옵션)의 매도포지션을 취한다는 것은 기초자산에 내재된 위험을 떠안는 대신 일정 수준의 대가(premium)를 지급받는다는 것이다. 투자자는 이 프리미엄을 통해서 채권의 투자수익률을 높일 수 있다.

파생상품의 매수포지션을 취한다는 것은 기초자산에 내재된 위험을 상대방에게 전가하는 대신 그 대가로 일정 수준의 프리미엄을 상대방에게 지불한다는 것이다. 따라서 구조화채권 발행자는 위험 전가에 따른 프리미엄 지불로 인해 일반 채권보다 다소 높은 이자를 채권 보유자에게 지불해야 한다.

다시 말하자면 구조화채권 투자자는 채권을 매수하는 동시에 옵션의 매도포지션을 취하게 됨에 따라 옵션에서 발생되는 프리미엄으로 인해 일반 채권보다 높은 수익을 얻게 된다. 반면 구조화채권 발행자는 프리미엄을 지불하지만 본인이 가지고 있는 위험을 투자자에게 전가하는 효과를 얻는다.

이해를 돕기 위해 가장 일반적이고 간단한 구조화채권인 CD Range

Accural 형태의 구조화채권을 살펴보자. CD Range Accural 구조는 기관투자자뿐 아니라 일반인들에게도 많이 알려진 구조화상품이다. CD Range Accural 형태의 구조화채권은 91일물 CD금리 수준에 연계되어 이자 수준이 결정되는 채권으로, 일반적으로 다음과 같은 조건으로 발행된다.

[표 26] CD Range Accural 발행 조건

발행회사	대한은행(신용등급 AAA)
기초자산	금융투자협회가 고시하는 91일 CD금리
만　기	10년
이　표	4.00%×n/N n : 관찰기간 동안 0% ≤ CD금리 ≤ 4.5%인 일수 N : 관찰기간 전체의 일수
발행자 중도상환	발행 시점 1년 후부터 매년 연 단위
이자지급주기	매분기

앞의 구조화채권은 대한은행(가칭)이 발행한 채권으로 금리가 사전에 정해지는 일반 채권과 달리 이자 지급액이 일정한 조건에 따라 사후에 결정되는 채권, 즉 구조화채권이다. CD Range Accural 구조는 CD금리가 일정한 요건을 충족하는지 여부에 따라 이자 지급액이 결정되는 구조로, 가장 일반적인 구조화채권이다. 이자 지급액이 결정되는 구조를 더 자세히 살펴보자.

만약 위와 같은 발행 조건의 구조화채권이 2015년 3월 1일 발행되었다면 이자 지급주기가 3개월이므로, 다음 이자 지급일은 6월 1일이 된다. 6월 1일 투자자들이 지급받게 되는 이자는 발행 조건에 명시되어 있는 '4%×n/N'의 방식으로 결정된다. 이는 3월 1일부터 5월 31일까

지의 기간 동안(관찰기간) CD금리가 '0%≤CD금리≤4.5%'인 날은 4%
의 이자를 지급하고, 이 범위를 벗어나는 날은 이자를 지급하지 않겠다
는 것이다. 예를 들어 관찰기간 동안 CD금리가 모두 4.5% 이내에 있었
다면 투자자는 4%의 이자를 지급받는 반면, 관찰기간 중 23일 동안 CD
금리가 4.5%를 넘어섰다면 지급받는 이자율은 3%로 결정된다.

$$\text{이표} = 4.00\% \times \frac{n}{N} = 4.00\% \times \frac{(92-23)}{92} = 3.00\%$$

 발행자 중도상환은 채권 발행자가 채권을 중도에 상환할 수 있는 권
리를 의미한다. 일반적으로 채권 발행자는 채권을 발행한 후에 금리가
하락하면 채권을 중도에 상환하게 된다. 채권 발행 시점 1년 후부터 매
년 연 단위로 중도상환 조건이 있는 것은 채권 발행 이후 1년이 되는 시
점부터 매년 연 단위로 발행자가 채권을 중도상환할 수 있다는 것이다.
물론 중도상환 가격은 발행가격, 즉 액면가다.

기초자산 및 이자 지급 구조에 따른 구조화채권 분류

 구조화채권은 이자 지급액을 결정하는 기초자산의 종류에 따라 크
게 '금리연계 구조화채권', '신용연계 구조화채권', '주식연계 구조화채
권', '통화연계 구조화채권', '상품연계 구조화채권'의 5가지로 분류할
수 있다. 그러나 저금리 상황이나 투자자의 요구에 따라 수익률을 높이
기 위해 한 가지 유형이 아닌 여러 가지 유형의 기초자산을 복수로 사용

하여 구조화채권을 발행하는 경우도 많다.

복수의 기초자산을 이용하여 구조화채권을 발행하는 경우에는 기초자산을 기준으로 하여 구조화채권을 명확하게 분류하기가 애매해진다. 이런 경우에는 전통적인 방법으로 구조화채권을 분류하기 어렵다 하더라도 각각의 기초자산에 의해 이자 지급액이 어떻게 결정되는지를 이해하면 그것만으로도 충분하다. 이자 지급액이 결정되는 방식에 대한 이해를 기초로 각 자산의 가격 움직임에 대한 향후 예측을 더하면 구조화채권 투자의 핵심을 이해하게 될 것이다.

[표 27] 구조화채권 분류

구 분	종 류
금리연계 구조화채권	CD금리, 국채수익률, 스왑금리 등
신용연계 구조화채권	국가 신용사건, 개별기업 신용사건 등
주식연계 구조화채권	KOSPI200, S&P 등의 주가지수 및 개별기업의 주가
통화연계 구조화채권	달러, 엔화 등 각국의 환율
상품연계 구조화채권	유류, 구리, 철 등의 현물가격 · 선물가격 또는 지수

구조화채권은 이자 지급 구조에 따라서 대표적으로 'Range Accural Note', 'Spread Note', 'Ratio Note' 등으로 나눌 수 있다. 이러한 유형은 가장 기본적인 이자 결정 방식으로, 최근에는 기초자산을 한 가지 자산이 아닌 여러 자산이 복합되어 있는 하이브리드(Hybrid) 형태로 많이 발행되고 있고, 이자 지급 구조도 계속적으로 새로운 유형이 개발되면서 그 형태가 다양해지고 있다.

이자 지급 구조에 따른 대표적 구조화채권은 'Range Accural' 구조다. 이는 일정 조건을 정해놓고 그 조건을 충족하는 일수 동안은 약속

된 이자를 지급하고, 그렇지 않은 날은 이자를 지급하지 않는 구조화상
품이다. Range Accural은 기초자산이 1개인 경우에는 'Single Range
Accural', 기초자산이 2개인 경우에는 'Dual Range Accrual'이라고
한다. Single Range Accural의 대표적인 상품은 앞에서 예를 들었던
CD Range Accural 상품이다. Dual Range Accural의 대표적인 상품
은 CD & Libor Range Accural 상품이다. 이는 한국의 단기금리인 CD
금리와 미국의 단기금리인 Libor금리가 일정한 범위에 있으면 이자를
지급하고, 일정한 범위를 벗어나면 이자를 지급하지 않는 상품이다. 이
해를 돕기 위해 다음의 발행 조건을 가진 구조화채권을 살펴보자.

[표 28] CD & Libor Range Accural 발행 조건

발행회사	대한은행(신용등급 AAA)
기초자산	91일 CD금리 & 3개월 USD Libor금리
만　기	10년
이　표	4.00%×n/N n : 관찰기간 동안 다음 조건을 충족하는 일수 　　0% ≤ CD금리 ≤ 4.0% and 0% ≤ 3개월 USD Libor금리 ≤ 4.0% N : 관찰기간 전체의 일수
발행자 중도상환	발행 시점 1년 후부터 매년 연 단위
이자지급주기	매분기

위의 CD & Libor Range Accural 상품은 대한은행이 발행한 10년
만기의 구조화채권이다. 기초자산은 91일물 CD금리와 3개월 Libor금
리를 기초자산으로 하는 금리연계 구조화상품이다. 이자 지급액은 CD
금리와 Libor금리가 동시에 0~4% 구간에 있는 날수에 대해서 4%의
이자를 지급하는 구조다. 예를 들어 해당 구조화채권이 2015년 3월 1일

발행되었다면 이자 지급주기가 3개월이므로 다음 이자 지급일은 6월 1일이 된다.

6월 1일 투자자들이 지급받게 되는 이자 지급액은 발행 조건에 명시되어 있는 '4%×n/N'의 방식으로 결정된다. 이는 3월 1일부터 5월 31일까지의 기간 동안(관찰기간)에 CD금리와 Libor금리가 동시에 '0~4%'인 날은 4%의 이자를 지급하고, 이 범위를 벗어나는 날은 이자를 지급하지 않겠다는 의미다. 예를 들어 관찰기간 동안 CD금리와 Libor금리가 모두 4% 이내에 있었다면 투자자는 4%의 이자를 지급받는다. 반면 관찰기간 중 CD금리는 13일 동안, Libor금리는 12일 동안 4%를 넘었고 CD금리와 Libor금리가 동시에 4%를 넘은 날은 2일이었다. 이 경우 지급받는 이자율은 3%로 결정된다.

$$\text{이표} = 4.00\% \times \frac{n}{N} = 4.00\% \times \frac{(92-13-12+2)}{92} = 3.00\%$$

Range Accural 구조만큼 많이 발행되는 구조가 Spread Note 구조다. Spread Note 구조는 두 기초자산 간의 가격 차이인 스프레드에 기초하여 이자 지급을 결정하는 구조다. 여기에는 국채금리를 기초자산으로 하는 CMT(Constant Maturity Treasury) Spread 상품, IRS(금리스왑)금리를 기초자산으로 하는 CMS(Constant Maturity Swap) Spread 상품이 있다. 또한 3개월 CD금리와 3개월 국채금리 차이를 기초자산으로 하는 파워스프레드(Power Spread) 등이 있다. 이 중 가장 활발하게 발행되는 Spread Note 구조는 CMS Spread Note이며, 다음과 같은 구조로 발행된다.

[표 29] CMS Spread Note 발행 조건

발행회사	대한은행(신용등급 AAA)
기초자산	CMS 1년, CMS 5년
만　기	5년
이　표	1.0% +15×(CMS 5년−CMS 1년)
금리하한	0%
이자지급주기	매분기

위 채권은 대한은행이 발행한 5년 만기의 구조화채권이다. 기초자산은 금리스왑 1년물 수익률(CMS 1년)과 금리스왑 5년물 수익률(CMS 5년)인 이자연계 구조화채권이다. 이자 지급액은 금리스왑 5년물 수익률과 금리스왑 1년물 수익률의 차이에 의해 결정된다. 이자 지급 방식을 예를 통해 알아보자.

이자 지급 결정일*에 금리스왑 1년물 수익률이 2.0%, 금리스왑 5년물 수익률이 2.5%라고 하자. 발행 조건에 정해진 방식으로 이자율을 계산하면 구조화채권의 이자는 '1.0%+15×(2.5%-2.0%)=8.5%'로 결정된다.

> * 이자 지급 결정일은 발행 조건에 명기되는데, 일반적으로 '이자 지급일 전 5일' 또는 '이자 지급일 전 3일' 등과 같이 사전에 정해진다.

그러나 만약 이자 지급 결정일에 금리스왑 1년물 수익률이 2.0%, 금리스왑 5년물 수익률이 1.8%라고 하자. 이 경우는 장기물의 금리가 단기물의 금리보다 낮아 장단기 금리가 역전되어 있는 상황이다. 이 경우 구조화채권의 이자는 '1.0%+15×(1.8%-2.0%)=-2.0%'가 된다. 이런 경우에는 마이너스 금리가 되어 이자를 받는 것이 아니라 오히려 이자를 주어야 한다. 즉 원금에 손해가 발생하게 된다. 다만 채권의 경우에는 발행회사에 부도가 나지 않는 이상 원금을 상환해야 하는 특성이 있으므로 이를 방지하기 위해 Spread Note 구조에는 금리하한을 발행 조건에 넣는 경우가 많다. 이 경우에도 발행 조건에 금리하한이 0%로 정해져 있어서 계산된 금리가 -2%라고 하더라도 최종 이표는 0%가 되는 것이다. CMS Spread 구조 같은 구조화채권에서는 향후 장단기금리 스프레드가 어떻게 될지가 주된 관심사가 된다. 일반적으로 경기가 침체되면 장단기금리 스프레드는 축소되는 경우가 많아 CMS Spread 구조에는 불리한 환경이다. 반면 경기가 활황을 보이는 국면에서는 장단기 금리 스프레드가 확대되는 경향이 많아 CMS Spread 구조에 투자하기 좋은 시점이다.

증권사의
새로운 전쟁터,
파생결합증권

채권이나 주식 거래 시 대부분의 투자자는 증권회사를 이용하는데, 투자자는 증권회사를 통해 거래를 하고 증권사는 거래를 중개만 한다. 이는 채권이나 주식을 거래하는 것이 증권회사가 발행한 상품을 사는 것은 아니기 때문이다. 투자자들이 증권회사에서 발행한 상품에 가입하는 것은 파생결합증권이라고 보면 된다.

파생결합증권은 구조화채권과 같이 증권회사가 발행하는 증권(채권)의 원금과 이자가 금리, 통화, 주가 등의 기초자산에 연동되어 결정되는 상품이다. 여기서는 이미 어느 정도 일반화되어 있는 파생결합증권에 대해 자세히 알아보도록 하자.

파생결합증권은 구조화채권과 같이 구조화상품의 한 종류다. 구조화상품은 금리, 주가, 환율 등을 기초자산으로 하는 파생상품을 채권, 예금 등과 결합하여 사전에 정해진 조건에 따라 수익 및 원금 보장 여부를 결정하는 상품이다. 구조화상품은 발행수단으로 채권뿐 아니라 예금

(Deposit), 증권(Security), 집합투자증권(Fund) 등을 다양하게 사용한다. 구조화상품 발행에 이용되는 발행수단들은 각각의 다양한 특성에 따른 형태의 차이는 있지만 기본적인 개념은 같다.

구조화채권에서 설명했던 CD & Libor Range Accural 구조를 채권의 형태로 발행하면 '구조화채권'이라고 부르는데, 똑같은 형태의 CD & Libor Range Accural 구조를 예금의 형태로 발행하면 '구조화예금(SD : Structured Deposit)', 증권사가 발행하면 '파생결합증권(DLS : Derivative Linked Securities)'*이 된다. 구조화예금이나 파생결합증권 중 변동성이 큰 주가를 기초자산으로 하는 경우 명칭을 따로 분류하는데, 은행이 예금으로 발행하면 ELD(Equity Linked Deposits), 증권사가 주가나 주가지수에 연동해 발행하면 ELS(Equity Linked Securities)라고 한다. 명칭은 다양하지만 기본적인 속성은 같다고 이해하면 된다. 명태가 상태에 따라 생태, 동태, 코다리, 북어, 황태 등 다양한 이름으로 불리는 것과 같다.

* 2013년 자본시장법 개정으로 원금이 보장되는 파생결합증권(ELS, DLS)은 파생결합사채로 분류가 변경됨. 이에 따라 원금보장이 되는 상품은 채권으로 발행되어 ELB, DLB라고 부른다.

증권사가 발행하는 파생결합증권을 좀 더 자세히 분류하면 주가가 기초자산이면 ELS, 금리·환율·상품 등 주가를 제외한 기초자산으로 발행되면 DLS라고 한다. 한편 ELS와 DLS는 원금 보장 여부에 따라 원금이 보장되지 않으면 ELS, DLS라고 분류하고, 원금이 보장되면 증권이 아닌 채권으로 분류하여 ELB, DLB*로 분류한다. 다소 분류가 복잡하기는 하나 이러한 분류는 상품의 특성에 따른 명칭의 차이이고 기본적인 구조는 같다고 보면 된다.

구조화채권, 파생결합증권 등을 포괄하는 구조화

* 편의상 실무적으로는 DLS, DLB를 통칭해서 DLS라고 표현하기도 한다.

상품의 분류는 다음과 같다.

[그림 15] 구조화상품 분류표

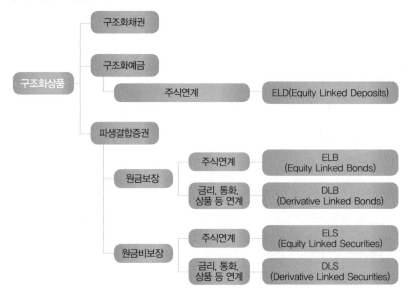

변신의 천재 파생결합증권

파생결합증권의 기본적인 구조는 앞에서 살펴보았던 구조화채권, 구조화예금과 같지만 원금보장 여부에 있어서는 차이가 있다. 구조화채권은 채권의 특성상 발행회사에 신용사건(부도 등)이 발생하지 않으면 원금이 보장되고, 구조화예금은 은행이 망하지 않으면 원금이 보장된다. 즉, 상품 구조에 의해서 원금손실이 발생하는 경우가 없다는 얘기다.

반면 파생결합증권의 경우는 원금이 보장되는 원금보장 파생결합증권(ELB, DLB)과 더불어 원금이 보장되지 않는 원금비보장 파생결합증권(ELS, DLS)도 있다. 원금이 보장되는 파생결합증권은 파생결합증권을 발행하는 증권회사가 망하지 않으면 원금이 보장되지만, 원금비보장 파생결합증권은 증권회사가 망하지 않더라도 원금에 손해가 발생할 수 있다. 이는 발행자의 신용이 아닌 상품 구조에 의해 원금손실이 발생할 수 있다는 얘기다.

원금비보장 파생결합증권에 대해 이해하기 위해 종합주가지수 수익률의 2배를 지급하는 수익 구조를 가진 구조화상품의 경우를 살펴보자.

이 경우에는 종합주가지수가 10% 상승하면 20%의 수익을 지급하고, 종합주가지수가 10% 하락하면 20%의 손실이 발생하는 구조를 가지게 된다. 이러한 수익 구조를 가지는 구조화상품은 채권이나 예금을 발행 수단으로 설계할 수가 없다. 채권이나 예금은 원칙적으로 발행기업이나 은행이 망하지 않으면 원금을 보장해주는 금융상품이기 때문이다. 이 경우 파생결합증권을 이용하면 구조 설계가 가능하다. 파생결합증권은 원금이 보장되는 채권이나 예금이 아닌 증권의 형태이기 때문에 구조 자체에 의해 원금손실이 발생할 수 있는 상품인 것이다. 이 같은 원금비보장의 특성으로 인해 파생결합증권은 구조화채권 또는 구조화예금에 비해 다양한 상품 설계가 가능하다.

금리, 환율 등을 기초자산으로 하는 파생결합증권

파생결합증권은 주가가 기초자산으로 사용되는 경우 ELS, ELB로 분류하는 반면, 주가를 제외한 금리, 환율, 실물자산 가격, 신용위험 등을 기초자산으로 하는 경우 원금이 보장되지 않으면 DLS, 원금이 보장되면 DLB로 분류한다.

[표 30] DLS/DLB 기초자산의 예

구 분	내 용
금리(채권 가격)	91일 CD금리, 국채 10년물 가격 등
환율	원/달러 환율, 원/엔 환율 등
실물자산	WTI선물가격, 금가격지수, 은가격지수 등
신용위험	국가 신용사건, 특정 기업 신용사건 등

금리를 기초자산으로 하는 파생결합증권은 대부분 구조화채권 또는 구조화예금과 비슷하게 원금이 보장되는 DLB 구조로 발행되고 있으며, 환율을 기초자산으로 하는 파생결합증권도 원금이 보장되는 구조가 다수를 차지한다. 반면 실물자산을 기초자산으로 하는 상품은 원금이 보장되지 않는 구조가 많으며, 신용위험을 기초자산으로 하는 경우에는 상품의 특성상 대부분 원금이 보장되지 않는 구조로 발행된다.

금리를 기초자산으로 하는 파생결합증권

금리를 기초자산으로 하는 경우에는 구조화채권에서 설명했던 CD Range Accural 구조, CMS Spread 구조 등의 형태로 발행되고 있으며, 대부분 원금이 보장되는 형태로 발행된다. 따라서 금리를 기초자산으로 하는 DLB는 증권회사가 발행하는 구조화채권이라고 이해하면 편리하다.

DLB 상품 중에는 증권회사가 단기금융상품으로 설계하여 출시한 상품도 있다. 일반적으로 금리를 기초자산으로 하는 DLB 상품은 만기가 짧게는 1년, 길게는 10년 이상의 장기상품으로 발행되는데, 만기가 3개월인 단기 DLB 상품도 발행되고 있다. 이처럼 만기가 짧은 상품은 높은 수익을 제공하기보다는 RP 같은 단기상품에 투자하는 투자자들을 대상으로 개발된 상품이다.

대표적인 단기 DLB 상품은 CD 91일물 디지털콜옵션(Digital Call Option) DLB 상품이다. 이 상품은 CD Range Accural 상품처럼 기초자산이 91일 CD금리라는 점은 같지만 이자 지급 방식에서 차이가 있다.

구조화채권에서 예를 들었던 CD Range Accural 상품은 조건을 충족하면 약속된 금리를 제공하고, 조건을 충족하지 못하면 금리를 지급하지 않는 방식이다. 즉 조건을 충족하는 일수를 전체 일수로 나누어 이자를 지급하는 구조다.

반면 디지털콜옵션 DLB 구조는 만기일에 기초자산의 가격이 조건을 충족하는 경우와 충족하지 못하는 경우를 나누어 이자를 지급하는 방식이다. 하지만 대부분의 단기 DLB 상품은 조건을 충족하는 경우와 충족하지 못하는 경우의 수익률 차이가 미미해 조건 충족 여부가 수익률에 미치는 영향은 거의 없다. 즉 일정 부분 확정된 수익을 제공하고 있는 것이다. 이해를 돕기 위해 단기 DLB 상품의 사례를 알아보자.

[표 31] CD 91일물 디지털콜옵션 DLB 기본 구조의 예

구 분	내 용
기초자산	CD 91일물 금리
만기	3개월
만기상환 조건 및 수익률	① 만기평가일에 기초자산의 수익률이 4% 초과한 경우 : 1.87% ② 만기평가일에 기초자산의 수익률이 4% 이하인 경우 : 1.86%

원금보장 여부	원금보장

앞의 DLB 상품은 만기가 3개월인 단기상품으로 3개월 후에 CD금리가 4%를 넘어가는 경우 1.87%의 수익을, 4% 이하인 경우 1.86%의 이자를 지급하는 구조다. 결국 조건 충족 여부에 따른 수익률 변화가 0.01%로 미미한 수준이다. 따라서 조건의 충족 여부가 투자 판단의 변수가 되지 못한다.

위의 상품이 발행된 2015년 5월 당시 한국은행의 정책금리가 1.75%, 증권사*의 1~3개월 RP금리가 1.75% 수준, 3~6개월 RP금리가 1.8% 수준이라는 점을 고려하면 RP금리보다 조금 높은 수준의 이자율을 제공하는 단기금융상품이라고 보아도 무방하다.

* 2015년 5월 대우증권 약정형 RP 기준수익률(출처 : www.kdbdw.com) 참고.

환율을 기초자산으로 하는 파생결합증권

환율을 기초자산으로 하는 파생결합증권은 각국의 환율에 기초하여 수익이 지급되는 상품이다. 기초자산으로 많이 사용되는 환율은 우리나라 경제와 밀접한 관계가 있는 달러환율, 엔환율, 위안환율 등이 사용되고 있다. 이해를 돕기 위해 환율을 기초자산으로 하는 파생결합증권의 사례를 살펴보자.

[표 32] 환율을 기초자산으로 하는 파생결합증권의 예

구 분	내 용
기초자산	원/달러 환율
만기	1.5년

참여율	40%
녹아웃	① 투자기간 중 기초자산의 가격이 최초기준가격의 115%를 초과하여 상승한 적이 있는 경우 ② 투자기간 중 기초자산의 가격이 최초기준가격의 85% 미만으로 하락한 적이 있는 경우
리베이트	녹아웃 발생 시 원금 지급
원금보장 여부	원금보장
소기상환	없음

위의 파생결합증권은 원/달러 환율을 기초자산으로 하고 원금이 보장되므로 채권으로 발행되는 DLB로 분류된다. 수익은 원/달러 환율의 움직임에 따라 결정된다. 투자기간 중 환율이 최초기준환율의 85%에서 115% 이내에 있으면 만기일에 최초기준가격 대비 환율변동폭에 40%를 곱한 값이 수익률이 된다. 예를 들어 투자 시점의 환율(최초기준가격)이 1,000원이고 만기 시점까지 환율이 850원에서 1,150원 사이에서 거래되었고 만기일 환율이 1,100원이 되었다고 하자. 보유 기간 중의 환율이 녹아웃 조건에 해당되지 않으므로 최초기준환율 1,000원 대비 만기일의 환율변동폭 10%[(1,100-1,000)÷1,000]의 40%에 해당하는 참여율 4%가 만기 시에 지급받는 수익률이 된다. 반면 투자기간 중에 환율이 최초기준가격의 85%에서 115% 사이를 벗어나면 원금만 지급된다. 이러한 형태를 갖는 파생결합증권을 '녹아웃(Knock-out) 구조* 파생결합증권'이라고 한다.

* 기초자산의 가격이 일정한 범위 안에 있는 경우에는 참여율에 따라 수익을 지급하고 일정한 가격에 도달하게 되면 사전에 정해진 고정수익을 지급하는 구조

실물자산을 기초자산으로 하는 파생결합증권

실물자산을 기초자산으로 하는 파생결합증권에는 원유 가격, 귀금속 가격, 원자재 가격 등이 기초자산으로 사용된다. 기초자산으로 사용되는 실물자산이 주가, 환율처럼 일정한 거래소에서 거래되거나 표준화되기 어려운 경우에는 원자재 가격을 직접 사용하기보다 장내에서 거래되는 선물 가격을 기초자산으로 하거나 가격지수를 기초자산으로 사용하는 것이 일반적이다. 유가의 경우 선물 가격을 기초자산으로 사용하는데, 예를 들어 WTI(서부텍사스 중질유) 가격을 기초자산으로 하는 경우에는 뉴욕상업거래소(NYMEX : New York Mercantile Exchange)에서 거래되는 WTI 최근월물 선물 가격을 기초자산으로 한다. 귀금속인 금가격을 기초자산으로 사용하는 경우에는 런던금시장협회(LBMA : London Bullion Market Association)의 금가격지수를 기초자산으로 사용한다.

실물자산을 기초자산으로 하는 상품을 살펴보자.

[표 33] 실물자산을 기초자산으로 하는 파생결합증권의 예

구 분	내 용
기초자산	WTI 최근월물 선물 가격(WTI Crude Oil Futures)
만기	1년
참여율	60%
녹아웃	투자기간 중 기초자산의 가격이 최초기준가격의 120%를 초과하여 상승한 적이 있는 경우
리베이트	녹아웃 발생 시 원금＋2% 지급
원금보장 여부	원금보장
조기상환	없음. 만기상환

이 상품은 원유 가격을 기초자산으로 하는 파생결합증권으로, 원금이

보장되므로 DLB로 분류된다. 파생결합증권의 수익을 결정하는 기초자산은 WTI 최근월물 선물 가격이다. WTI선물은 뉴욕상업거래소에서 거래되는 선물로 서부텍사스 중질유를 기초자산으로 하는 선물이다. 원유 같은 상품 가격을 기초자산으로 하는 파생결합증권의 경우 표준화되어 있는 상품 가격을 얻기 어렵기 때문에 이처럼 장내에서 거래되는 상품선물 가격을 기초자산으로 한다.

신용위험을 기초자산으로 하는 파생결합증권

신용위험을 기초자산으로 하는 파생결합증권은 국가 또는 특정 기업의 신용사건을 기초자산으로 하는 상품으로, '신용연계 파생결합증권'이라고도 부른다. 신용사건은 일반적으로 지급불이행(Failure to Pay), 파산(Bankruptcy), 채무재조정(Restructuring)이 발생하는 경우로 정의된다. 이처럼 신용사건을 기초자산으로 하는 파생결합증권은 신용사건이 발생되는 경우, 신용사건에 따른 손실이 투자자에게 전가되는 구조다. 다음은 신용연계 파생결합증권 상품 구조 사례이다.

[표 34] 신용연계 파생결합증권의 기본 구조

구 분	내 용
기초자산	중국교통은행 신용사건
준거기업	중국교통은행(S&P 신용등급 A⁻)
만기	3개월
목표수익률	2.50%
신용사건	준거기업 또는 준거기업 지정채무에 대하여 파산, 지급불이행, 채무재조정이 발생한 경우
정산방법	신용사건 발생 시 현금정산
현금결제금액	액면가액 30%

앞의 신용연계 파생결합증권은 신용사건을 기초자산으로 하고 원금이 보장되지 않으므로 DLS*로 분류된다. 여기에서 소개한 신용연계 DLS는 가장 간단한 형태의 파생결합증권으로, S&P 신용등급 A⁻인 중국교통은행에 사전에 정의된 신용사건이 발생하지 않으면 3개월에 2.5%의 이자를 지불하는 반면, 신용사건이 발생하면 원금의 30%만 지급하는 파생결합증권이다.

> *신용사건을 기초자산으로 하는 DLS를 실무에서는 'CLN(Credit Linked Note)'이라고 부르기도 한다.

파생결합증권의 기초자산은 주가, 금리, 환율, 실물자산 가격, 신용사건 등이 단일 기초자산으로 사용되는 경우도 있고, 이들 기초자산이 복수 또는 그 이상으로 결합되어 사용되는 경우도 많다. 예를 들어 CD금리와 S&P지수가 동시에 기초자산으로 사용되거나, CD금리와 신용사건이 동시에 기초자산으로 사용되는 등 다양한 형태로 기초자산이 결합되어 발행되고 있다.

지수형, 종목형 주식연계 파생결합증권

파생결합증권으로 가장 많이 발행되고 있는 구조가 주가에 연계되어 수익이 결정되는 ELS와 ELB 구조다. 주식연계 파생결합증권의 기초자산으로 사용되는 주가는 지수형과 종목형으로 분류된다.

지수형은 KOSPI200, HSCEI, S&P500, EuroSTOXX50, Nikkei 225 같은 주가지수가 기초자산으로 사용되고, 종목형은 삼성전자, 현대자동차 같은 개별주식의 주가가 기초자산으로 사용된다.

개별종목의 주가 변동이 지수의 변동보다 크기 때문에 지수형 ELS가 종목형 ELS에 비해 안정성이 높다. 반면 기대수익률은 지수형 ELS에 비해 종목형 ELS가 높다.

지수형 ELS에서 사용되는 대표적인 지수는 다음과 같다.

KOSPI200(Korea Stock Price Index 200)

시장 대표성, 유동성, 업종 대표성 등을 고려해 한국거래소에 상장된 주식 중 200종목을 선정하여 1990년 1월 3일을 기준으로 시가총액방식으로 산정한 지수로, 주가지수 선물 및 옵션의 기초자산으로 사용된다.

HSCEI(Hang Seng China Enterprises Index)

홍콩주식시장의 메인보드(Main Board)에 상장되어 있는 H-Share(홍콩증시에 상장되어 있는 중국 기업 주식) 가운데 HSC(Hang Seng Composite Index, 항생종합지수)에 포함되면서 시가총액이 크고 유동성이 높은 우량주 43개 종목을 대상으로 산출한 지수로, 홍콩증권거래소에서 거래되는 중국 내 대표 우량기업에 대한 지수이다.

S&P500(Standard & Poor's 500)

세계 3대 신용평가기관 중 하나인 미국의 스탠더드 앤 푸어스가 기업 규모, 유동성, 산업 대표성을 감안하여 선정한 보통주 500종목을 대상으로 작성해서 발표하는 주가지수이다. 미국의 대표적인 주가지수이다.

EuroSTOXX50

독일, 네덜란드, 프랑스 등 유럽 12개국에 상장된 기업 가운데 50개의 우량기업을 선정하여 만든 지수이다.

Nikkei225

일본의 경제신문사인 니혼케이자이신문(日本經濟新聞)이 도쿄증권거래소 1부 시장에 상장된 주식 가운데 대표적인 225개 종목의 시장가격을 평균한 주가지수이다.

종목형에는 삼성전자, KT, 현대자동차 등 다양한 개별주식의 주식 가격이 사용되고 있다. 최근에서 단일 종목의 주가가 아니고 2~3종목의 주가 또는 주가지수와 개별종목의 가격이 함께 사용되고 있고, 그 형태가 지속적으로 다양해지고 있다.

상품 구조에 따른 녹아웃형과 스텝다운형

파생결합증권은 기초자산이 다양화되는 동시에 상품 구조도 다양해지고 있는데, 녹아웃형, 스텝다운(Step-down)형, 오토콜(Auto-Call)형이 가장 기본적이며 대표적인 파생결합증권의 구조다. 이 같은 형태의 파생결합증권이 가장 많이 발행되는 증권이기는 하지만 실제로 발행될 때에는 수익률 제고 등을 위해 구조에 다소 변화를 주어 발행되기도 하는데, 불스프레드(Bull-Spread)형, 디지털(Digital)형, 양방향 녹아웃형, 리버스(Reverse) 컨버터블형 등의 파생결합증권이 그것이다. 여기서는 파생결합증권의 대표적인 구조인 녹아웃형, 스텝다운형, 오토콜형 구조를 살펴보도록 하자.

녹아웃형

녹아웃형(일명 원터치형)은 기초자산의 가격이 일정한 구간(Range) 안에 있는 경우에는 참여율에 따라 수익을 지급하고, 일정한 가격(Barrier)에 도달하게 되면 사전에 정해진 고정수익을 받는 구조다. 주가 상승 시 유리한 콜녹아웃(Call Knock-out) 구조와 주가 하락 시 유리한 풋녹아웃(Put Knock-out) 구조가 있다. 다음의 구조를 가진 상품을 살펴보자.

[표 35] 녹아웃 ELB 기본 구조의 예

구 분	내 용
발행기관	여의도투자증권
기초자산	KOSPI200지수
만기	1년
참여율	80%
녹아웃	투자기간 중 KOSPI200지수가 장중 포함하여 최초기준가격 대비 120%를 초과하여 상승한 적이 있는 경우
리베이트	녹아웃 발생 시 원금＋2% 지급
원금보장 여부	원금보장
조기상환	없음. 만기상환

구조가 다소 생소해 보이겠지만 실제로 어려운 구조는 아니다. 위의 상품은 여의도투자증권(가칭)이 발행한 파생결합증권이다. 기초자산은 주가지수이고 원금이 보장되는 형태이므로 ELB로 분류된다.

수익이 결정되는 구조를 보면 만기 시점의 KOSPI200지수가 투자 시점 대비 100~120%의 구간에 있는 경우에는 KOSPI200지수 상승률에 80%를 곱한 값(참여율)이 수익률이 된다. 반면 만기 이전에 KOSPI200지수가 투자 시점 대비 120% 이상, 즉 KOSPI200지수가 20% 이상 상승한 경우에는 녹아웃이 발생하게 되어 리베이트 수익률인 2%만 지급받게 되는 구조다. 만기 시점 지수가 투자 시점 대비 하락하더라도 원금은 상환되는 원금보장형이다.

이를 요약하면 KOPSI200지수가 투자 시점 대비 100~120%의 구간에 있으면 지수 상승율의 80%를, 한 번이라도 120%를 넘어서면 2%의 고정 수익을 지급한다는 것이다. 결국 투자자가 받게 되는 수익률은 최소 0%에서 최대 16%가 된다. 만기일 기초자산의 가격에 따른 수익률을 그래프로 나타내면 다음과 같다.

[그림 16] 녹아웃 기초자산 가격에 따른 수익률

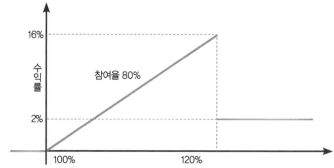

한편 녹아웃 구조는 원금이 보장되는 유형도 있지만 참여율이나 리베이트 수익률을 높이기 위해 원금이 보장되지 않는 형태로도 발행된다.

스텝다운형

스텝다운형은 기초자산의 가격이 일정한 조건을 충족하면 만기 이전에 조기상환되면서 사전에 약속된 수익이 지급되고, 기초자산 가격이 일정조건을 충족하지 않으면 조기상환하지 않고, 만기 시 만기상환조건에 따라 일정한 수익이 지급되는 조건이다. 스텝다운형은 대부분 기초자산이 녹인(Knock-in) 구간에 진입하면 원금에 손실이 발생하는 구조, 즉 원금이 보장되지 않는 구조다. 스텝다운형 파생결합증권에 대해 이해하기 위해 다음의 상품을 살펴보자.

[표 36] 스텝다운 ELS 기본 구조의 예

구 분	내 용
발행기관	여의도투자증권
기초자산	HSCEI지수
만기/조기상환	3년. 매 6개월마다 자동 조기상환 기회 부여
스텝다운 조건	90-90-85-85-80-80 / 50 녹인
조기상환 조건	① 1차, 2차 조기상환 평가일에 기초자산의 가격이 최초기준가격의 90% 이상인 경우 ② 3차, 4차 조기상환 평가일에 기초자산의 가격이 최초기준가격의 85% 이상인 경우 ③ 5차 조기상환 평가일에 기초자산의 가격이 최초기준가격의 80% 이상인 경우
조기상환수익률	5%
만기상환 조건	① 기초자산의 가격이 최초기준가격의 80% 이상인 경우 ② ①에 해당하지 않고, 투자기간 중 종가기준으로 최초기준가격의 50% 미만으로 하락한 적이 없는 경우 ③ ①에 해당하지 않고, 투자기간 중 종가기준으로 최초기준가격의 50% 미만으로 하락한 적이 있는 경우

만기상환수익률	① 해당 시 : 5%
	② 충족 시 : 5%
	③ 충족 시 : −20 ~ −100%
	(만기 가격 − 최초기준가격) / 최초기준가격
원금보장 여부	원금 비보장

이 상품은 여의도투자증권이 발행한 파생결합증권이다. 기초자산이 홍콩의 주가지수인 HSCEI이고, 원금이 보장되지 않으므로 ELS로 분류된다. 수익 구조를 살펴보면 기초자산인 HSCEI지수가 투자 이후 6개월, 12개월 시점에 최초가격 대비 90% 이상인 경우에는 조기상환되며, 조기상환수익률로 5%에 해당하는 이자를 지급받게 된다. 시간 경과에 따라 90%이던 조기상환 기준은 3차(1년 6개월), 4차(2년)에는 85%로, 5차(2년 6개월)에는 80%로 낮아지게 된다. 이처럼 조기상환 기준이 시간이 흐름에 따라 낮아진다고 해서 스텝다운형이라는 명칭을 얻게 되었다.

만약 만기까지 조기상환이 이루어지지 않으면 만기 시점의 종가와 녹인(Knock-in) 여부에 따라 수익률이 결정(만기상환 조건에 표시)된다. 만기 시 기초자산 가격이 최초기준가격 대비 80% 이상인 경우, 또 이 조건을 충족시키지 못하더라도 기초자산 가격이 종가 기준으로 투자기간 중 50% 미만으로 하락한 적이 없는 경우에는 사전에 약속된 5%의 수익이 발생한다. 후자의 경우를 '더미(Dummy) 수익' 또는 '보너스 수익'이라고 한다. 원금손실은 만기일의 기초자산 가격이 최초기준가격의 80% 미만이고, 투자기간 중 기초자산 가격이 50% 미만으로 하락한 경우에는 녹인(Knock-in) 구간에 진입하게 되어, 기초자산 가격이 하락한 만큼 손실을 입게 된다. 이를 그래프로 나타내면 다음과 같다.

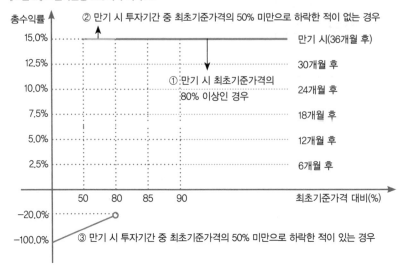

[그림 17] 스텝다운형 ELS의 수익 구조

오토콜형

오토콜형은 가장 간단한 형태의 파생결합증권으로, 일명 '하이파이브 (high-five)형'이라고 불린다. 기본적인 형태는 스텝다운 구조처럼 조기 상환 조건이 있지만, 스텝다운 조건이 없고, 원금이 보장되는 구조가 일반적이다. 원금이 보장되는 대신 기준가격이 만기까지 일정하다.

[표 37] 오토콜 기본 구조의 예

구 분	내 용
발행회사	여의도투자증권
기초자산	KOSPI200지수
만기/조기상환	3년. 매 6개월마다 자동 조기상환 가능
조기상환 조건	자동 상환 평가일에 기초자산의 가격이 최초기준가격의 100% 이상인 경우에 지급
조기상환수익률	4.0%

만기상환 조건	① 기초자산의 만기 가격이 최초기준가격의 100% 이상인 경우
	② ①에 해당하지 않고, 투자기간 중 종가기준으로 최초기준가격의 80% 미만으로 하락한 적이 없는 경우
	③ ①에 해당하지 않고, 투자기간 중 종가기준으로 최초기준가격의 80% 미만으로 하락한 적이 있는 경우
만기상환수익률	① 충족 시 : 4.0%
	② 충족 시 : 4.0%
	③ 충족 시 : 0%(원금상환)
원금보장 여부	원금보장

상품 구조를 보면 여의도투자증권이 발행한 파생결합증권이다. 기초자산이 주가지수인 KOSPI200이고 원금이 보장되는 구조이므로 채권인 ELB로 분류된다. 수익 구조를 보면 만기인 3년 동안 6개월 단위로 조기상환 여부를 평가하며, 평가기준일 기초자산인 KOSPI200지수가 최초기준가격 이상인 경우에는 조기상환된다. 조기상환 시에는 조기상환수익률인 연 4%의 수익이 원금과 함께 지급된다. 만기까지 주식시장이 상승하지 않아서 조기상환되지 않는 경우에는 만기상환조건에 따라 수익이 결정된다. 만기 시점까지도 KOSPI200지수가 최초기준가격을 넘지 못하더라도 투자기간 중에 종가기준으로 KOSPI200지수가 최초기준가격 기준으로 80% 미만으로 하락한 적이 없는 경우에는 연 4%의 수익이 지급된다. 반면 만기 시점까지도 KOSPI200지수가 최초기준가격을 넘지 못하고 투자기간 중에 종가기준으로 KOSPI200지수가 최초기준가격 기준으로 80% 미만으로 하락한 적이 있는 경우에는 원금만 상환된다. 오토콜형의 수익 구조를 그래프로 나타내면 다음과 같다.

[그림 18] 오토콜형 수익 구조

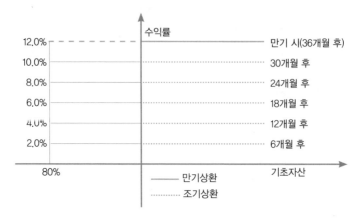

오토콜형은 주식시장의 횡보장세가 예상되는 경우 채권 투자와 같은 효과를 얻을 수 있는 구조로, 수익이 높지 않으나 주가가 하락하지 않거나 만기 시까지 80% 미만으로 하락한 경우만 없으면 채권처럼 확정된 수익을 얻을 수 있다는 장점이 있다.

미래의 현금흐름을 기반으로 하는 자산유동화증권

기업은 자금 조달을 위해 채권을 발행하고 원리금상환 의무를 지는 것이 채권의 일반적인 형태다. 그런데 금융기법이 발전하면서 실체가 없는 특수목적회사(SPC : Special Purpose Company)가 미래현금흐름을 기반으로 발행하는 채권이 등장했다. 이처럼 달랑 종이 한장에 불과한 회사(paper company)가 발행한 채권이 '자산유동화증권'이다.

자산유동화증권은 금융기관과 일반기업의 자금 조달을 원활하게 하고 장기적인 주택자금의 안정적 공급을 위해 1998년 '자산유동화에 관한 법률'이 제정되면서 채권시장에 등장했다. 여기서는 실체가 보이지 않는 자산유동화증권의 실체를 눈으로 확인해보도록 하자.

자산유동화증권의 원리금상환 방식

자산유동화증권은 유동화자산을 기초로 자산유동화 계획에 의해 발행되는 출자증권, 사채, 수익증권, 기업어음, 기타의 증권 또는 증서를 말한다. 자산유동화증권은 금융기관 또는 기업이 보유하고 있는 자산을 표준화하고, 특정 조건으로 집합(pooling)하여 이를 바탕으로 증권을 발행하고, 집합된 자산으로부터 발생되는 현금흐름을 통해 상환하는 증권이다.

자산유동화증권은 해당 증권의 원리금상환이 유동화자산의 보유자로부터 완전하게 분리된, 즉 진성매각(True sale)*된 유동화자산에서 발생되는 현금흐름을 통해 상환이 이루어진다. 예를 들어 A기업이 삼성전자에 물품을 납품하고 대금 받을 권리를 유동화하는 경우, 이를 통해서 만들어진 자산유동화증권은 A기업의 신용과는 상관없이 삼성전자의 대금 지급에 의해서 상환되도록 해야 한다. 이를 위해서 A기업이 가지고 있는 삼성전자에 대한 대금청구권은 A기업에서 완전히 분리되어야 한다.

> *유동화자산이 법적 · 경제적으로 완전하게 원소유자에게서 분리되어 매각된 상태.

ABS라고 불리는 자산유동화증권은 초기에는 은행들이 보유하고 있는 부실채권(NPL : Non Performing Loan)을 처리하기 위해 도입되었다. 은행은 연체 상태에 있는 부실채권을 자산건전성을 위해 매각하고자 하는 경우 개별 채권을 매각하는 것이 현실적으로 어렵기 때문에 NPL을 일정한 기준으로 집단화하여 ABS로 만들어서 매각하였다. 이 과정에서 ABS를 원활하게 매각하기 위하여 해당 은행은 신용보강 작업을 하게 되는데, 이 작업을 통해 AAA~A 등급의 선순위채와 B급의 후순위채로 다양한 등급의 ABS를 발행한다. 이러한 ABS를 'NPL ABS'라고 하는데, 과거에는 활발하게 발행되었으나 은행의 건전성 규제가 강화되면서 최근에는 이러한 형태의 ABS는 잘 발행되지 않고 있다. NPL ABS 발행 시 은행이 신용을 보강하거나 후순위채를 매입하면 유동화자산의 진성매각으로 보지 않기 때문이다.

하지만 카드회사 매출채권을 담보로 하는 ABS와 부동산 PF를 기초자산으로 하는 ABS가 발행되면서 ABS시장이 급속도로 커졌다.

자산유동화증권의 다양한 명칭

자산유동화증권은 법적인 성격이나 기초자산이 무엇인가에 따라 다른 명칭으로도 불린다.

발행 형태에 따라 채권으로 발행되면 'ABS(또는 ABS사채)', 기업어음으로 발행되면 'ABCP(Asset Backed Commercial Paper, 자산유동화기업어음)'라고 부른다.

기초자산의 종류에 따라 분류하면 기초자산이 주택저당채권인 경우에는 'MBS(Mortgage Backed Securities)', 기초자산이 채권인 경우에는 'CBO(Collateralized Bond Obligation)', 기초자산이 대출채권인 경우에는 'CLO(Collateralized loan Obligation)', 기초자산이 신용카드매출채권인 경우에는 'CARD(Certificates of Amortizing Revolving Debts)', 자동차할부채권인 경우에는 'Auto-Loan ABS'라고 부르는데, 이외에도 다양한 명칭으로 구분된다.

자산유동화증권을 구성하는 요소

자산유동화증권을 구성하는 3가지 요소는 '유동화자산(Securitized Assets)', '유동화기구(Securitization Vehicle)', '유동화증권(Securites)'이다.

• 유동화자산

유동화자산은 현금흐름을 통해 유동화가 가능한 자산이다. 자산유동화의 대상이 되는 자산은 채권, 부동산, 기타의 재산권 등 다양한 형태의 자산이 포함된다. 주택담보부대출채권, 학자금대출채권, 부동산PF대출, 부동산담보부대출, 대출채권, 신용카드매출채권, 자동차할부채권, 회사채, 주식, 기업매출채권, 리스채권, 운임료채권, 예금반환채권, 신용파생상품거래 등 다양한 자산이 유동화의 대상이 된다. 즉 유동화할 수 있는 모든 자산이 대상이 될 수 있기 때문에 유동화시킬 수 있는 자산을 찾아내는 것이 자산유동화의 출발점이다.

• 유동화기구

유동화기구는 자산유동화증권에서 중요한 역할을 한다. 일반적인 채권은 발행기관 또는 보증기관의 원리금상환 능력을 기초로 채권이 발행된다. 반면 자산유동화증권은 자산 보유자의 신용이 아닌 유동화자산의 현금흐름을 기초로 채권이 발행된다. 이처럼 자산 유동화증권의 원리금상환이 자산 보유자의 신용과는 별개로 유동화자산의 현금흐름에 의해서만 이루어지도록 하기 위해서는 유동화기구가 필요하다.

유동화기구는 유동화자산을 보유한 자로부터 유동화자산을 양도 또는 신탁받아 이를 기초로 자산유동화증권을 발행하는 역할을 하며, 자산 보유자와 유동화자산의 법률적 관계를 분리해준다. 유동화기구에는 서류상의 회사인 유동화전문유한회사*, 신탁회사 등이 있다.

* 우리나라에서는 '자산유동화에 관한 법률'에서 유동화전문회사를 유한회사로 설립하도록 하고 있다.

• 유동화증권

유동화증권은 유동화자산을 기초로 하여 발행되는 주식, 채권, 수익증권, 기타의 증권 또는 증서를 말한다. 유동화전문유한회사는 주식, 채권 형태로 유동화증권을 발행하고, 신탁회사는 수익증권 형태로 유동화증권을 발행한다.

자산유동화증권의 발행 구조

자산유동화증권 발행과 관련해서는 자산관리자, 수탁기관, 신용평가 회사 및 주관회사의 역할이 중요하다. 또한 자산유동화증권 발행에 따른 여러 가지 복잡한 법률문제와 기초자산에 대한 평가를 위해 법률회사 및 회계법인도 자산유동화증권 발행 과정에 참여한다.

자산관리자는 자산유동화기구를 대신하여 기초자산을 실질적으로 관리하고, 채권 추심 또는 채무자 관리 등의 업무를 수행한다. 일반적으로 기초자산의 내용을 잘 파악하고 있는 자산 보유자 및 신용정보업자 등이 자산관리자의 역할을 수행한다.

수탁기관은 기초자산을 안전하게 보관하는 한편 자산유동화기구를 대신하여 원리금상환 업무 및 담보권 행사 등 세부적인 업무를 수행한다. 수탁기관은 자산유동화기구와 관련된 현금흐름을 관리하고 투자자의 이익을 최종적으로 보호해주는 역할을 하기 때문에 일반적으로 은행, 금융투자회사 등이 담당한다.

신용평가회사는 기초자산의 현금흐름을 기초로 기대손실 및 신용보강 등을 고려하여 자산유동화증권의 신용도를 객관적으로 평가한다. 이를 통해 자산유동화증권의 신용도를 투자자들이 이해할 수 있는 신용등급으로 나타내주어 자산유동화증권이 유가증권시장에서 원활하게 거래될 수 있게 해준다.

주관회사는 자산유동화증권 발행에 관련된 각 기관들의 의견을 조율하고 유동화증권의 인수 및 수요 기관에 대한 판매를 담당한다.

자산유동화증권 발행에 따른 이점

자산유동화증권을 발행하여 얻을 수 있는 이점은 크게 2가지다.

첫째, 발행자의 신용과 상관없이 자금 조달이 가능하다. 자산유동화증권은 기초자산을 보유하고 있는 자산 보유자의 신용도와는 별도로 자산의 특성, 현금흐름 및 신용보강 방식에 따라 새로운 신용도를 가진 증권을 발행할 수 있다. 일반적으로 현금흐름 및 신용보강 방식을 통해 자산유동화증권의 신용등급은 자산 보유자의 신용등급보다 높은 등급이 적용된다. 이에 따라 자산보유자는 자산유동화를 통해 자신의 신용도로 자금을 조달하는 경우보다 낮은 비용으로 자금을 조달할 수 있다.

둘째, 금융기관 및 기업의 경우 자산유동화를 통해 자산 보유자의 재무

구조를 개선시킬 수 있다. 금융기관의 경우 보유하고 있는 위험자산을 유동화시켜 자산을 매각하는 것과 같이 장부에서 제거함에 따라 자본건전성(BIS비율 등)을 제고할 수 있다. 기업의 경우에는 자산유동화증권을 발행하여 부채비율을 높이지 않고도 자금을 조달할 수 있다. 이는 부채가 아닌 보유자산의 유동화를 통해 자금 조달을 할 수 있기 때문이다. 또한 조달된 자금으로 부채를 상환할 경우에는 부채비율을 개선시킬 수 있다.

예를 들어 부채비율이 200%인 A기업이 있다고 하자. A기업의 간단한 재무상태는 다음의 그림 '현재' 부분에 나타나 있다. A기업은 현금이 50억 원, 매출채권이 100억 원으로 자산 규모가 150억 원이고, 차입금이 100억 원, 자본금이 50억 원이다. 부채비율을 계산하면 200%(100÷50)가 된다. A기업이 부채비율을 늘리지 않고 자금을 조달하고자 할 때 이용할 수 있는 것이 바로 자산유동화다.

이를 위해 A기업은 보유하고 있는 매출채권(거래처에서 받아야 하는 물품대금) 중 절반인 50억 원을 자산유동화회사에 매각하고 이를 기초자산으로 자산유동화증권을 발행하여 50억 원을 조달하면 된다. 이러한 자산유동화 과정을 통해 A기업은 매출채권은 50억 원이 줄어든 반면 현금은 50억 원이 늘어나게 된다. 하지만 차입금과 자기자본에는 변화가 없어 50억 원을 조달하면서 부채비율은 여전히 200%를 유지하고 있다. 이는 그림의 '자산유동화' 부분에 나타나 있다. 만약 조달한 자금으로 A기업이 부채를 상환한다면 부채비율은 기존의 200%에서 100%로 크게 개선될 수 있다. 이는 그림 '차입금상환'에 나타나 있다.

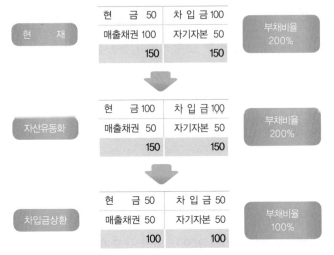

[그림 19] 자산유동화에 따른 재무구조 개선

현 재	현 금 50	차 입 금 100	부채비율 200%
	매출채권 100	자기자본 50	
	150	150	

자산유동화	현 금 100	차 입 금 100	부채비율 200%
	매출채권 50	자기자본 50	
	150	150	

차입금상환	현 금 50	차 입 금 50	부채비율 100%
	매출채권 50	자기자본 50	
	100	100	

(단위 : 억 원)

　　투자자 입장에서는 자산유동화증권을 통해 신용도 대비 상대적으로 높은 수익을 얻을 수 있는 투자 기회를 가지게 된다. 이는 자산유동화증권의 상품 구조가 복잡하고 일반 채권에 비해 유동성이 낮아 유동성프리미엄이 발생함으로 인해 동일한 신용등급의 채권에 비해 상대적으로 높은 수익률로 거래되기 때문이다.

자산유동화에 따른 리스크 점검은 필수!

　　일반적인 채권은 원리금상환을 채권 발행회사가 책임지기 때문에 투자를 하기에 앞서 발행회사의 신용을 분석하는 것이 가장 중요하다.

하지만 자산유동화증권은 발행회사의 신용도가 아니고 유동화된 자산으로부터 나오는 현금흐름을 통해 이자가 지급되고 원금이 상환되기 때문에 유동화된 자산의 내용과 현금흐름을 파악하는 것이 중요하다. 이에 따라 자산유동화증권은 일반 채권에 비해 다른 유형의 위험이 존재한다.

자산유동화증권의 가장 큰 위험은 유동화된 자산의 가치저하위험이다. 자산유동화증권은 일반적으로 다수의 채무자에 의해 구성된 유동화자산에서 발생하는 현금흐름으로 유동화증권의 원리금을 상환한다. 그런데 일부 유동화자산의 현금흐름에서 연체 및 대손이 발생할 수 있다.

앞서 예를 들었던 A기업이 50억 원의 매출채권을 유동화시킬 때 이 매출채권은 여러 거래처에 대한 매출채권으로 구성되어 있을 것이다. 이들 거래처가 지금은 양호한 거래처라 하더라도 향후에 물품대금을 연체하거나 최악의 경우에는 부도가 날 수도 있을 것이다. 유동화채권을 발행할 때에는 이런 점들을 고려하여 신용평가를 하고 발행하지만 이는 과거의 데이터를 근거로 평가한 것이기 때문에 미래에는 변화가 생길 수 있다. 그러니 유동화증권을 발행한 후 연체 및 대손이 예상보다 높게 발생되는 경우, 원리금상환에 차질을 빚을 수 있다는 점을 명심해야 한다.

따라서 이러한 위험이 후순위채, 준비금계정, 신용보강 등의 장치를 통해 어느 정도 통제되었는지 사전에 점검해야 한다. 이와 더불어 향후 현금흐름에 대한 불확실성을 구조적으로 보강하였다 하더라도 현금흐름의 시간상의 불일치에 따른 위험도 고려해야 한다.

자산유동화증권의 핵심은 자산 보유자의 신용과 유동화자산의 신용을 분리시킨다는 데 있다. 여기서 발생되는 이슈가 진성매각이다. 이는 자산을 유동화시키는 과정에서 유동화자산이 법적으로나 경제적으로 자산 보유자와 완전하게 절연(분리)되어야 하기 때문이다. 구조적으로 진성매각되지 않은 자산으로 구성된 자산유동화증권은 자산 보유자에게 부도 등의 신용사건이 발생할 경우 원리금상환에 문제가 생길 수 있다.

이밖에 유동화자산이 다른 자산과 분리되지 않고 관리되는 혼장위험(Commingling Risk)*등에 주의해야 한다.

* 자산유동화증권을 발행하는 특수목적회사는 유동화자산의 관리업무를 자산관리자에게 위탁하는데, 이 과정에서 유동화자산에서 발생되는 현금흐름과 자산관리자가 보유하고 있는 자산에서 발생되는 현금흐름이 명확하게 구분되지 않는 위험을 의미한다.

주식의 영역으로 들어간
채권,
신종자본증권

주식연계채권은 채권을 주식으로 전환할 수 있는 권리가 부여된 채권인 반면, 신종자본증권*은 채권의 성격과 주식의 성격을 동시에 가지고 있는 증권이다. 이러한 특성 때문에 자본으로 인정되고 일정한 조건이 충족되면 강제적으로 주식으로 전환되거나 상각된다. 주식연계채권이 주식으로 전환되기 전에는 채권, 전환 후에는 주식이 되는 반면, 신종자본증권은 주식과 채권의 중간적인 성격을 갖는다. 이러한 신종자본증권은 대부분 금융기관이 자본적정성을 유지하기 위해 발행한다.

> * 여기서는 '하이브리드증권'이라고 불리는 신종자본증권, '코코본드'라고 불리는 조건부자본증권을 함께 포함해서 '신종자본증권'이라고 표현함.

자본적정성 유지를 위해 발행

금융기관은 영업을 하기 위해 금융감독당국으로부터 일정 수준의 자본적정성을 요구받는다. 자본적정성은 금융회사에 예상하지 못한 손실이 발생하더라도 정상적인 영업을 할 수 있도록 자기자본을 일정 수준 이상으로 유지하도록 하는 제도다. 자본적정성을 측정하는 지표로 은행은 국제결제은행(BIS : Bank for International Settlement) 기준의 자기자본비율(일명 BIS비율)을 이용하고, 보험사는 지급여력비율(RBC : Risk Based Capital)을, 증권회사는 영업용순자본비율(NCR : Net Capital Ratio)을 이용한다.

금융감독당국이 금융기관에 요구하는 자본적정성을 유지하기 위해 금융기관은 유상증자를 통한 자본 확충과 더불어 신종자본증권 발행을 통한 자본적정성 개선을 주로 이용한다.

금융기관은 자본적정성을 유지하게 위해 후순위채권과 신종자본증권을 발행하는데, 신종자본증권은 '신종자본증권(하이브리드증권, Hybrid Security)', '조건부자본증권(코코본드, Contingent Convertible Bond)'으로 분류된다. 후순위채권은 회사 청산 시 일반 채권 또는 선순위채권보다 늦게 상환되는 채권이다. 신종자본증권은 상환 순서는 후순위채권보다 늦으며 보통주보다는 빠른 자본의 성격이 강한 증권이다. 조건부자본증권은 일정 요건이 충족되면 자본으로 전환되거나 전액 상각되는 증권이다.

후순위채권과 신종자본증권의 구분

후순위채권과 신종자본증권을 구분하는 기준은 자본성의 유무에 있다. 자본성의 유무는 '후순위성', '만기의 영구성', '이자 지급의 임의성' 유무에 따라 구분된다. 즉 3가지 조건이 충족되면 자본의 성격이 있다고 본다.

후순위성은 일반 채권보다 후순위인 경우에는 후순위채권으로, 후순위채권보다 후순위인 경우에는 신종자본증권으로 구분하며, 발행 조건에 후순위성이 명시되어 있으면 후순위성을 충족하는 것으로 본다.

만기의 영구성은 만기가 영구적인 경우 영구성을 충족하는 것으로 판단하고, 중도에 금리를 높여주는 스텝업(Step-up) 조건이 있거나 투자자에게 풋옵션이 있으면 영구성을 충족하지 못하는 것으로 본다. 다만 만기가 30년 이상이고 동일한 조건으로 만기 연장이 가능한 경우에는 현실적으로 만기의 영구성을 충족하는 것으로 본다.

이자 지급의 임의성은 발행자가 채권 이자를 지급할 수도 있고 지급하지 않을 수도 있는 권리의 유무를 말한다. 이자를 지급하지 않고 있다가 다음에 이자를 지급할 때 소급해서 이전의 이자까지 지급하는 누적적 이자 지급 조건이 있는 경우에는 이자 지급의 임의성을 충족하지 못하는 것으로 본다. 즉 이자 지급의 유예 가능성이 명시되어 있고, 비누적적 이자 지급인 경우 이자 지급 임의성의 조건을 충족하는 것으로 본다.

이와 같은 3가지의 조건을 상당 부분 충족시키면 신종자본증권으로 분류된다.

후순위채권과 신종자본증권을 분류하는 이유는 금융당국이 요구하는 적정 수준의 자기자본을 산출할 때 신종자본증권은 기본자본*으로, 후순위채권은 보완자본*으로 분류되기 때문이다. 또한 신종자본증권으로 분류된다는 것은 회계 처리 시 자본으로 처리할 수 있다는 의미이기도 하다.

* 기본자본은 보통주자본금, 자본잉여금, 이익잉여금 등으로 구성되는 보통주자본과 신종자본증권으로 구성되는 기타 기본자본으로 나뉜다.

* 기본자본은 아니지만 자기자본에 포함될 수 있다고 인정되는 항목.

조건부자본증권

*국제결제은행 산하 바젤은행 감독위원회가 2008년 글로벌 금융위기를 계기로 대형은행의 자본 확충 기준을 강화하여 위기 시에도 손실을 흡수할 수 있도록 2010년에 내놓은 새로운 국제은행 자본규제 기준. 기존의 은행 자본규제였던 바젤2를 대폭 강화한 것으로, 2013년 12월부터 국내 은행에 도입되었다.

2013년 12월부터 바젤3*이 국내에 도입되면서 금융기관이 이전에 발행했던 후순위채권과 신종자본증권 형태의 채권은 조건부 자본요건을 충족하는 경우에 한해 기본자본 또는 보완자본으로 인정된다. 이후 발행되는 후순위채권과 신종자본증권도 조건부 자본요건을 충족해야 기본자본 또는 보완자본으로 인정된다.

'조건부 자본요건'이란, 일정 요건이 충족되면 해당 증권을 상각하거나 보통주로 전환하고, 이 과정에서 이해관계자의 사전 승인, 사전 동의 또는 반대급부 제공 등 제약 조건이 없어야 한다는 것이다. 일정 요건은 경영개선명령조치가 부과되거나 부실금융기관으로 지정되는 경우이다.

조건부자본증권은 발행 조건에 따라 후순위형 조건부자본증권과 신종자본증권형 자본증권으로 나뉘며, 상각 방법에 따라 전액 상각되는 상각형과 보통주로 전환이 되는 전환형으로 구분된다. 조건부자본증권에 대한 이해를 돕기 위해 바젤3 도입 후 발행된 신종자본증권의 발행 내용을 살펴보자.

[표 38] 조건부신종자본증권 구분

항 목	신종자본증권형 자본증권(상각형)	후순위형 조건부자본증권(상각형)
발행기관	JB금융지주	부산은행
발행금리	6.40%	3.564%
만기	30년(만기연장가능)	10년(만기연장불가)

	만기일에 양질 또는 동질의 자본으로 대체되거나 상환 후에도 관련 규정에서	
만기상환	정하는 비율을 상회하는 경우 미리 금 융감독원장의 승인을 얻으면 일시상환 가능	만기일에 일시상환
중도상환	발행회사 선택에 의해 5년 이후 만기상 환과 동일한 조건 충족하는 경우 가능	중도상환 허용 안 됨
사채의 순위	선순위, 후순위 채권보다 후순위. 보통 주보다 선순위	선순위 채권보다 후순위
상각 사유	부실금융기관 지정 시	부실금융기관 지정 시
이자 지급 정지	일정 조건(경영개선권고, 발행회사 재 량 등)에 의해 가능	임의로 정지 또는 취소 안 됨
신용등급	A⁺¹⁾	AA⁰²⁾

1) JB금융지주의 선순위채권 신용등급은 AA⁺
2) 부산은행의 선순위채권 신용등급은 AAA

신종자본증권은 발행자 입장에서는 유상증자의 방법을 통하지 않고도 자기자본을 확충할 수 있는 방법이다. 반면 투자자 입장에서는 일정한 조건이 충족되면 원금이 상각되거나 주식으로 전환되는 위험이 있어 일반 채권에 비해 높은 수준의 금리를 요구하게 된다. 이에 따라 신종자본증권형 조건부자본증권은 만기 연장 가능성도 있고 일정한 조건(경영개선권고 등)이 충족되는 경우 이자 지급도 정지할 수 있어 높은 금리에 발행되고 있다. 일반적으로 조건부자본증권은 은행과 같은 금융기관이 발행하므로 일반 기업에 비해 상대적으로 신용위험이 적다는 점을 고려하면 투자자에게 높은 수익을 제공해주는 투자수단이 된다. 하지만 IMF 당시 일부 은행들이 퇴출된 점을 고려한다면 은행의 자본건전성과 금융시장 환경을 고려해 투자 판단을 해야 할 것이다.

채권 및
금리 관련
파생상품

START

채권시장의
타임머신,
금리선물

주식, 채권 같은 유가증권이나 자동차, 식품 같은 상품을 거래할 때 우리는 일반적으로 2가지 방식으로 거래를 한다. 한 가지 방식은 현재 시점에서 거래를 하고 바로 거래를 종결하는 것이고, 다른 하나는 현재 시점에서는 미래의 일정 시점에 거래를 하기로 약속만 하고 실제 거래는 약속한 미래 시점에 하는 것이다. 현재 시점에 거래를 종결하는 것을 '현물거래'라고 하고, 미래 시점에 거래할 것을 약속하는 것을 '선물거래'라고 한다. 현물거래는 주변에서 늘 하고 있는 거래방식이다. 마트에 가서 물건을 사고 계산대에서 현금을 지불하는 것이 대표적인 현물거래라 할 수 있다. 반면 밭떼기는 일종의 선물거래라고 볼 수 있다. 밭떼기는 밭에서 나오는 미래의 농산물에 대해서 현재 시점에 매매계약을 체결하고 농작물을 수확할 때 거래가 종결되기 때문이다.

여기서는 채권시장에서 거래되고 있는 금리선물 상품에 대해 알아보도록 하자.

미래의 이자율이나 채권을 현재 시점에 사고팔다

채권시장에서도 현물거래와 선물거래가 동시에 이루어지고 있다. 현재 시점에서 3년 만기 채권을 매매하고 결제까지 하면 이는 현물거래이고, 1년 후에 3년 만기 채권을 매매하기로 현재 시점에 확정하면 이는 채권을 기초자산으로 하는 선물거래가 된다. 이처럼 채권 가격이나 이자율을 기초자산으로 하는 선물거래를 통칭해서 '금리선물(Interest rate futures)'이라고 부른다.

금리선물은 장·단기채권 또는 이자율을 기초자산으로 하는 선물거래를 의미한다. '이자율'의 경우 현물은 현재 시점에서 일정 기간 동안의 이자율을 의미하는 반면, 선물은 미래 일정 시점에서 일정 기간 동안의 이자율*을 의미한다. 예를 들어, 현재 시점에서 1년 만기 정기예금을 3%에 가입하면 3%는 현물수익률이 되고, 1년 후에 1년 만기 정기예금을 3%에 가입하기로 현재 시점에 계약을 하면 이 3%는 미래 금리, 즉 선도수익률이 된다.

> *미래 일정 시점에서 일정 기간 동안의 이자율을 '선도수익률'이라고 부른다.

금리선물은 기초자산에도 만기가 있다

이제 본격적으로 금리선물에 대해 알아보기로 하자.

금리선물은 주가지수선물, 통화선물과는 차이가 있다. 대부분의 선물 상품에는 선물에는 만기가 있지만 기초자산이 되는 현물에는 만기가 없다. 예를 들어 주가지수선물인 KOSPI200선물은 3개월 단위로 만기가 있지만 기초자산인 KOSPI200지수는 만기가 없다. 물론 한국거래소가 없어진다면 KOSPI200지수도 없어지겠지만 이것은 만기가 아니라 말 그대로 사라지는 것을 의미한다.

그런데 금리선물에는 선물뿐 아니라 기초자산이 되는 현물에도 만기가 있다. 예를 들어 3년 만기 국채를 기초자산으로 하는 선물의 경우에는 선물의 만기가 3개월마다 돌아오고, 기초자산인 3년 만기 국채도 3년이 지나면 만기가 된다.

금리선물은 1975년 10월 미국 시카고상품거래소(CBOT : Chicago Board of Trade)에서 미국 정부주택저당공사(GNMA : Government National Mortgage Association) 채권증서를 대상으로 처음 거래되기 시작했다. 이후 Euro-dollar선물, T-note선물, T-bond선물, T-bill선물이 상장되면서 거래가 활발하게 이루어지고 있다.

금리선물의 유용성

금리선물의 유용성은 다음과 같다.

첫째, 금리변동위험을 관리할 수 있는 도구를 제공한다. 채권을 보유하고 있는 투자자가 향후 금리가 상승하여 채권가격이 하락할 것이 염려되는 경우 채권을 매각할 수도 있지만, 금리선물을 이용하여 금리상승위험을 관리할 수 있다.

둘째, 금리선물을 이용해 방향성 투자, 차익거래 등 다양한 투자전략을 구사할 수 있다. 가령 어떤 투자자가 금리하락을 예상하고 채권을 매수하고자 하는 경우 채권 매수 대신 금리선물을 매수할 수 있다. 예상대로 금리가 하락하면 금리선물 매수를 통해 손쉽게 금리하락에 따른 차익을 누릴 수 있다. 또 현물과 선물 간의 가격 차이를 이용하여 차익거래를 할 수 있다.

셋째, 현물시장 활성화에 기여한다. 금리선물은 투자은행(IB : Investment Bank)이 발행시장에서 채권을 인수하는 경우, 금리변동에 따른 위험을 피할 수 있는 도구를 제공하여 인수기관이 적극적으로 발행시장에 참여할 수 있게 해준다. 또한 유통시장에서는 재고로 채권을 일부 보유하고 있는 딜러에게 채권 가격변동에 수반되는 위험과 불확실성을 제거하면서 일정 수준의 기대수익을 얻게 해주어 현물시장의 안정과 확대에 기여한다.

금리선물은 기초자산의 만기에 따라 기초자산의 만기가 1년 미만인 금리선물을 '단기금리선물'로, 만기가 1년 이상인 금리선물을 '장기금리선물'로 분류한다.

[표 39] 금리선물 구분

구 분	내 용
단기금리선물 (이자율선물)	기초자산의 만기가 1년 미만 이자율을 거래 대상으로 함 이자율로 거래(IMM지수방식) Euro-dollar선물, T-bill선물
장기금리선물 (채권선물)	기초자산의 만기가 1년 이상 채권가격을 거래 대상으로 함 채권가격으로 거래 국채선물, T-bond선물

이자율을 거래 대상으로 하는 단기금리선물

단기금리선물은 이자율 자체를 거래 대상으로 하기 때문에 '이자율 선물'이라고도 불린다. 이자율을 거래 대상으로 하고 있지만 거래 시에는 대부분 이자율을 지수의 형태로 만들어 거래한다. 이자율을 지수화하는 대표적인 방법은 IMM지수방식이다. IMM지수방식은 이자율(%)을 연율로 표시한 후 이를 100에서 차감한 값을 기준으로 거래하는 방식이다. 예를 들어 단기금리선물을 5%에 거래하고자 할 때 5%에 거래하는 것이 아니고 100에서 5를 뺀 95에 거래하는 것이다. 매수주문을 한다고 가정하면, 5%가 아니라 95에 매수주문을 넣고, 4%면 96, 3%면 97에 매수주문을 넣는 방식이다.

단기금리선물에서 IMM지수방식을 이용하는 이유는 금리선물 가격이 이자율의 간단한 함수로 표현됨과 동시에, 이자율이 하락할 때 가격이 상승하는 채권의 특성을 그대로 갖기 때문이다. 즉 채권 가격과 이자율은 반대 방향으로 움직이는데, 단기금리선물 가격도 이자율과 반대 방향으로 움직이는 IMM지수방식을 사용함으로써 이자율 움직임에 대한 채권 가격과 금리선물 가격의 움직이는 방향을 일치시켜주는 것이다. 이로써 단기금리선물시장과 채권시장에서 동시에 거래하는 투자자들이 혼란 없이 거래를 할 수 있게 해준다.

단기금리선물의 기준이 되는 기초자산은 여러 가지가 있지만 전 세계적으로 가장 많이 거래되는 상품은 Euro-dollar선물이다. 이 상품은 미국의 CME, 싱가포르의 SGX, 도쿄의 TIFFE 등의 거래소에서 거래되고 있다.

국내에서 단기금리선물은 1999년에 91일물 CD금리를 기초자산으로 하는 CD금리선물이 상장되었고, 2002년에는 364일물 통안증권금리를 기초자산으로 하는 통안증권금리선물이 상장되었다. 국내 금융시장에서는 단기금리선물 상장으로 다음과 같은 효과를 가져올 것으로 기대됐으나 상장 이후 거래량 부족으로 인해 현재는 상장폐지 되어 국내에서 거래되는 단기금리선물은 없는 실정이다.

첫째, 단기금융시장의 활성화다. 국내 단기금융시장은 콜(Call), 기업어음, 환매조건부채권(RP), 양도성예금증서(CD)로 구성되어 있으나 아직 시장의 투명성이 부족하여 성장세를 지속하기 어려운 측면이 있는데, CD금리선물 도입에 따라 단기금융시장의 선진화를 유도하는 효과가 있다.

둘째, 고금리 시대에 차입자는 단기변동금리로 차입하기를 원하고, 예금자는 장기고정금리를 선호하는 경향이 강하다. 반면에 저금리 시대에 차입자는 장기고정금리로 차입하기를 원하고, 예금자들은 단기변동금리를 선호하는 경향이 강하다. 이로 인해 은행은 고금리 시대에는 장기고금리 투자 수단이 부족하고, 저금리 시대에는 장기저금리 조달 수단이 부족하기 때문에 은행 고객들의 수요에 적극적으로 대응하지 못하는 경우가 많은데, CD선물을 활용할 경우 이러한 위험을 다소 해소할 수 있어 은행의 예대금리차 축소에 기여할 것으로 예상되었다.

셋째, 변동금리부채권의 활성화다. CD선물을 이용하면 91일 만기 CD 유통수익률을 기준으로 발행되는 변동금리부채권 거래와 관련된 위험관리가 가능하게 되므로 변동금리부채권시장의 수요기반이 확대될 것으로 기대되었다.

CD선물은 상장 이후 한때 일일 거래량이 13,000계약까지 증가했으나 1999년 9월에 3년 국채선물이 상장되면서 상대적으로 경쟁력이 떨어짐으로 인해 거래량이 큰 폭으로 감소했다. 2001년 이후에는 거래가 거의 이루어지지 않아 2007년 12월에 상장폐지 되어 CD금리선물 도입에 따른 기대 효과를 내지 못하였다.

2002년 상장된 통안증권금리선물도 거래량 부족으로 인해 2011년 2월 상장폐지 된 상태다.

채권 가격을 기초자산으로 하는 장기금리선물

장기금리선물은 채권 가격을 기초자산으로 하고 있어 '채권선물'이라고도 불린다. 단기금리선물을 거래할 때는 IMM지수방식을 이용해 거래하는 반면, 채권선물을 거래할 때는 액면가 100원을 기준으로 한 가격으로 거래한다. 예를 들어 채권선물 가격이 110원이라는 것은 액면 100원 기준으로 채권 가격을 110원에 거래한다는 것이다.

국내에서는 1999년 9월 29일 3년 국채의 가격을 기초자산으로 하는 3년 국채선물이 상장되면서 장기금리선물이 처음 거래되기 시작했다. 국채선물은 기초자산이 되는 국채시장의 규모가 커지면서 거래량이 지속적으로 늘어나 현재 대표적인 금리파생상품으로 자리 잡고 있다.

국채선물 중 대표적인 3년 국채선물 거래량을 보면 2011년도에는 일평균 거래량이 13만 계약을 넘어섰다. 이를 현물 기준으로 환산하면 선물시장에서 3년 만기 국채가 하루에 약 13조 원이 거래됐다는 의미다.

금리선물 상품별 일평균 거래량은 다음의 표에 나타나 있다. 단기금리 선물은 거래량 부족으로 모두 상장폐지 되었고, 장기금리선물은 3년 금리선물과 10년 금리선물이 활발하게 거래되고 있다. 다만 5년 국채선물은 거래가 전무한 상황이다.

[표 40] 금리선물 일평균 거래량 추이

	3년 국채선물	5년 국채선물	10년 국채선물	CD선물	통안증권금리선물
1999년	4,415	0	0	1,976	0
2000년	6,305	0	0	9	0
2001년	37,900	0	0	6	0
2002년	52,369	0	0	7	113
2003년	41,472	1,927	0	0	835
2004년	29,409	0	0	0	75
2005년	45,073	2	0	0	89
2006년	41,877	13	0	0	2
2007년	52,979	0	0		0
2008년	60,082	0	45		0
2009년	75,143	0	0		0
2010년	107,231	0	130	상장폐지	0
2011년	131,758	0	13,909		
2012년	113,593	0	52,048		상장폐지
2013년	111,928	0	47,337		
2014년	80,378	0	39,341		

자료 : 한국거래소(단위 : 계약)

국채선물은 투자자들이 보유하고 있는 채권에 대한 금리변동위험을 관리할 수 있게 해주는 동시에 선물시장과 현물시장 간의 차익거래를 통해 유통시장의 효율화를 기할 수 있게 해준다. 또한 금리선물을 이용한 방향성 투자 등을 통해 새로운 투자수단을 제공해주고 있다.

대표적인 장기금리선물인 국채선물의 기능과 역할

이러한 국채선물의 기능과 역할을 보면 다음과 같다.

• 위험관리 수단 제공

국채선물은 금리변동위험을 관리하기 위하여 유용하게 사용될 수 있다. 예를 들어 채권을 보유한 투자자가 향후 금리가 상승하여 채권 가격이 하락할 것을 염려한다면 이 투자자는 국채선물을 매도하여 금리상승 위험을 회피할 수 있다.

• 채권현물시장 활성화에 기여

1999년 7월 국고채전문딜러제도가 도입되면서 중장기금리 변동에 따른 채권가격변동위험을 관리할 필요성이 커졌다. 또한 2000년 7월 채권시가평가제가 전면 시행됨으로써 국채선물을 활용한 다양한 투자 전략이 구사되었다. 이러한 움직임은 채권시장 활성화에 기여하고 있다. 또한 장외 거래 위주의 국내 채권시장은 외국인 투자자에게 접근이 어려운 면이 많다. 그러나 국채선물 상장으로 채권 가격 결정 투명성 제고 등 투자 여건이 개선되면서 채권시장은 국제적인 면모를 갖출 수 있게 되었다.

• 새로운 투자 기회 제공

금융시장 선진화는 투자자들의 요구를 충족시킬 수 있는 다양한 투자 수단의 제공에 달려 있다. 채권에 관심 있는 개인 투자자들이 규모가 큰 채권현물 대신 채권선물을 이용하여 투자할 수 있고, 은행, 증권회사 등은 국채선물과 채권현물을 연계하여 다양한 투자전략을 세울 수 있다.

• 미래 금리의 예측

국채선물 가격은 장래 금리 전망에 대한 기대를 반영하여 거래되므로 이를 통해 미래 시점의 금리 수준을 판단할 수 있다. 미국의 경우에는 연방기금금리선물(30-day Federal funds futures) 가격을 연방공개시장위원회(FOMC : Federal Open Market Committee)에서의 연방기금금리 인상 · 인하 가능성을 판단하는 지표로 이용한다.

금리선물의
대표선수,
3년 국채선물

택배회사는 명절이 가까워지면 선물 배달로 인해 바쁘지만 금융시장은 선물거래로 인해 항상 바쁘다. 물론 여기서의 선물(futures)은 명절 때 하는 선물(gift)과는 다르다.

선물(futures)은 미래의 채권 가격이나 이자율을 거래하는 것으로, 선물같이 기초자산에서 파생되어 만들어진 상품을 파생상품이라고 한다. 대표적인 금리 관련 파생상품에는 금리선물과 스왑(Swap)이 있다. 여기서는 우선 금리선물을 대표하는 3년 국채선물에 대해 알아보자.

우리나라 3년 국채선물의 특징

우리나라에서 금리선물이 거래되기 시작한 것은 1999년 4월 CD선물이 상장되면서부터다. 이후 3년 국채선물과 더불어 5년 국채선물, 10

년 국채선물, 통안증권금리선물, 3년 국채선물옵션이 상장되었다. 그러나 CD선물, 통안증권금리선물, 3년 국채선물옵션은 거래량 부족으로 상장폐지 되었고, 현재는 3년 국채선물, 5년 국채선물, 10년 국채선물만 상장되어 있다. 이 중 3년 국채선물은 상장 이후 거래량이 꾸준히 증가하면서 금리선물의 대표적인 상품으로 자리매김하고 있다.

3년 국채선물은 현금결제방식 채택

3년 국채선물의 기초자산은 만기가 3년이고 이표가 5%인 국고채권이며, 최종결제방식은 현금결제방식을 채택하고 있다. 최종결제방식이란, 선물 만기일 보유한 선물포지션을 청산하는 방식을 의미하는 것으로, 크게 '현물결제방식(physical delivery)'과 '현금결제방식(cash settlement)'이 있다. 현물결제방식은 선물 만기일에 기초자산이 되는 현물을 직접 인수도하는 방식이며, 현금결제방식은 선물을 거래한 가격과 선물 만기일 현물 가격의 차이를 현금으로 결제하는 방식이다.

현물결제방식으로 최종결제를 하는 금리선물을 매수했을 경우에는 선물 만기일에 기초자산을 매수하고 사전에 약속된 금액을 지불해야 한다. 반면 현금결제방식으로 최종결제 하는 선물계약을 매수했을 경우에는 선물 만기일에 사전에 약속된 금액(거래가격)과 선물 만기일 기초자산 간의 가격 차이를 현금으로 정산하면 된다. 현물결제방식과 현금결제방식의 차이는 위의 경우처럼 현물결제방식은 현물을 직접 매수해야 하나, 현금결제방식은 직접 매수하지 않는다는 것이다.

채권선물은 일반적으로 최종결제방식으로 현물결제방식을 채택하고 있고, 미국 국채선물(Treasury bond futures) 등 대부분의 장기금리선물도 최종결제방식으로 현물결제방식을 채택하고 있다. 그런데 이와 달리 우리나라의 3년 국채선물은 현금결제방식을 채택하고 있다. 이는 3년 국채선물이 상장될 당시 우리나라 채권시장에서의 국채 발행 규모가 크지 않아 현물결제방식을 채태한 경우 발생하게 될 숏스퀴즈(short squeeze)* 등에 대한 우려 때문이었다.

바스켓채권을 이용해 기초자산 가격 산정

현금결제방식을 채택하고 있는 우리나라 3년 국채선물이 만기가 되었을 때 최종결제를 하기 위해서는 기초자산인 3년 만기 국채의 가격을 정확히 알아야 한다. 그런데 현실에서는 기초자산이 되는 이표가 5%이고 선물 만기일에 만기가 3년 남은 국고채권은 실제로 채권시장에 존재하지 않는 가상의 채권이다.

가상의 채권이란, 실제로 존재하지는 않지만 국채선물 거래를 위해 채권시장에 존재하고 있다고 가정하는 채권이다. 가상의 채권이므로 채권시장에서 실제로 거래가 되지 않을뿐더러 가격을 알 수가 없다. 이에 따라 현금결제방식으로는 최종결제를 할 수 없다는 문제가 발생한다. 이러한 문제점을 해결하기 위해 3년 국채선물은 현금결제를 위한 기초자산 가격 계산에 '바스켓(Basket)채권'을 이용한다.

바스켓채권은 기초자산의 가격을 산정하기 위해 사용하는 채권으로, 시장에서 거래되는 채권 중 한국거래소에서 지정한다. '바스켓'은 말 그대로 '바구니'라는 의미로, 여러 개의 채권을 한 바구니에 담았다는 말이다. 한국거래소가 국채선물 기초자산의 가격을 산정하기 위해 여러 개의 채권을 한 바구니에 담았다는 의미이다.

바스켓채권을 이용하는 이유는 다음과 같다. 채권의 가격을 계산하기 위해서는 시장에서 거래된 해당 채권의 수익률이 있어야 하는데, 기초 자산이 가상의 채권이므로 수익률도 있을 수 없다. 따라서 3년 국채선 물에서는 바스켓채권의 수익률을 기초자산의 수익률로 하기로 사전에 약속하는 것이다. 따라서 바스켓채권의 수익률을 이용하여 계산한 기초 자산의 가격으로 만기일에 3년 국채선물을 현금결제방식으로 최종결제 한다.

3년 국채선물 1계약은 국채 1억 원 매매와 동일

3년 국채선물의 거래단위는 액면가 1억 원이다. 이는 3년 국채선물 1계약을 거래하면 3년 만기 국고채권 1억 원을 거래하는 것과 동일한 경제적 실질을 얻을 수 있다는 의미다. 거래시간은 09:00~15:15까지 이며, 08:00~09:00, 15:05~15:15는 단일가격(동시호가)으로 매매가 이루어진다. 3년 국채선물의 최종거래일은 결제 월의 세 번째 화요일이 며, 이날 만기가 도래하는 종목은 오전 11:30까지만 거래된다. 신규 상 장되는 종목은 최종거래일 다음날 상장된다.

[표 41] 3년 국채선물 상품명세

구 분	세 부 사 항
거래대상	이표율 5%, 6개월 이자 지급 방식의 3년 만기 국고채
거래단위	액면 1억 원
결제 월 주기	3, 6, 9, 12월
상장결제월수	6개월 이내의 2개 결제 월
가격표시방법	액면가 100원을 기준으로 표시(소수점 둘째 자리까지 표시)
호가가격단위	0.01, 1틱의 가치 = 10,000(1억 원×0.01×1/100)
가격제한폭	기준가격대비 ±1.8%
거래시간	09:00~15:15(점심시간 없이 연속거래) 단, 최종거래일은 09:00~11:30
단일가격경쟁거래	개장 시(08:00~09:00) 및 거래종료 시(15:05~15:15)
최종거래일	결제 월의 세 번째 화요일(공휴일인 경우 앞당김)
최종결제일	최종거래일의 다음 거래일
최종결제방법	현금결제
최종결제기준채권	6개월 이자 지급 방식의 국고채권으로 함
최종결제가격	– 최종결제수익률(r)로 다음의 산식을 이용하여 계산 $$최종결제가격 = \sum_{i=1}^{6} \frac{2.5}{(1+\frac{r}{2})^i} + \frac{100}{(1+\frac{r}{2})^6}$$ – 최종결제수익률은 최종거래일 10:00, 10:30, 11:00 수익률 중 중간수익률과 11:30 수익률의 산술평균 – 시점별 수익률은 금융투자협회의 최종결제 기준 채권수익률, 최종결제 기준 채권이 복수인 경우에는 최종결제 기준 채권별 수익률의 산술평균

장기채권
헤지 수요로 상장된
10년 국채선물

　　10년 국채선물은 국채 발행 만기의 장기화가 진행됨에 따라 장기채권에 대한 헤지(hedge)* 수요의 증가로 2008년 2월 25일에 상장되었다. 10년 국채선물은 2008년 상장 당시에는 국제적으로 보편화된 현물인수도 결제방식을 채택했다. 그러나 10년 국채선물이 현금결제방식을 채택한 3년 국채선물과 달리 거래가 활성화되지 않자 최종결제과정을 단순화시키고 실물을 인수도하는 부담을 없애기 위해 2010년 10월에 3년 국채선물처럼 현금결제방식으로 변경했다. 이로 인해 10년 국채선물도 바스켓채권을 이용하여 현금결제방식으로 최종결제를 하고 있다.

> *투자자가 보유하고 있거나 보유하려고 하는 자산의 가격변동위험을 제거하는 것

　　10년 국채선물의 거래단위는 액면가 1억 원이다. 이는 10년 국채선물 1계약을 거래하는 것이 10년 만기 국고채권 1억 원을 거래하는 것과 경제적 실질이 같다는 것이다. 거래시간은 09:00~15:15이며 08:00~09:00, 15:05~15:15는 단일가격(동시호가)으로 거래가 이루어

진다. 10년 국채선물의 최종거래일은 결제 월의 세 번째 화요일이며, 이날 만기가 도래하는 종목은 오전 11:30까지만 거래되고, 신규 상장 되는 종목은 최종거래일 다음날 상장된다.

[표 42] 10년 국채선물 상품명세

구 분	세 부 사 항
거래대상	이표율 5%, 6개월 이자 지급 방식의 10년 만기 국고채
거래단위	액면 1억 원
결제 월 주기	3, 6, 9, 12월
상장결제월수	6개월 이내의 2개 결제 월
가격표시방법	액면가 100원을 기준으로 표시(소수점 둘째 자리까지 표시)
호가가격단위	0.01, 1틱의 가치 = 10,000(1억 원×0.01×1/100)
가격제한폭	기준가격대비 ±2.7%
거래시간	09:00~15:15(점심시간 없이 연속거래) 단, 최종거래일은 09:00~11:30
단일가격경쟁거래	개장 시(08:00~09:00) 및 거래종료 시(15:05~15:15)
최종거래일	결제 월의 세 번째 화요일(공휴일인 경우 앞당김)
최종결제일	최종거래일의 다음 거래일
최종결제방법	현금결제
최종결제기준채권	6개월 이자 지급 방식의 국고채권으로 함
최종결제가격	− 최종결제수익률(r)로 다음의 산식을 이용하여 계산 $$최종결제가격 = \sum_{i=1}^{20} \frac{2.5}{(1+\frac{r}{2})} + \frac{100}{(1+\frac{r}{2})^{20}}$$ − 최종결제수익률은 최종거래일 10:00, 10:30, 11:00 수익률 중 중간수익률 과 11:30 수익률의 산술평균 − 시점별 수익률은 금융투자협회의 최종결제 기준 채권수익률, 최종결제 기준 채권이 복수인 경우에는 최종결제 기준 채권별 수익률의 산술평균

원하는 것은
무엇이든 교환할 수 있는
스왑

사람들은 화폐가 생기기 이전에는 서로 원하는 것을 교환하는 물물교환 방식을 통해 경제활동을 했다. 화폐가 생기기 이전부터 있었던 물물교환이 지금에 와서는 물건 대신 현금흐름을 교환하는 형태로 발전했는데, 이처럼 현금흐름을 교환하는 것을 '스왑'이라고 부른다. 스왑은 장외시장에서 거래되는 대표적인 파생상품으로, 거래 당사자의 필요에 따라그 형태가 다양하게 만들어질 수 있다. 여기서는 금융시장에서 활발하게 거래되고 있는 대표적인 스왑상품인 금리스왑과 통화스왑에 대한 기본적인 개념에 대해 알아보도록 하자.

미래현금흐름을 서로 교환하는 거래, 스왑

스왑 거래는 '미래 일정 기간 동안' '사전에 약속된 원금'과 이에 대한 이자를 정기적으로 거래당사자 간에 교환하기로 하는 계약이다. '미래 일정 기간'이란, 스왑 거래의 만기를 의미한다. 예를 들어 3년 만기 스왑이라고 하면 3년 동안 이자를 교환하고 3년 후에 원금을 교환하기로 하는 것이다. '사전에 약속된 원금'이란, 스왑계약을 하는 시점과 종료 시점에 교환되는 명목원금(notional principal)을 의미하며, 약속된 이자는 교환되는 원금에 이자율을 곱하여 결정된다.

교환되는 원금이 원화 대 원화면 금리스왑(IRS : Interest Rate Swap)이라고 하고, 교환되는 원금이 원화 대 달러면 통화스왑(CRS : Currency Rate Swap)*이라고 한다. 이에 따라 서로 교환되는 이자의 형태도 결정되는데, 금리스왑의 경우 교환되는 원금이 원화이므로 교환되는 이자도 원화이자가 된다. 반면 통화스왑의 경우 원화와 달러가 교환되므로 이에 따르는 이자는 달러이자와 원화이자가 된다.

* 통화스왑은 일반적으로 CRS라고 하기도 하고 CCIRS (Cross-Currency Interest Rate Swap)라고 하기도 함.

일반적으로 이자의 교환은 고정금리와 변동금리 간에 이루어진다. 여기서 고정금리는 '스왑금리(Swap rate)'가 되며, 변동금리는 '기준금리'가 된다. 변동금리로 사용되는 기준금리는 금리스왑의 경우에는 CD금리를, 통화스왑의 경우에는 Libor금리를 사용한다.

고정금리 이자를 지급하고 변동금리 이자를 수취하는 당사자를 '고정금리 지급자(fixed rate payer)'라고 하고, 이와 같은 거래를 '고정금리 지급거래(Pay)를 한다'고 표현한다. 반면 고정금리를 수취하고 변동금리를 지급하는 당사자를 '고정금리 수취자(fixed rate receiver)'라고 하고, 이와 같은 거래를 '고정금리 수취거래(Receive)를 한다'고 표현한다.

스왑은 거래 대상 및 거래 내용이 표준화되어 거래소에서 거래되는 금리선물과 같은 장내상품과 달리 장외에서 계약당사자 간에 거래되는 상품이다. 따라서 가장 많이 거래되고 있는 형태인 고정금리와 변동금리 간의 교환뿐만 아니라 다양한 형태의 스왑 거래가 가능하다. 예를 들어 변동금리와 변동금리, 고정금리와 고정금리를 교환하는 스왑 거래도 가능하다. 여기서는 시장에서 주로 거래되는 형태의 스왑인 금리스왑과 통화스왑에 대해 알아보도록 하자.

원화이자와 원화이자를 교환하는 금리스왑

금리스왑은 거래 쌍방이 일정 기간 동안 명목원금에 대한 변동금리 이자와 고정금리 이자의 현금흐름을 교환하는 것이다. 금리스왑 거래 시 교환되는 명목원금은 동일한 원화 명목 금액이 되므로, 원금은 서로 상계 처리하여 교환하지 않고 이자만 교환한다.

금리스왑의 경제적 효과는 자금 조달 비용을 낮추어 사회경제적인 편익을 높여준다는 데 있다. 금리스왑의 경제적인 효과를 두 기업의 사례를 통해 살펴보자.

A기업과 B기업은 신규사업에 진출하기 위해 자금을 조달할 계획이다. A기업은 변동금리로 자금을 조달하면 CD금리 수준에, 고정금리로 조달하면 4%에 조달이 가능하다. B기업은 변동금리로 자금을 조달하면 CD+1% 수준에, 고정금리로 조달하면 7%에 자금을 조달할 수 있다. 자금 조달 비용을 비교하면 A기업이 B기업에 비해 신용도가 훨씬 좋다는 것을 알 수 있다.

[표 43] 금리스왑 이용 기업 간 자금 조달 비용

구분	A기업	B기업	차이
변동금리	CD	CD+1%	1%
고정금리	4%	7%	3%

이와 같은 상황에서 A기업은 변동금리로, B기업은 고정금리로 자금을 조달하고자 한다. 이 경우 A기업의 조달금리는 CD금리, B기업의 조달금리는 7%다. 그런데 A기업과 B기업을 동시에 거래하고 있는 금융기관이 A기업에게는 고정금리로 자금을 조달할 것을 조언하고, B기업에게는 변동금리로 자금을 조달할 것을 조언한다.

이후 원래의 자금 조달 목적에 맞게 A기업에게는 변동금리를 지불하고 고정금리를 수취하는 금리스왑계약(금리스왑 Receive)을, B기업에게는 변동금리를 수취하고 고정금리를 지불하는 금리스왑계약(금리스왑 Pay)을 체결하도록 한다. 이들의 자금(이자) 흐름을 보면 다음과 같다.

[그림 20] 금리스왑의 경제적인 효과

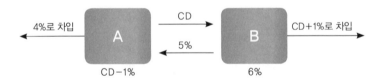

A기업은 4%의 고정금리로 자금을 차입한 후 CD금리를 지불하고, 5%의 고정금리를 수취하는 금리스왑계약을 B기업과 체결하였다. 이로 인해 A기업의 실질적인 자금 조달 형태는 고정금리가 아닌 변동금리로 바뀌게 되고, 자금 조달 비용은 '4%+(CD-5%)=CD-1%'가 된다. 이는

단순하게 변동금리로 자금을 조달할 경우의 비용인 CD금리보다 1% 낮은 수준이다.

B기업은 CD+1%의 변동금리로 자금을 차입한 후 CD금리를 수취하고, 5%의 고정금리를 지불하는 금리스왑계약을 A기업과 체결하였다. 이로 인해 B기업의 실질적인 자금 조달 형태는 변동금리에서 고정금리로 바뀌고, 자금 조달 비용은 '(CD+1%)+(5%-CD)=6%'가 된다. 이는 단순하게 고정금리로 자금을 조달할 경우의 비용 7%보다 1% 낮은 수준이다.

이와 같이 A기업과 B기업이 금리스왑계약을 통해 자금을 조달하게 되면 각각 1%씩의 비용을 감소시킬 수 있다.

A기업과 B기업이 조달하려던 금액이 100억 원이고 자금 조달 기간이 1년이라면 두 기업 간에 이루어진 거래는 다음과 같을 것이다. A기업은 1년 금리스왑을 5%에 고정금리수취(Receive) 거래를 하고, B기업은 1년 금리스왑을 5%에 고정금리지불(Pay) 거래를 한 것이다. 우선 원금은 100억 원으로 동일하므로 상계 처리되고, A기업은 B기업에 대하여 원금 100억 원에 대한 CD금리를 지불하고, 5%의 고정금리를 1년 동안 수취한다. 반면 B기업은 A기업에 대하여 원금 100억 원에 대한 CD금리를 수취하고, 5%의 고정금리를 1년 동안 지불한다.

다음은 금리스왑과 관련된 기사다.

스왑금리 사흘째 상승, 외인 3년 국채선물 대량 매도

스왑금리가 일제히 상승하며 사흘째 오름세를 나타냈다. 외국인이 3년 국채선물시

장에서 대량 매도에 나선 것이 스왑시장에 영향을 미쳤다. 외인은 3년 국채선물을 2만 5,231계약 순매도하며 이틀째 매도했다. 이는 작년 5월 29일 4만 2,295계약 순매도 이후 1년 6개월 만에 일별 최대 순매도다.

4일 스왑시장에 따르면 IRS금리가 구간별로 1bp 내지 2.7bp 올랐다. 1년물이 1.5bp 오른 2.055%를 기록했다. 3년물부터 10년물까지는 2.7bp씩 올랐다. 3년물이 2.135%, 5년물이 2.250%, 7년물이 2.360%, 10년물이 2.508%를 보였다. 12년물은 2.3bp 상승한 2.555%를 기록했다.

자료: 「이데일리」, 2015년 2월 12일

IRS 1년물의 금리가 2.055%라고 하는 것은 1년 동안 변동금리인 CD금리와 교환되는 고정금리가 2.055%라는 얘기다. 외국인이 국채선물을 대량 매도했다는 얘기는 외국인이 선물시장에서 국채선물을 팔아서 국채선물 가격이 하락, 즉 국채금리가 상승했다는 것이다. 금리스왑시장 측면에서 보면 시장금리가 상승하면 변동금리인 CD금리도 상승할 것으로 예상되고, 그에 따라 이와 교환되는 고정금리인 금리스왑도 상승하게 되는 것이다.

원화이자와 달러이자를 교환하는 통화스왑

통화스왑은 거래 시점과 만기에 사전에 정해진 환율로 원금을 교환하고, 정해진 기간 동안 해당 통화에서 발생되는 현금흐름을 서로 교환하는 거래다. 통화스왑과 금리스왑의 가장 큰 차이는 교환되는 원금의 표시통화다. 금리스왑의 경우 교환되는 원금이 서로 같은 통화이기 때문에 원금의 교환이 이루어지지 않는다. 반면 통화스왑은 교환되는 원금이 서로 다른 통화이기 때문에 거래 시점과 종료 시점에 원금의 교환이 이루어져야 하며, 교환되는 원금의 크기는 사전에 정해진 환율에 의해 결정된다.

통화스왑의 거래 구조를 이해하기 위해 A기업은 B기업에 원화를 지급하고, B기업은 A기업에 달러를 지급하는 거래를 생각해 보자. 사전에 정해진 환율은 '1달러=1,200원'이며, 명목금액은 10만 달러, 거래 기간은 1년이다.

A기업은 B기업으로부터 10만 달러를 수취하는 대신 사전에 정해진 환율로 환산된 1억 2,000만 원을 B기업에게 지급하면 된다.

이후 A기업은 원화를 제공한 대가로 원화고정금리를 수취하고, 달러를 수취한 대가로 달러변동금리를 지불하게 된다.

만기 시점에는 A기업은 B기업에게 10만 달러를 지불하는 동시에 사전에 약속된 환율로 환산한 1억 2,000만 원을 B기업으로부터 수취하고 거래를 종결하게 된다.

B기업의 경우에는 이와 반대의 현금흐름이 발생하게 된다.

A기업처럼 원화고정금리를 수취하는 거래를 '원화고정금리수취거래' 또는 'CRS Receive거래'라고 하며, B기업처럼 원화고정금리를 지불하는 거래를 '원화고정금리지불거래' 또는 'CRS Pay거래'라고 한다. 스왑시장에서 시장 조성자 역할을 하는 스왑은행(Swap Bank)의 입장에서는 통화스왑 거래를 다음과 같이 이야기한다. 원화를 수취하고 달러를 지불하는 거래를 하고자 할 때 지급하고자 하는 원화고정금리를 'Bid금리'라고 하고, 원화를 지급하고 달러를 수취하는 거래를 하고자 할 때 수취하고자 하는 원화고정금리를 'Offer금리'라고 한다.

[그림 21] 통화스왑 거래 구조

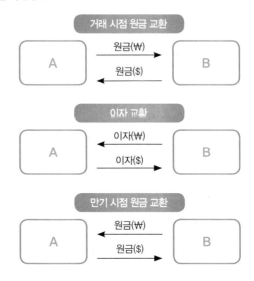

통화스왑을 거래하는 목적은 환율변동위험에 대한 헤지 및 필요한 통화에 대한 자금을 조달하기 위해서다. 해외채권에 투자하거나 외화로 자금을 조달할 경우에는 환율변동에 따른 위험에 노출된다. 예를 들어 환율이 '$1=₩1,200'일 때 달러표시 채권을 10만 달러 매입할 경우 원화 투자금액은 1억 2,000만 원이 된다. 해당 채권 만기 시점에 환율이 하락하여 '$1=₩1,000원'이 되었다고 하자. 만기 시 원금 10만 달러를 상환받아 원화로 환전하면 1억 원이 되는데, 이는 원금에서 2,000만 원의 손실이 발생한 금액이다. 해외투자를 할 경우에는 이와 같이 환율변동위험에 노출되게 되는데, 이는 통화스왑을 이용하면 관리가 가능하다.

해외채권은 대부분 2가지 형태로 투자를 한다.

우선 해외채권을 매입한 후 해당국 통화에 대한 환율변동위험을 통화스왑과 같은 파생상품으로 헤지하고 하는 투자 형태다. 다음으로 해외채권을 매입하고 환율변동위험을 헤지하지 않고 시장에 그대로 노출시킨 상태로 투자하는 형태다. 엄밀히 말하면 전자의 경우에는 원론적으로 '해외채권'에 대한 투자이고, 후자의 경우는 '해당국 통화'에 대한 투자라고 보는 것이 더 적절할 것이다.

여기서는 헤지를 하는 전자의 경우를 살펴보기로 하자.

환율변동위험을 헤지하는 방법

원화를 가지고 미국 국채에 투자하는 경우 통화스왑을 이용하여 환헤지를 하게 되면 투자 초기 원화를 달러로 환전하는 동시에 만기 시점에 달러를 사전에 약속된 환율에 원화로 환전할 수 있다. 물론 중간에 지급받는 달러이자도 원화로 교환된다. 일반적인 통화스왑은 원화고정금리와 달러 Libor금리를 교환하는 방식으로 이루어지므로 여기서는 설명의 편의상 고정금리를 지급하는 미국 국채가 아닌 Libor금리에 연동되어 이자를 지급하는 변동금리부 미국 국채에 투자하는 경우를 가정해보자. 이를 그림으로 나타내면 다음과 같다.

[그림 22] 해외채권 투자흐름도

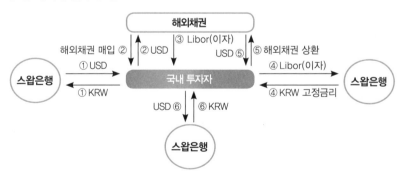

앞의 그림은 해외채권을 매입하면서 환율변동위험을 관리하기 위해 통화스왑을 사용하기로 한 경우다.

우선 스왑은행과 통화스왑 거래를 한다. 이를 통해 투자자는 ① 스왑시장에서 원화를 달러로 교환하게 되고 교환된 달러로 ② 미국 국채를 매입한다. 매입한 미국 국채에서 ③ 6개월 단위로 이자(Libor금리연동)를 지급받게 되고, ④ 수취한 이자(Libor금리연동)는 스왑계약에 의해 원화로 환전된다. ⑤ 채권이 만기가 되면 원금이 달러로 상환되고, ⑥ 상환된 원금은 스왑계약에 의해 원화로 환전된다.

굉장히 여러 단계를 거치지만 중간에 상계되는 부분을 처리하고 나면, 결국 투자자는 통화스왑 거래를 통해 해외채권 투자 시에도 원화를 투자해서 원화이자를 지급받고 원화를 상환받는 구조를 만들 수 있다.

그런데 환율변동위험을 제거하면서 투자한 해외채권의 수익률을 살펴보면 보통 원화채권에 투자하는 것과 수익률 면에서 큰 차이가 없는 것으로 나타난다. 앞서 예를 든 미국 국채의 경우도 채권을 매입하고 환율변동위험을 스왑계약을 통해 제거하면 미국 국채에 투자한 수익률*이 우리나라 국채에 투자한 수익률보다 낮게 나온다. 수익률을 높이기 위해 해외투자를 했는데 오히려 수익률이 낮아지는 현상이 발생하는 것이다.

*2015년 9월 말 기준 CRS 10년 1.26%, 미국 국채 10년 2.04%, 미국달러 IRS 10년 2.00%, 우리나라 국채 10년 2.06%. 이를 해외채권 투자흐름도(단, 예제와 달리 실제 미국 국채는 고정금리부채권이어서 변동금리부채권으로 바꿔주기 위해 달러 IRS 거래를 한 번 더 해야 한다)에 적용하면 수익률이 1.30%가 됨.

이는 한국과 미국 간 신용도의 차이 때문에 나타나는 현상이라고 볼 수 있다. 미국의 신용도가 한국의 신용도보다 높기 때문에 기준을 동일화(원화 기준으로)할 경우 수익률은 신용도가 높은 미국 국채가 낮게 나오는 것이다. 이런 경우에는 해외채권에 투자할 이유가 없어진다. 따라서 환율변동위험을 제거하지 않고 해외투자를 하거나 상대적으로 등급이 낮은 자산에 해외투자를 하는 경우가 많다. 실제로 개인투자자들은 우리나라보다 신용등급이 낮은 브라질, 터키 같은 나라의 국채에 투자를 많이 하고, 환율변동위험을 완전히 제거하지 않고 투자를 하기도 한다. 여기에 대해서는 뒷부분의 「채권 투자전략」에서 좀 더 자세히 이야기해보도록 하자.

채권, 아는 만큼

돈이 된다!

나한방의
깨달음

나한방과 왕보수의 회사는 가까운 거리에 있어서 평소에 가끔 만나서 함께 점심을 먹곤 한다. 나한방은 점심 약속이 없자 왕보수에게 전화를 걸었다. 마침 왕보수도 별 약속이 없었던 터라 둘은 점심을 함께하기로 했다.

나한방과 왕보수는 점심을 먹으면서 회사 이야기부터 시작해 세상 돌아가는 이야기 등 다양한 주제로 이야기를 나누다 화제가 재테크로 넘어갔다. 두 사람은 자연스럽게 채권에 대한 이야기를 나눴다. 특히 이들은 최근 채권에 관심이 높아진 상황이었다.

"보수야, 너 채권 투자 시작했다면서?"

나한방이 물었다.

"응, 투자했지. 그런데 아직 걸음마 단계야. 그래서 직접 투자 대신 간접투자를 했어."

"그렇구나! 채권 간접 투자라, 어떤 방식으로 간접 투자를 해?"

나름 투자 전문가인 나한방도 채권에 대해서는 왕보수와 별반 다를 게 없었다. 오히려 최근에는 채권에 대한 관심이 높아져 관련 서적을 열심히 읽고 있는 왕보수가 더 전문가가 되었다고 할 수 있다.

"잠시만."

왕보수는 나한방의 질문에 대답하기 전에 물 한 모금을 마시고 빙그레 웃으면서 대답하기 시작했다.

"한방아, 네가 나한테 투자에 관련해서 물어보는 경우도 있구나."

얼굴에 살짝 미소를 머금었던 왕보수가 말을 이어갔다.

"채권에 투자할 때 직접 채권을 사는 방법도 있지만 간접적으로 투자하는 방법도 있어. 채권에 대해서는 아무래도 채권 펀드매니저 같은 사람들이 우리보다 전문가니까 그들에게 맡기는 거지. 투자를 맡기는 형태에 따라 펀드, 랩, 신탁 등으로 분류되는데, 나는 이번에 채권형펀드에 가입했어. 채권과 좀 더 친숙해지면 채권을 직접 사볼 생각이야."

"제법인데! 아무래도 나는 높은 수익률을 추구하는 주식 쪽에 주로 관심을 가지고 있어서 아직 채권이 대한 공부가 부족한 것 같아. 그런데 최근에 신문을 보니까 브라질 채권에 대한 기사가 많더라. 나도 해외채권이 수익이 높다고 해서 주식 비중을 줄이고 해외채권에 투자해볼까 했는데, 기사를 보니 오히려 손해가 났다고 하더라고. 다른 나라 정부가 발행한 채권이 안전하지 않은가봐."

왕보수와 나한방은 둘 다 채권에 관심을 갖기 시작했지만 두 사람의 접근법에는 다소 차이가 있다. 은행 예금 위주로 투자를 했던 왕보수는 은행이자보다 수익률이 조금 더 높으면서도 안전한 채권 위주로 관심을 가지면서 이미 전문가를 통해 채권 투자를 시작했다. 반면 나한방은 채권 중에서도 주식처럼 수익률이 높은 채권에 관심이 있다. 이런 맥락에서 나한방은 아직 채권 투자에 나서지는 않았지만 수익률이 높은 해외채권에 많은 관심을 가지고 있는 상황이었다.

"역시 나한방답게 수익률 높은 채권에 관심을 갖는구나. 너도 기사를 봤겠지만 내가 핵심을 얘기해 줄게. 기본적으로 해외채권도 국내 채권과 위험 측면에서 큰 차이는 없어. 신용등급 차이에 따른 위험은 동일하지."

"그래."

나한방은 테이블 쪽으로 몸을 숙이며 왕보수의 말에 귀를 기울였다.

"그런데 해외채권에 투자를 하게 되면 환율변동위험이 있다는 사실을 잊어서는 안 돼. 해외채권에 투자할 때 환율변동위험을 제거하지 않으면 채권에 투자하는 것이 아니라 그 채권을 발행한 나라의 환율에 투자하는 것이나 마찬가지라고 보면 돼. 결국은 그 나라의 채권에 투자하는 것이 아니라 환율에 투자하는 것이 되니 환율변동에 따른 위험이 커지게 되는 거야."

"맞아. 나도 기사에서 그 내용을 봤어. 채권은 쉬운 것 같으면서도 생각해야 될 부분이 많은 것 같아."

나름대로 투자에 일가견이 있는 나한방은 바로 왕보수의 말을 알아듣고 맞장구를 쳤다.

"그런데 생각해보면 채권은 '1+1=2'인 것처럼 어느 정도 답이 정해져 있는 것 같아. 내가 주로 투자했던 주식도 좋은 기업의 주식 가격이 올라간다는 원칙이 있지만, 어떤 기업이 좋은 기업인지 선택하는 문제도 어렵고, 기업의 가치와 상관없이 다른 요인에 의해 주식 가격이 크게 움직이거든. 그래서 이런 말도 하잖아. 내일의 주가는 하느님도 모른다고."

어느새 시끌벅적했던 식당이 조용해지고 있었다. 왕보수와 나한방도 식사를 마치고 식당을 나섰다. 이들은 테이크아웃 커피 잔을 손에 들고 걸으면서 식당에서 못다한 채권에 대한 이야기를 이어갔다.

"보수야, 너 물가에 연동돼서 이자를 주는 채권에 대해 들어봤어?"

나한방은 최근 왕보수가 채권에 대해 공부를 많이 하고 있지만 이런 것까지는 모를 거라고 생각하고 왕보수에게 질문을 던졌다.

"아, 물가연동국고채? 알지."

왕보수가 대수롭지 않게 이야기하자 갑자기 나한방은 왕보수가 다시 보였다. 얼마 전까지만 해도 투자에 관련된 이야기를 하면 예금밖에 몰랐던 왕보수가 어느새 자신을 훌쩍 뛰어넘고 있다는 생각이 들었기 때문이다.

"너도 물가연동국고채에 대해 들어봤구나. 물가연동국고채는 정부가 발행하는 국채인데, 물가가 올라가면 채권에서 지급되는 이자도 같이 올라가는 채권이라지? 신통한 채권이야."

어느덧 왕보수가 다니는 회사 근처에 이르러서 두 사람은 이야기를 다 끝맺지 못하고 헤어졌다. 왕보수와 헤어지면서 나한방은 빨리 사무실로 돌아가고 싶었다. 이전에 한고수에게서 받은 책에서 방금 왕보수와 이야기 나누었던 내용을 보았던 기억이 떠올랐기 때문이다.

채권에 대해 처음부터 찬찬히 배워볼 필요가 있다고 느낀 나한방은 이후 채권의 이론적 배경을 공부하는 한편 수익률 높은 주식 투자 위주에서 채권 투자로 서서히 분산을 시도했다. 사실 요즘 같은 불경기, 저금리 시대에 주식에만 목매고 있으려니 한숨만 나오던 차였기에 나한방에게 채권과의 만남은 재테크에 대한 방향성을 새롭게 정비하는 계기가 되었다.

Q. 채권 투자에서 수익률 개념이 왜 중요한가요?

수익률 개념은 채권 투자에서만 중요한 것이 아니라 모든 투자에서 중요합니다. 특히 채권 투자의 경우 채권 가격 계산 시 수익률을 이용하기 때문에 더 중요합니다. 동일한 수치의 수익률이라 하더라도 어떤 수익률이냐에 따라 채권의 가격이 다르게 나옵니다. 예를 들어 같은 3%라 하더라도 단리인지 복리인지에 따라 만기 때 받는 금액이 달라서 투자수익률에 차이가 발생합니다.

Q. 채권 가격 계산은 좀 어려운 것 같은데, 계산을 쉽게 하는 방법은 없을까요?

채권 가격 계산, 그걸 직접 할 필요는 없습니다. 다만 개념은 알고 있는 게 좋겠지요. 채권 가격 계산은 단가계산 서비스를 제공해주는 증권사의 홈페이지나 HTS, 금융투자협회, 채권 관련 사이트 등에 들어가면 쉽게 할 수 있습니다.

Q. 한번 산 채권을 만기 전에 팔 수 있나요?

당연합니다. 주식이나 채권 같은 유가증권의 특징이 자유롭게 매매할 수 있다는 겁니다. 만약 채권을 매수한 후에 금리가 하락해서 이익을 실현하고 싶거나 채권을 현금화하고 싶으면 만기 이전에라도 언제든지 채권을 팔 수 있습니다.

Q. 주식처럼 채권도 전문가들이 대신 운용해주기도 하나요?

주식하고 똑같다고 생각하면 됩니다. 채권형펀드나 랩 등에 가입하면 채권 펀드매니저들이 대신해서 채권을 운용해줍니다. 물론 그 대가로 수수료를 지불해야 합니다.

Q. 물가상승을 피할 수 있다는데, 어떻게 하면 되나요?

이 내용은 모르는 사람도 많은데, 이 정도를 알고 있다면 당신도 이미 초보는 넘어선 것입니다. 채권 중에 물가연동국고채라는 것이 있는데, 이 채권을 사면 물가상승을 피할 수 있습니다. 물가가 상승하면 채권에서 받는 이자도 커지고 물가가 하락하면 채권에서 받는 이자도 줄어드는 구조입니다.

Q. 채권 수익에 대한 세금은 어느 정도인가요?

채권에 대한 세금은 기본적으로 이자소득세 14%와 주민세 1.4%를 합한 15.4%를 내야 합니다. 이자도 얼마 안 되는데 세금까지 내려면 마음이 아프지요. 따라서 채권 투자에 있어서 분리과세 채권에 투자를 하는 등 절세에 대한 고민도 많이 해봐야 합니다.

해외채권에도 투자할 수 있다는데, 개인이 투자할 수 있는 해외채권에는 어떤 것들이 있나요? 또 국내 채권과 비교해 수익성은 어떤가요?

개인도 해외채권에 직접 투자할 수 있습니다. 물론 간접적으로 투자할 수 있는 건 당연합니다. 다만 직접 투자는 아직 대상이 제한적이라 증권사가 추천하는 채권 위주로 투자할 수밖에 없는 상황입니다. 직접 투자할 수 있는 대표적인 채권으로는 브라질 국채, 터키 국채 등이 있고, 간접 투자를 할 수 있는 투자 대상은 더 다양합니다.

수익성에 관련된 질문은 다소 어려운 문제인데, 해외채권의 수익성이 무조건 높은 것은 아닙니다. 어떤 경우는 국내 채권보다 수익성이 낮은 채권도 있습니다. 일반적으로는 수익률을 높이기 위해 신용도가 낮은 채권이나 환율변동위험을 제거하지 않고 투자를 하는데, 여기에는 위험이 뒤따릅니다. 2015년도에 브라질의 신용등급 하락과 화폐가치 하락으로 투자자들이 많은 손실을 본 것이 그 사례가 될 것입니다. 결국은 각자가 위험을 잘 분석해서 투자하는 방법밖에 없습니다.

Q. 채권에 투자하기 위해 가장 먼저 해야 할 일은 무엇인가요?

주식투자를 할 때는 주식 그 자체에 대한 공부보다는 투자전략, 즉 돈 버는 방법에 대해 많이들 공부를 합니다. 왜냐하면 주식은 상품 그 자체는 별 다른 내용이 없기 때문입니다. 그러나 채권과 채권 관련 상품은 다양한 형태로 발행되고 있고, 지금도 진화하고 있어서 우선적으로 채권 그 자체에 대한 공부를 해야 합니다. 따라서 쉽고 친절한 책을 선정해 여러 번 읽어보는 것이 중요합니다. 그 다음, 본인의 투자 성향에 맞는 상품을 선택해야 합니다. 안정성이 최우선이면 신용 등급이 높은 채권에, 수익성이 중요하면 다소 등급이 낮은 채권에, 전략적으로 투자를 하고 싶으면 주식연계채권이나 구조화채권에 투자하는 식입니다. 노후자금이면 만기가 긴 채권에, 바로 쓸 돈이면 MMF나 단기채권에 투자하면 됩니다.

정리하자면 첫째, 채권에 대한 공부를 먼저하고 그 다음, 이를 기반으로 본인의 투자 성향에 맞는 채권을 고르고, 마지막으로 실제로 채권을 매매하면 됩니다. ▪

PART 6

채권
가격
계산

↗ 간단한 산수로 채권 가격 계산하기

↗ 현금흐름이 없고 만기에 액면금액을 상환하는 할인채

↗ 만기에 이자를 지급하는 단리채/복리채

↗ 주기적으로 이자를 지급하는 이표채

START

채권시장은 발행시장과 유통시장으로 구성되어 있고, 채권시장 안에는 자금을 필요로 하는 정부, 금융회사, 기업 등 채권 발행회사 및 이자수익 또는 매매차익을 얻기 위해 채권을 보유하고 있는 투자자와 더불어 다양한 참여기관들이 거미줄처럼 엮여 있다. 여기서는 이러한 생태계를 연결하는 지표인 채권의 가격이 어떻게 결정되는지에 대한 간단한 개념과 실질적인 채권 가격 계산법을 알아보자.

금리로 거래하고 원(가격)으로 환산

가격은 재화나 용역을 거래할 때 기준이 되는 것으로, 일반적으로 화폐단위로 표시한다. 예를 들어 '자장면 한 그릇의 가격 5,000원', '근로자의 하루 임금 10만 원'처럼 재화와 용역의 가격은 화폐단위인 '원'으로 표시하고, 이를 기준으로 거래를 한다. 채권의 가격도 일상의 재화나 용역을 거래할 때와 마찬가지로 '원'이라는 화폐단위로 표시한다. 물론 미국에서 거래되는 채권의 경우는 달러($)로 표시된다.

다만 채권을 거래할 때는 '원'이라는 가격 으로 거래를 하는 것이 아니라 금리 로 거래한 후 이를 시장에서 합의된 채권 가격 계산 공식을 통해 가격으로 환산한다. 실제로 채권시장에 관련된 기사를 보면 채권거래는 모두 금리(수익률)로 표현하고 있다. 다음의 기사를 보면 채권 가격의 움직임이 모두 금리를 기준으로 표현된다는 것을 알 수 있다.

* 우리나라의 경우 장외 거래는 대부분 금리로 거래하고, 장내 거래는 가격으로 거래한다.

* 금리는 기준에 따라 수익률, 할인률 등 다양한 용어로 표현되는데, 채권 단가를 계산할 때는 '수익률'로 표현한다.

금리상승……외국인 매도세 강화

12일 서울채권시장에서 국고채 3년물 지표금리는 전일보다 2.4bp 오른 2.075%에, 10년물은 5.4bp 상승한 2.406%에 각각 거래를 마쳤다. 3년 국채선물(KTBF)은 전일보다 10틱 하락한 108.36을 기록했다. 증권·선물사가 1만 40계약 순매수했지만, 외국인이 1만 3,034계약 순매도했다. 거래량은 10만 2,332계약으로 집계됐다. 10년 국채선물(LKTBF)은 55틱 급락한 122.85로 마감했다. 외국인은 3,842계약 순매도했다. 국채금리는 국고 3년 14-6호를 기준으로 전날보다 1.0bp 상승한 2.060%에 출발했다. 개장 전 유럽연합(EU)과 그리스의 구제금융 협상을 두고 불확실성이 지속하면서 오른 미국채 금리 동향을 일부 따라갔다. 10년 만기 미국채 금리는 전날보다 2.2bp 오른 2.020%를 나타냈다.

이후 국채금리는 외국인의 선물 매도 속에 상승폭을 조금씩 키웠다. 장 마감 30여 분을 앞두고 외국인의 선물 매도는 거세졌고, 이는 국내 기관의 일부 손절성 매도까지 불렀다. 이달 금통위를 앞두고 시장 참가자들이 방향성을 확신하지 못하자 외국인의 매도세 영향이 더욱 커졌다. 국채선물 역시 약세로 장을 마쳤다. KTB와 LKTB의 장중 저점은 각각 108.33, 122.80을 나타냈다. KTB의 미결제약정은 전날보다 4,761계약 감소했다.

자료 : 연합인포맥스, 2015년 2월 12일

미래의 현금흐름을 수익률로 할인해서 계산

채권 가격의 계산은 채권에서 발생하는 미래의 현금흐름을 채권시장에서 거래된 수익률로 할인해 현재가치를 구하는 방식으로 계산한다. 여기서는 몇 가지 용어에 대한 정의 및 가장 기본적인 단가계산에 대해 알아보자.

- 액면(face value) : 채권에 표시된 금액으로, 채권 만기일에 채권 발행자가 채권 보유자에게 상환해야 할 금액이다.
- 표면금리(coupon rate) : 채권에 표시되어 있는 이자율로 채권 발행자가 채권 보유자에게 1년간 지급하게 되는 이자를 액면금액으로 나눈 것으로 '이표'라고도 한다.
- 수익률(yield) : 투자금액에 대한 수익의 비율을 의미한다. 채권에서 수익률은 통상적으로 만기수익률을 의미하며, 채권 투자 이후 만기일까지 채권에서 발생되는 현금흐름의 현재가치와 시장가격을 일치시키는 할인율로 정의된다. 우리가 일반적으로 접하는 채권에 관련된 수익률은 모두 만기수익률이다.
- 채권 발행일 : 채권이 실제로 발행된 날

- 채권 만기일 : 채권 발행자가 채권 보유자에게 원금을 상환해야 하는 날
- 매매일/결제일 : 매매일은 채권을 매매하기로 계약을 체결한 날이고, 결제일은 채권 실물과 매매대금이 서로 교환되는 날이다(장내 거래는 매매일과 결제일이 동일하고 대부분의 장외 거래에서 결제일은 매매일 다음날이다).

채권 가격 계산방식을 이해하기 위해 기본적으로 알아야 하는 것이 현재가치(PV : Present Value)와 미래가치(FV : Future Value)의 개념이다. 은행에 5%의 금리로 1년 동안 10,000원 예금하면 1년 후에 원금 10,000원과 이자 500원을 돌려받게 된다. 여기서 원금 10,000원이 현재가치가 되고, 1년 후에 받게 되는 10,500원이 미래가치가 된다.

이를 식으로 나타내면 '미래가치=현재가치×(1+이자율)'이 된다. 현재가치와 미래가치를 연결해주는 연결고리가 이자율인데, 현재가치를 미래가치로 연결하는 경우에는 '수익률', 미래가치를 현재가치로 연결하는 경우에는 '할인율'이라고 표현한다.

채권 가격을 계산할 때 기본이 되는 현재가치와 미래가치를 구하는 공식은 다음과 같다.

$$미래가치(FV) = PV \times (1+r)^n$$

FV : 미래가치
PV : 현재가치
r : 수익률
n : 기간

$$현재가치(PV) = \frac{FV}{(1+r)^n}$$

FV : 미래가치

PV : 현재가치

r : 할인율

n : 기간

    채권은 발행 시 표면금리, 발행일, 만기일 등이 사전에 결정되어 있어 채권에서 발생되는 현금흐름을 사전적으로 알 수가 있다. 따라서 채권을 거래할 경우에 수익률만으로 거래를 하더라도, 거래된 수익률만 있으면 채권의 가격은 쉽게 계산할 수 있다. 다음은 국채에 대한 발행 정보로 발행 정보*는 이와 같이 사전적으로 결정되어 있다.

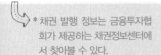
* 채권 발행 정보는 금융투자협회가 제공하는 채권정보센터에서 찾아볼 수 있다.

[표 44] 국채 발행 정보의 예

종목명	국고채권02000-1712
발행일	2014년 12월 10일
만기일	2017년 12월 10일
이자 지급유형	이표채
이자 지급주기	6개월
표면금리	2.000%

    발행 정보를 보면 표면금리가 2%이고, 2014년 12년 10월 발행되어 2017년 12월 10일 만기가 되는 만기 3년인 국채이다. 이상의 정보만 있으면 채권의 미래현금흐름을 알 수 있고, 미래현금흐름만 있으면 수익률을 가지고 채권 가격을 계산할 수 있다.

채권 발행일인 2014년 12월 10일에 액면 10,000원어치를 수익률 2%에 매수했다고 가정하자. 이 채권의 현금흐름을 살펴보면 6개월 단위로 총 6회에 걸쳐서 100원의 이자를 지급받고 만기일인 2017년 12월 10일, 원금 10,000원을 상환받게 된다. 이러한 현금흐름을 매수 시의 수익률 2%로 할인하여 계산한 현재가치가 채권의 매매가격이 된다. 이러한 가격 계산 방법을 그림으로 나타내면 다음과 같다.

[그림 23] 채권 가격 계산 흐름도

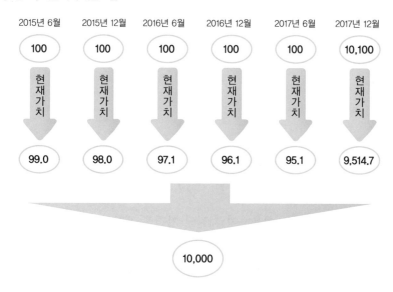

위의 그림에서 보듯이 6회에 걸쳐 현금흐름을 매매한 수익률을 이용하여 현재가치를 구하고, 그 현재가치의 합계를 계산하면 그것이 해당 채권의 매매가격이 되는 것이다.

표준화되어 있는 채권 가격 계산법

채권의 가격은 기본적으로 채권에서 발생하는 미래현금흐름(이자+원금)을 수익률(매매수익률)로 할인하여 현재가치로 계산한다. 다만 실무에서는 채권의 종류에 따라 특성에 맞게 계산 방식에 변화를 주어 사용하고 있다. 2008년에 실무에서 사용되는 채권 가격 계산 방식을 금융투자협회가 표준화하였고, 그 후로 채권을 거래할 때 이 표준화된 가격 계산 방식을 이용하고 있다.

* 금융투자협회는 2007년부터 업계 실무전문가, 채권 단가 계산 제공회사, 학계 전문교수 등의 자문 및 협의를 거쳐 2008년 10월 채권 단가 계산 표준화 방안을 마련했다.

다음은 채권의 가격을 계산하는 기본 산식이다.

$$채권 \ 단가(P) = \frac{CF}{(1+r)^n}$$

CF : 미래현금흐름(이자 + 원금) r : 수익률 n : 기간(연 기준)

위의 기본 산식을 이용하여 채권의 가격을 계산하기 위해서는 우선 액면 10,000원 기준의 채권 가격을 계산해야 하는데, 이를 '채권 단가'라고 한다. 그 다음에 이를 거래금액으로 환산하기 위한 승수를 곱하여 채권 가격을 계산한다. 예를 들어 액면 1억 원의 채권을 5%에 매입했다고 하자.

채권의 가격을 계산하기 위해 우선 액면 10,000원 기준으로 해당 채권의 단가를 계산한다. 계산된 채권의 단가가 10,500원이면 여기에 거래한 액면 1억 원으로 환산하기 위한 승수 10,000을 곱한다. 이렇게 해서 구해진 1억 500만 원이 채권의 거래 가격이 된다. 단가(10,000원 기준 가격)를 계산할 경우 원 미만은 절사한다. 예를 들어 거래된 수익률로 계산된 채권의 단가가 10,050.4원이면 소수점 이하는 버리고 10,050원을 채권의 단가로 한다.

한편 이자에서도 소수점 이하 금액이 발생한다. 예를 들어 이표가 3.5%인 3개월 이표채의 경우 3개월마다 지급되는 이자, 즉 현금흐름은 87.5원(10,000×0.035÷4)이 된다.

이자 지급액에서 발생되는 미래현금흐름의 소수점 처리는 채권의 종류에 따라 차이가 있다. 채권 종류별로 소수점 이하의 단위에 대한 처리는 다음과 같이 한다.

[표 45] 채권 단가 계산 시 미래현금흐름 소수점 처리 방안

구 분	표준화 내용	비 고
복리채 단리채	산정된 원리금의 원 미만 절사	발행자가 원 미만 금액을 절상하여 원리금 지급을 명시한 경우 절상(금융채)
이표채 분할상환채권	산정된 원리금의 원 미만 사용	발행자가 원 미만 금액을 절상(절사) 금액의 지급을 명시한 경우 절상(절사)

채권의 가격을 계산하는 기본적인 방법과 미래현금흐름에서 발생하는 소수점 미만 금액에 대한 처리 방법을 알아보았다. 여기서 알아본 미래현금흐름을 현재가치로 할인하는 채권 단가 계산 방식은 기본적인 방식이고, 실제 계산 시에는 채권의 종류에 따라 계산 방식을 달리하고 있다. 다음에서는 할인채, 원리금일시상환채(복리채, 단리채), 이표채의 가격 계산 방식에 대해 알아보자.

우선 이론적 복할인법과 관행적 복할인법에 대해 먼저 알아보자.

이론적 복할인법 VS. 관행적 복할인법

채권의 가격은 거래된 수익률로 미래현금흐름의 현재가치를 구하는 방식으로 계산한다. 현재가치를 구하기 위해 현금흐름을 할인할 때 이론적인 방식으로 채권 가격을 계산하는 것을 '이론적 복할인법'이라고 한다. 이를 식으로 나타내면 다음과 같다.

$$\text{이론적 복할인법 채권 단가(P)} = \frac{CF}{(1+r)^{\frac{d}{365}}}$$

CF : 미래현금흐름(이자 + 원금) r : 수익률 d : 잔존일수

채권의 매매 시점은 대부분 연 단위 기간(또는 이표 지급 시점)과 일치하지 않는다. 예를 들어 2015년 1월 20일에 발행된 3년 만기 할인채의 경우 연 단위 기간은 2016년 1월 20일, 2017년 1월 20일인데, 이날 채권매매가 일어날 확률은 2/1,096밖에 되지 않는다. 따라서 대부분의 경우 d/365가 정수로 떨어지지 않는다.

실무에서는 이론적 복할인법으로 채권 단가를 계산하는 경우 계산 과정이 복잡하여 (현재처럼 컴퓨터로 단가를 계산하지 않고 계산기 등을 이용해서 단가를 계산할 때는 매우 복잡한 작업이었음) 관행적으로 만기일로부터 연 단위 시점(차기 이표 지급 시점)까지는 복리로 현금흐름을 할인하고, 연 단위 시점(차기 이표 지급 시점)에서 매매 시점까지는 단리로 현금흐름을 할인하는 방식을 사용한다. 이를 '관행적 복할인법'이라고 한다. 이를 식으로 나타내면 다음과 같다.

$$\text{관행적 복할인법 채권 단가(P)} = \frac{CF}{(1+r)^n \times (1+r \times \frac{d}{365})}$$

CF : 미래현금흐름(이자 + 원금) r : 수익률
n : 만기일부터 차기 연 단위 기준일까지 연 횟수
d : 매매일부터 차기 연 단위 기준일까지 잔존일수

우리나라에서는 채권매매 시 거래된 수익률로 관행적 복할인법을 이용하여 채권 단가를 계산한다.

할인채는 만기 이전에는 현금흐름이 없고 만기 시 액면금액을 상환하는 채권으로, 만기 2년 미만의 통화안정증권과 만기 1년 미만의 단기채권이 이 같은 방식으로 발행된다. 할인채의 가격 계산은 표면금리* 와 상관없이 만기상환액(액면금액)을 수익률(할인율)로 할인하여 계산한다. 다만 만기까지의 잔존기간이 1년 이상인 경우에는 매매수익률을 연 단위로 끊어 복리로 적용하고, 1년 미만의 잔존기간에 대해서는 잔존일수를 적용하여 단리로 계산한다. 즉 '관행적 복할인법'을 사용해 계산하는 것이다.

> *할인채의 경우에도 표면금리가 있으나, 이는 이자 지급액이 아닌 이자에 대한 세금을 부과하기 위해 발행 시 편의상 할인율로 표기한 숫자다.

$$할인채\ 단가(P) = \frac{F}{(1+r)^n \times (1+r \times \frac{D}{Y})}$$

F : 액면금액   r : 수익률

$$n : 만기일부터 차기 연 단위 기준일까지의 연 횟수$$
$$D : 매매일부터 차기 연 단위 기준일까지의 잔존일수$$
$$Y : 실제 일수(윤년의 경우 366일 적용)$$

관행적 복할인법을 그림으로 나타내면 다음과 같다. 2015년 3월 1일 발행된 3년 만기 할인채를 2015년 5월 1일 매매하면 단가계산은 (1단계) 2016년 3월 1일 기준으로 만기일부터 이날까지의 현금흐름을 복리 기준으로 할인하여 현재가치를 계산하고, (2단계) 1단계에서 계산된 값을 채권을 거래한 날인 2015년 5월 1일 기준으로 단리로 할인하여 현재가치를 계산하면 된다.

[그림 24] 할인채의 관행적 복할인법

할인채의 단가계산 방법을 실제 채권에 적용해보자.

[실전연습 1] 할인채 단가계산

한국은행에서 발행하는 통화안정증권 액면 1억 원에 해당되는 금액을 2015년 2월 23일 2.00%에 매수했다. 채권 가격은 얼마인가? 매수한 채권의 발행 조건은 다음과 같다.

(발행 조건)

종목명 : 통안DC15-0505-1820

발행일 : 2014년 11월 4일　　　　　　만기일 : 2015년 5월 5일

이자 지급 유형 : 할인채　　　　　　　표면금리 : 2.0390%

(채권 단가 계산)

$$채권\ 가격 = \frac{10,000}{(1+0.02 \times \frac{71}{365})} = 9,961원(원\ 미만\ 절사)$$

(채권 가격 계산)

채권 단가에 승수 10,000을 곱한 99,610,000원이 채권의 매매가격이 된다.

$$채권매매가격 = 9,961 \times 10,000 = 99,610,000원$$

만기에
이자를 지급하는
단리채/복리채

단리채와 복리채는 만기까지 발생하는 이자를 만기 시점에 지급하는 채권으로, 만기 이전에는 현금흐름이 발생하지 않는 원리금일시상환채다. 현금흐름이 만기에만 발생하므로 단리채와 복리채의 단가 계산은 만기 현금흐름에 대해 관행적 복할인법을 사용해 계산한다.

단리채와 복리채의 차이점은 만기 시점에 지급받는 금액이 다르다는 점이다. 단리채는 이자 지급액을 약정된 금리를 기준으로 단리로 계산해서 만기 시점에 원금과 함께 상환하는 채권이다. 단리채의 만기상환금액은 다음과 같이 계산한다.

$$\text{단리채 만기상환금액}(M) = 10,000(\text{액면금액}) \times \left(1 + r \times \frac{n}{365}\right)$$

r : 표면금리   n : 발행일부터 만기일까지 일수

단리채의 단가 계산은 만기상환금액을 계산한 후 만기상환금액을 관행적 복할인법을 이용해 현재가치로 계산하면 된다.

$$단리채 단가(P) = \frac{M}{(1+r)^n (1+r \times \frac{D}{Y})}$$

M : 만기상환금액   r : 수익률
n : 만기일부터 차기 연 단위 기준일까지의 연 횟수
D : 매매일부터 차기 연 단위 기준일까지의 잔존일수
Y : 실제 일수(윤년인 경우 366일 적용)

인천경제자유구역청이 실제로 발행한 채권을 보자.

[실전연습 2] 단리채 가격 계산

인천경제자유구역(IFEZ)을 개발하기 위해 설립된 인천경제자유구역청이 발행한 다음의 채권 액면 1억 원을 2015년 2월 23일 2.00%에 매매했다. 매매가격은 얼마인가?

(발행 조건)
종목명 : 인천경제자유구역청지방채 1
발행일 : 2015년 02월 12일   만기일 : 2015년 12월 30일
이자 지급 유형 : 단리채   이자 계산 주기(월) : 12개월
표면금리 : 2.09%

(채권 단가 계산)
　만기상환금액 = 10,000 × [1+0.0209 ×(321/365)] = 10,183원(원 미만 절사)

$$채권 가격 = \frac{10,183}{(1+0.02 \times \frac{310}{365})} = 10,012원$$

(채권 가격 계산)

매매가격은 액면 1억 원으로 환산하기 위한 승수 10,000을 곱해서 구한다.

$$10,012 \times 10,000 = 100,120,000원$$

복리채는 이자 지급액을 약정된 금리를 기준으로 복리로 계산해서 만기 시점에 원금과 함께 상환하는 채권이다. 약정된 이자를 단리로 계산해서 지급하면 단리채, 복리로 계산해서 지급하면 복리채가 된다. 복리채의 만기상환금액은 아래와 같이 계산한다.

$$복리채\ 만기상환금액(M) = 10,000(액면금액) \times (1+r)^n$$

$$r : 표면금리 \quad n : 연\ 환산\ 기간$$

복리채의 단가 계산은 만기상환금액을 계산한 후 만기상환금액을 관행적 복할인법을 이용해 현재가치로 계산하면 된다.

$$복리채\ 단가(P) = \frac{M}{(1+r)^n \left(1 + r \times \frac{D}{Y}\right)}$$

$$M : 만기상환금액 \quad r : 수익률$$

$$n : 만기일부터\ 차기\ 연\ 단위\ 기준일까지의\ 연\ 횟수$$

$$D : 매매일부터\ 차기\ 연\ 단위\ 기준일까지의\ 잔존일수$$

$$Y : 실제\ 일수(윤년인\ 경우\ 366일\ 적용)$$

대표적 복리채인 국민주택채권 가격을 계산하는 사례를 살펴보자.

[실전연습 3] 복리채 가격 계산

A씨는 전세 가격이 끝도 없이 올라가자 아파트를 매입하기로 결정했다. 은행대출을 받아 아파트를 매수한 A씨는 아파트를 등기하기 위해 2015년 1월 액면 200만 원의 1종 국민주택채권을 200만 원에 의무적으로 매수했다. A씨는 이를 2015년 2월 23일 증권회사에서 2.10%에 매도했다. A씨가 국민주택채권을 매도하고 받는 금액은 얼마인가? A씨가 매수한 1종 국민주택채권의 발행 조건은 다음과 같다.

(발행 조건)
종목명 : 국민주택 1종 15-01
발행일 : 2015년 1월 31일　　　　　만기일 : 2020년 1월 31일
이자 지급 유형 : 복리채　　　　　　이자 계산 주기(월) : 12개월
표면금리 : 2.00%

(채권 단가 계산)
우선 만기상환금액은 2%의 수익률로 5년간 복리로 계산한 이자 1,040원과 원금 10,000원을 합한 11,040원이 된다. 이를 관행적 복할인법을 이용하여 계산하면 차기 연 단위 기준일인 2016년 1월 31일부터 만기 시점인 2020년 1월 31일까지의 연 횟수 4로 복리로 할인을 한다. 다음으로 매매일인 2월 23일과 차기 연 단위 기준일과의 일수 342를 구간일수(2015년 1월 31일과 2016년 1월 31일 사이의 일수) 365로 나누어 주면 된다.

$$\text{만기상환금액} = 10,000 \times (1+0.02)^5 = 11,040 \text{(원 미만 절사)}$$

$$\text{채권 단가} = \frac{11,040}{(1+0.021)^4 \times (1+0.021 \times \frac{342}{365})} = 9,963원$$

(채권 가격 계산)
채권 단가 9,963원을 200만 원으로 환산하기 위해 200을 곱해준다.

$$\text{채권 가격} = 9,963 \times 200 = 1,992,600원$$

주기적으로
이자를 지급하는
이표채

 이표채는 채권을 발행할 때 정해진 이자를 정기적으로 지급하기로 하는 채권으로, 대부분의 채권이 이표채 형태로 발행된다. 정기적으로 지급하는 이자는 발행 시 정해진 표면금리에 따라 연간 지급해야 하는 이자를 일정 기간으로 나누어 지급한다. 이자를 지급하는 방식에는 초일에 이자를 먼저 지급하는 선급방식과 말일에 지급하는 후급방식이 있다. 대부분의 이표채는 후급방식으로 발행되며, 선급방식으로 발행되는 채권은 극히 제한적이다. 이자 지급 주기는 일반적으로 국고채는 6개월 단위로 하고 국고채를 제외한 대부분의 채권은 3개월 단위로 한다. 이자 지급 주기는 채권에서 발생하는 현금흐름과 채권 가격에 영향을 미친다.

 이표채의 가격 계산은 매매 시점부터 만기 시점까지 채권에서 발생되는 모든 현금흐름을 복리로 할인하는데, 할인방식은 이론적 복할인법이 아닌 관행적 복할인법을 사용한다. 관행적 복할인법을 사용하기 때문에 채권 가격을 계산할 때 채권 만기일부터 차기 이표 지급일까지는 복리로 할인하고 매매 시점부터 차기 이표 지급일까지는 단리로 할인한다.

예를 들어 2014년 12월 10일 발행된 표면금리 2%, 만기 3년의 국고채권(국고채권02000-1712)을 2015년 2월 2일 2.10%에 매매했다고 하면 현금흐름은 다음과 같이 이루어진다.

채권의 가격 계산은 채권에서 발생되는 현금흐름을 기초로 해서 두 단계로 계산한다.

[그림 25] 관행적 복할인법을 통한 채권 가격 계산

1단계는 채권에서 발생하는 모든 현금흐름을 차기 이표 지급일 기준으로 복리로 할인하여 현재가치를 구한다. 국고채권을 2월 2일 매매하면 해당 채권에서 발생하는 잔존 현금흐름은 총 6개이며, 표면금리가 2%인 채권이므로 액면 10,000원 기준으로 매 이표 지급일에 100원의 현금흐름이 발생한다. 이를 차기 이표 지급일 기준으로 현재가치로 계산하면 10,075.8원이 된다. 이는 차기 이표 지급일에 해당 채권을 2.1%에 매매할 경우의 채권 단가를 의미한다.

$$\sum_{i=1}^{n} \frac{C/m}{(1+\frac{r}{m})^{i-1}} + \frac{F}{(1+\frac{r}{m})^{n-1}} = \sum_{i=1}^{n} \frac{100}{(1+\frac{0.021}{2})^{i-1}} + \frac{10,000}{(1+\frac{0.021}{2})^{n-1}} = 10,075.8원$$

C : 이표 지급액   m : 연간 이표 지급 횟   F : 액면금액
r : 매매수익률   n : 잔여 이표 지급 횟수

2단계는 1단계에서 구한 차기 이표 지급일 기준 현재가치를 단리 방식으로 할인하여 매매일 기준의 현재가치를 구한다. 이렇게 구해진 10,001원이 해당 채권의 단가가 된다. 여기에 매매한 금액으로 환산할 수 있는 승수를 곱하면 채권 가격이 된다.

$$\frac{1단계\ 계산값}{(1+\frac{r}{m}\times\frac{t_2}{t_1})} = \frac{10,075.8}{(1+\frac{0.021}{2}\times\frac{128}{182})} = 10,001원(원\ 미만\ 절사)$$

r : 매매수익률   m : 연간 이표지급 횟수
t1 : 전 이표지급일과 차기 이표지급일 간의 일수
t2 : 매매일부터 차기 이표 지급일 간의 일수

두 단계를 통해 관행적 복할인법으로 계산되는 이표채의 가격 계산 공식은 다음과 같이 나타낼 수 있다. 공식이 다소 어렵다고 생각되는 사람은 가격 계산 방식에 대해 이해만 해도 된다. 왜냐하면 채권 가격이 계산되는 방식만 이해하고 실질적인 채권 가격 계산은 금융투자협회, 증권사 등이 제공하는 채권 가격 계산 서비스를 이용하는 것이 효율적

이기 때문이다.

$$\text{이표채 단가} = \left(\sum_{i=1}^{n} \frac{C/m}{(1+\frac{r}{m})^{i-1}} + \frac{F}{(1+\frac{r}{m})^{n-1}} \right) \times \left(\frac{1}{1+\frac{r}{m} \times \frac{t_2}{t_1}} \right)$$

C : 이표 지급액   m : 연간 이표 지급 횟수   F : 액면금액
r : 매매수익률   n : 잔여 이표 지급 횟수
t1 : 전 이표 지급일과 차기 이표 지급일 간의 일수
t2 : 매매일부터 차기 이표 지급일 간의 일수

[실전연습 4] 이표채 가격 계산

LG전자는 2015년 2월 2일 5년 만기 회사채를 발행했다. 이 채권을 2015년 3월 2일 2.00%에 액면 1억 원 매수할 경우 채권 가격은 얼마인가? 채권의 발행 조건은 다음 과 같다.

(발행 조건)
종목명 : LG전자77-1
발행일 : 2015년 02월 02일   만기일 : 2020년 02월 02일
이자 지급 유형 : 이표채   이자계산주기(월) : 3개월
표면금리 : 2.278%

(채권 단가 계산)
Step 1 : 차기 이표 지급일 기준 현재가치
발행 정보를 보면 LG전자77-1의 표면금리는 2.278%, 이자 계산 주기는 3개월이다. 이는 3개월마다 연 2.278%의 이자를 지급한다는 것이다. 이에 따른 현금흐름을 구하 면 56.95원(10,000원×0.02278/4)이 된다. 향후 이자 지급 횟수는 20회가 남아 있 으므로 이 현금흐름을 할인율 0.50%(2.00%/4)를 이용해 차기 이표일 기준 현재가 치를 구하면 10,182.6원이 된다.

$$\sum_{i=1}^{20} \frac{C/m}{(1+\frac{r}{m})^{i-1}} + \frac{10,000}{(1+\frac{r}{m})^{19}} = \sum_{i=1}^{20} \frac{56.95}{(1+\frac{0.02}{4})^{i-1}} + \frac{10,000}{(1+\frac{0.02}{4})^{19}} = 10,182.6원$$

Step 2 : 매매일 기준 현재가치

이전 이자 지급일과 차기 이자 지급일 간의 일수가 91일, 매매일부터 차기 이자 지급일까지의 일수기 63일이디. 이를 반영히어 매매일 기준 기겨을 계산히면 채권 단가는 10,147원이 된다.

$$\frac{1단계 계산값}{(1+\frac{r}{m} \times \frac{t_2}{t_1})} = \frac{10,182.6}{(1+\frac{0.02}{4} \times \frac{63}{91})} = 10,147원(원 미만 절사)$$

(채권 가격 계산)

여기에 1억 원으로 환산하는 승수 10,000을 곱하면 채권 가격이 구해진다.

$$채권 가격 = 10,147 \times 10,000 = 101,470,000원$$

PART 7

채권
실전 투자
길잡이

↗ 채권도 주식처럼 직접 사고팔 수 있다

↗ 기관투자자 주도로 거래가 이루어지는 채권 장외시장

↗ 채권 간접 투자의 가장 빠른 길, 펀드

↗ 증권회사가 대신 운용해주는 랩어카운트

↗ 신탁계약을 통해 채권을 운용하는 신탁상품

START

채권도 주식처럼
직접
사고팔 수 있다

    채권에 투자하는 방법은 크게 2가지가 있다. 증권사를 통해 채권시장에서 채권을 직접 매매하는 직접 투자와 펀드 등을 통해 간접적으로 투자하는 방법이다. 기관투자자들은 대부분 채권에 직접 투자를 하고 있으며, 투자 다변화 및 수익률 제고 차원에서 펀드를 통한 간접 투자도 병행하고 있다. 반면 개인들은 아직 채권에 직접 투자하기보다는 펀드 등을 통해 간접 투자하는 비중이 높다. 그러나 점진적으로 채권에 직접 투자하는 개인들이 늘고 있고, 개인들이 채권을 손쉽게 직접 매매할 수 있도록 제도도 많이 개선되고 있다. 여기서는 채권에 직접 투자할 수 있는 장내시장에 대해서 알아보도록 하자.

    채권이 거래되는 시장은 크게 한국거래소에 개설되어 있는 장내시장과 증권사의 중개를 통해 이루어지는 장외시장으로 나뉜다. 장내시장은 주식 거래와 마찬가지로 한국거래소의 거래시스템을 통해 거래가 이루어진다.

장내 채권시장에는 거래 참가자에 제한이 없는 '일반 채권시장', 기관 투자자들만 참여할 수 있는 '국채전문유통시장', 주택 구입 · 부동산등기 · 자동차 등록같이 각종 인 · 허가 시 필수적으로 매수해야 하는 첨가소화채권을 매매하기 위한 '소액 채권시장', 딜러의 자금 조달을 효율적으로 지원하고 시장 간 차익거래 등 연계거래를 촉진시키기 위한 'Repo시장'이 있다.

* 거래소에 개설된 Repo시장은 채권시장이라기보다는 채권을 매개로 한 기관 간 자금 중개 시장이다. 관련 내용은 Part 2 「채권과 만나기 위한 워밍업」 참고

상장채권이 거래되는 일반 채권시장

일반 채권시장은 거래소에 상장되어 있는 국채, 지방채, 특수채, 회사채, 전환사채, 교환사채 등 모든 채권이 거래되는 시장이다. 특히 주식 관련 사채는 반드시 거래소의 일반 채권시장을 통해 매매해야 한다. 거래소에 개설된 일반 채권시장은 시장 참가자에 대한 제한이 없는 시장이며, 매매 체계도 주식과 유사하기 때문에 주식 매매에 익숙한 일반 투자자들이라면 큰 어려움 없이 채권을 매매할 수 있을 것이다.

일반 채권시장에서 개인투자자의 참여 비중은 2014년 기준 20.27%로 58.83%인 주식시장에 비해서는 낮다. 하지만 채권의 특성상 기관투자자들은 거액의 자금을 거래한다는 점을 고려하면 참여 비중이 낮은 편만은 아니다.

일반 채권시장에서 채권을 거래하는 방법은 증권사에 위탁계좌를 개설하고 투자하고 싶은 채권을

* 이미 주식 계좌가 개설되어 있으면 따로 계좌를 개설할 필요가 없고 주식거래를 하는 계좌에서 채권매매를 동시에 할 수 있다.

창구, 전화 및 HTS 등을 통해 주문하면 된다. 거래하는 방식은 주식 거래와 동일하다.

일반 채권시장은 토요일, 공휴일, 12월 31일은 휴장이며, 호가 접수시간은 08:00~15:00, 매매거래 시간은 09:00~15:00이다. 결제는 매매계약을 체결한 당일에 결제하는 당일결제 방식을 채택하고 있다. 일반 채권시장에서 채권을 거래할 때는 일반 채권의 경우 호가단위는 1원이며, 호가수량단위는 10,000원, 매매수량단위는 1,000원이다.

용어를 다시 풀어보자.

'호가단위 1원'이라는 것은 채권매매 시 가격 제시(호가)폭을 1원으로 한다는 것이다. 즉 채권매매주문을 '9,999원', '10,000원', '10,001원' 식으로 한다는 것이다. '호가수량단위 액면 10,000원'이라는 것은 채권매매 시 액면 10,000원 기준으로 산정한 채권 단가로 거래한다는 것이다. 다음으로 '매매수량단위 1,000원'의 의미는 최소 거래단위가 액면 1,000원이라는 것이다. 즉, 한국거래소 일반 채권시장에서 일반 채권은 액면 1,000원 단위로 거래해야 한다는 것이다. 이 개념은 아주 간단하지만 채권 투자를 하기 위해서는 꼭 알아두어야 할 개념이다. 영어를 공부하기 위해 알파벳을 공부하는 것과 마찬가지다.

방금 언급했던 호가단위 및 매매수량단위는 일반 채권의 경우에 해당되는 것이며, 채권의 종류에 따라 호가단위 및 매매수량단위는 차이가 있다.

[표 46] 일반 채권시장 호가단위 및 매매수량단위

구분	일반 채권	주식 관련 채권	소액채권	외화표시채권
호가가격단위	1원	1원	1원	1포인트

호가수량단위	액면 1만 원	액면 1만 원	액면 1만 원	1만 포인트
매매수량단위	1,000원	1,000원	1,000원	1만 포인트

앞에서 채권 가격 계산 시 예를 들었던 LG전자 채권 액면 100만 원을 매수해보자. 현재 시장에서 거래된 수익률이 2.10%이며, 거래가격은 10,147원이다. 이 채권을 매수하고자 하면 현재 가격인 10,147원에 매수주문을 하거나 좀 더 낮은 가격에 매수하고자 하면 10,146 또는 10,145원에 사자 주문을 넣으면 된다. 호가가격단위가 1원이므로 1원 단위를 기준으로 주문을 넣으면 되고 가격 기준은 액면 1만 원(호가수량단위) 기준이다. 주문금액은 최소 1,000원(매매수량단위) 이상이다. 이는 1계약을 주문하면 1,000원에 해당하는 채권을 살 수 있다는 이야기로, 어떻게 보면 채권은 주식보다 더 적은 금액으로도 투자가 가능하다. 만약 수량 1,000개를 현재 가격인 10,147원에 매수주문하고, 이후 매수주문이 체결되는 경우, 체결단가는 10,147원이고, 결제대금은 1,014,700원이 된다.

국고채시장 활성화를 위해 개설된 국채전문유통시장

국채전문유통시장은 국고채시장 활성화 및 거래투명성 제고를 위해 정부의 정책적인 지원을 받아 국채만 전문적으로 거래하기 위해 1999년 한국거래소에 개설된 전자거래시장이다. 국채전문유통시장에 참가할 자격을 갖춘 참가자는 국채에 대한 자기매매업을 허가받은 국채딜러다.

국채딜러는 시장 조성자인 국고채전문딜러, 예비국고채전문딜러 및 일반 국채딜러로 구성된다. 국고채전문딜러는 발행시장에서 국고채 인수 등에 관해 우선적인 권리를 부여받는 대신 국채전문유통시장에서 시장 조성자로서의 의무를 수행해야 하는데, 국채전문유통시장에서 매도·매수의 양방향조성호가를 최대 허용 스프레드 이내로 지속적으로 제시해야 하는 의무가 있다. 예비국고채전문딜러는 국채딜러 중 일정한 요건을 갖출 경우 국고채전문딜러가 될 수 있는 금융기관으로, 국채전문딜러와 마찬가지로 재정경제부 장관이 지정하는 금융기관이다. 일반 국채딜러는 국채딜러 중 국고채전문딜러 또는 예비국고채전문딜러에 해당되지 않는 국채딜러다.

국채전문유통시장에는 국채딜러인 증권회사 및 은행은 직접 참가자로, 기타 기관투자자는 간접 참가자로 참가하고 있다. 증권회사는 한국거래소의 정회원 자격으로 참여하고, 은행은 채무증권전문회원 자격으로 참여한다. 국채딜러 이외에 연금사·보험사·자산운용사 등의 기관투자자들은 위탁기관으로서 간접적으로 국채전문유통시장에 참여할 수 있다.

국채전문유통시장은 국채전자거래시스템(KTS : KRX Trading System for Government Securities)을 기반으로 스크린 호가에 의한 가격경쟁에 의해 거래가 체결되는 시장이다. 전자거래시스템을 이용함에 따라 모든 호가가 스크린에 집중된다. 이를 통해 시장 참가자는 채권브로커를 통해 거래 상대를 탐색하고 협상하는 과정을 거치지 않고 스크린에 제시된 호가만 가지고 실시간으로 채권매매를 할 수 있다. 국고채의 경우는 발행 물량이 많고 발행 조건이 표준화되어 있어 주식처럼 스크린상에서 매매할 수 있는 조건이 갖추어져 있기 때문이다. 국채전자거래시스템은 인터넷에 기반을 둔 시스템이어서 딜러회사는 별도로 전산에 대한 투자 없이 한국거래소의 국채전자거래시스템에서 직접 거래하면 된다.

국채전문유통시장 거래 대상 채권은 국고채, 통화안정증권, 예금보험 공사채권이며, 거래시간은 09:00~15:00이다. 호가가격단위 1원, 호가 수량단위 10,000원을 기준으로 하고, 매매수량단위는 10억 원의 정배 수로 한다. 국채전문유통시장은 기관들이 전문적으로 거래하는 시장이 어서 최소거래금액이 일반 채권시장이 1,000원인 것과 달리 최소 10억 원이다.

[표 47] 국채전문유통시장 구조

구 분	내 용
거래시간	09:00~15:00
거래대상종목	국고채, 통화안정증권, 예금보험공사채권
호가가격단위	1원
호가수량단위	10,000원
매매수량단위	10억 원
체결방식	복수가격에 의한 개별경쟁매매
참가자	국채딜러(증권사, 은행), 위탁참가자(일반 기관투자자)
결제일	T+1

첨가소화채권의 원활한 거래를 위해 만든 소액채권시장

주택 구입, 부동산등기, 자동차 등록 등 각종 인·허가 신청을 하는 경우 의무적으로 채권을 매입해야 하는데, 이때 매입해야 하는 채권을 첨가소화채권이라고 한다. 소액채권시장은 일반인들이 의무적으로 매입해야 하는 첨가소화채권이 시장에서 비정상적인 가격에 거래되는 것을 방지하고 환금성을 보장하기 위해 1995년 10월 한국거래소에 개설된 특수목적을 가진 시장이다.

과거 첨가소화채권은 중간수집상에 의해 시장가격과는 다소 괴리가 있는 가격에 거래되는 경향이 있었다. 이를 해소하기 위해 정부는 한국거래소에 소액채권시장을 개설하여 첨가소화채권을 집중시켜 거래하도록 했다. 또한 의무적으로 매입한 사람들이 은행창구나 증권회사를 통해 첨가소화채권을 거래소 시장에서 형성된 공정한 가격으로 언제든지 팔 수 있도록 했다.

소액채권시장은 일반 채권시장과 달리 상장된 모든 채권이 거래되는 것이 아니라 정부 및 지방자치단체가 공공정책을 추진하기 위한 재원을 조달하기 위해 발행하는 국민주택채권1종, 서울도시철도채권, 지역개발채권, 지방도시철도채권만 한정적으로 거래된다. 이는 소액채권시장의 개설 목적이 첨가소화채권을 매입한 사람들이 공정한 가격으로 채권을 매각할 수 있도록 도와주는 데 있기 때문이다. 첨가소화채권을 매입한 사람들은 대부분 매입 즉시 해당 채권을 매도하기 때문에 거래일 기준으로 당월 및 전월에 발행된 채권에 한정해서 소액채권시장에서 거래할 수 있도록 했다.

첨가소화채권은 종목명을 보면 채권 종류와 발행 정보를 쉽게 알 수 있다. 예를 들어 종목명이 '인천지역개발2015-02'인 채권은 인천시가 발행한 지역개발채권으로 발행일이 2015년 2월'이다. '부산도시철도2015-2'는 부산광역시가 2015년 2월 발행한 채권이다.

＊첨가소화국공채의 발행일은 항상 해당 월의 말일이며, 월 중에 발행된 채권은 선매출 형태로 발행한다.

현재 시점이 2015년 2월이라고 하면 소액채권 시장에서는 당월 및 전월에 발행된 첨가소화채권만 거래되기 때문에 종목명 뒤에 '2015-01', '2015-02'가 붙은 채권만 거래된다. 소액채권시장의 거래시간은 09:00~15:00이며, 호가접수시간

＊도시철도채권의 발행 주체는 지하철공사가 아닌 관할지방자치단체다.

은 08:00~15:00이다. 다만 14:40~15:00까지 20분간은 전일에 결정된 신고시장가격으로 거래가 된다. 호가가격단위는 1원, 호가수량단위는 10,000원, 매매수량단위는 1,000원으로 일반 채권시장과 동일하다. 다만 거래 가능한 금액은 액면기준 5,000만 원 이하로 제한되어 있다.

시장 참가자는 직접 참가자와 일반 참가자로 나뉜다. 직접 참가자는 한국거래소 회원사이며, 이 중에서 거래소가 지정하는 매수전담회원과 매출대행기관이 지정하는 매도전담회원이 가장 중요한 역할을 하고 있다. 일반 참가자는 한국거래소 회원사인 증권회사에 위탁계좌를 개설하여 시장에 참가하는 개인, 법인, 기관투자자, 외국인 등이다.

소액채권시장의 가장 큰 특징은 '매도전담회원'과 '매수전담회원' 제도가 있다는 점이다. 첨가소화채권의 원활한 발행 및 매각을 위해 정부 및 지방자치단체 등 첨가소화채권을 발행하는 기관은 은행(매출대행기관)과 업무위임계약을 체결한다. 업무위임계약에 따라 은행은 첨가소화채권 발행자와 첨가소화채권을 의무매입하는 사람들 사이에서 발행에 따른 제반 업무

＊2014년 말 기준으로 국민주택1종채권은 기업은행, 우리은행, 농협은행, 하나은행, 신한은행, 국민은행이, 지역개발채권 및 도시철도채권은 우리은행, 농협은행, 하나은행, 신한은행, 부산은행, 광주은행, 대구은행, 경남은행, 전북은행이 지역별로 나누어서 담당한다.

를 수행하고, 의무매입자로부터 채권을 신고시장가격으로 매입한다. 이렇게 매입된 채권은 증권회사에 의뢰하여 한국거래소의 소액채권시장에서 매도되도록 한다. 이때 한국거래소에서 채권을 매도하도록 의뢰를 받은 증권회사를 '매도전담회원'이라고 한다. 매도전담회원인 증권회사는 은행과 소액채권에 대하여 매도주문대행계약을 체결하고 채권을 인수받아 소액채권시장에서 신고시장가격으로 매도하는 역할을 한다.

반면 '매수전담회원'은 소액채권시장에서 의무적으로 매수호가를 제출하고 신고시장가격 산출을 위한 신고가격을 제시하는 증권회사다. 신고시장가격은 매수전담회사가 거래소에 신고한 수익률을 기준으로 산출한다. 신고시장가격은 첨가소화채권을 의무적으로 매수하는 사람들이 채권을 매입 즉시 매도하는 경우에 매도가격으로 사용된다. 또한 매수전담회원이 채권을 매수하는 가격으로 사용된다.

[실전연습 5] 소액채권 매도 방법

자동차를 구입할 예정인 최 대리는 자동차 영업사원으로부터 서울도시철도채권 100만 원(액면)을 의무적으로 매입해야 한다는 설명을 들었다. 이에 따라 서울도시철도채권 100만 원을 구입한 최 대리는 구입한 채권을 어떻게 해야 할까?

(방법1) 은행(매출대행기관)을 통해 매입하는 동시에 매도
대다수의 사람들이 이용하는 방법으로, 채권을 액면가로 매입하는 동시에 시장가격으로 매각하는 방법이다. 이 방법을 이용하면 최 대리는 은행에서 해당 채권의 액면가격과 채권매도가격(신고시장가격) 간의 차액만 지불하고 채권 매입 의무를 해결할 수 있다. 이 경우 채권을 매입하기 위한 100만 원이 필요 없고, 차액만 지불하면 간단하게 모든 절차가 끝난다. 은행으로부터 영수증을 받고 매입채권의 발행번호를 자동차 등록 시 제출하면 된다. 자동차 구입 시 의무매입하는 도시철도채권 및 지역개발채권은 해당 등록기관에 있는 은행 지점 또는 출장소에서 즉시 매도가 가능하다. 참고로 부동산 구입 시 의무매입해야 하는 국민주택1종채권은 은행 전 지점에서 즉시 매도 가능하다.

(방법 2) 증권회사를 통한 매도 또는 만기 보유
은행을 방문해서 100만 원을 지불하고 서울도시철도채권을 매입하는 방법도 있다.
채권을 매입한 후 증권회사 계좌로 채권을 옮기고 이후 원하는 시점에 매도하거나 만기까지 보유하는 방법이다.
이 경우 은행에서 바로 매도하는 경우와 달리 채권 매입금액 전액이 필요하며, 증권회사에 본인명의의 계좌를 개설해야 한다. 채권 매입 후 매수한 채권 영수증을 기타 서류들과 함께 구청에 제출하면 된다.

기관투자자 주도로
거래가 이루어지는
채권 장외시장

　장외시장은 한국거래소와 같은 정규 거래소 이외의 곳에서 유가증권 거래가 이루어지는 시장을 말한다. 주식시장은 대부분 거래소에서 거래가 이루어지는 반면, 채권은 거래소에 개설된 장내시장이 아닌 장외시장에서 대부분의 거래가 이루어진다. 이는 주식과 달리 채권은 거래종목을 표준화하기 어렵기 때문이다.

　예를 들면 LG전자의 경우, 거래소에 상장되어 있는 주식 종목은 보통주와 우선주 딱 2종목뿐이다. 반면 채권은 2014년 말 기준 25개의 채권 종목이 상장되어 있다. 이는 동일한 기업이 발행한 채권이라 하더라도 발행일, 만기일, 이표 등이 상이하면 다른 종목이 되기 때문이다. 2014년 5월 29일 동일한 날짜에 발행된 LG전자 채권만 보더라도 만기에 따라 LG전자74-1(만기5년), LG전자74-2(만기7년), LG전자74-3(만기10년), LG전자74-4(만기15년)의 4종목으로 나뉘어 상장되었다.

　채권 장외시장은 크게 2가지로 구분할 수 있는데, 하나는 기관투자자가 서로 상대방의 호가를 찾아서 거래하는 채권시장이고, 다른 하나는 증권회사가 상품으로 보유하고 있는 채권을 개인투자자들에게 판매하는 시장이다. 은행, 보험사, 자산운용사, 증권사 같은 기관투자자 간의 채권 장외 거래는 거액(일반적인 최소 기본거래 단위가 100억 원)이 거래되고, 상장 및 비상장 채권 구분 없이 모든 채권이 거래되고 있다.

장외 거래의 특성상 거래시간에 제한은 없으나 통상적으로 09:00~15:00에 집중적으로 거래가 이루어진다. 다만 국채선물 거래가 15:15에 끝나는 점을 감안하여 15:00~15:30 사이에는 주로 포지션을 정리하는 매매가 이루어진다.

[표 48] 장내채권시장 VS. 장외채권시장

구 분	장내채권시장	장외채권시장
주요참가자	개인, 기관투자자	기관투자자, 개인
매매방식	경쟁매매	상대매매
매매수단	전자거래	전화, 팩스, 메신저 등
호가방법	가격호가	수익률호가
매매단위	일반/소매채권시장 : 1,000원 국채전문유통시장 : 10억 원	100억 원(관행적)
매매시간	09:00~15:00	09:00~15:00(관행적)
결제시점	일반/소매채권시장 : T+0 국채전문유통시장 : T+1	T+0~T+30 대부분 T+1 결제

1) 가격으로 주문을 내면 가격 옆에 수익률이 병기되어 나타남
2) 수익률로 거래를 한 후 채권 단가 계산공식으로 산정된 가격을 상호 확인 후 결제

장외시장에서 채권거래를 하기 위해서는 거래 상대방을 찾는 작업이 필요하다. 그런데 기관투자자의 경우 이를 직접 탐색하는 것이 쉽지 않고 비효율적이므로 브로커(증권회사)를 통해 거래 상대방을 찾는 방식

으로 거래를 한다. 거래 조건은 장외시장 특성상 거래 상대방과 합의를 하면 다양한 형태로 거래할 수 있으나, 관행적으로 호가탐색 및 거래는 100억 원 단위로 하고, 결제는 익일(T+1)결제를 전제로 한다. 일반적으로 '채권시장'이라고 하면 기관들이 거래하고 있는 장외채권시장을 지칭한다.

장외채권시장에서 증권사는 채권('상품채권'이라고 표현한다)을 인수 또는 시장에서 매입하여 이를 보유한 상태에서 소액단위로 지점 등을 통해 개인이나 법인에게 판매한다. 쉽게 이야기하면 대규모로 채권이 거래되는 도매시장에서 증권회사가 기관들로부터 채권을 매입한 후 개인들에게 소매로 판매하는 시장이다. 즉 장외에서 기관들이 거래하는 시장은 도매시장, 개인들이 증권사에서 채권을 사는 시장은 소매시장이라고 보면 된다. 실제로 개인들이 증권사와 채권을 거래하는 시장을 '소매채권시장'이라고 부른다.

도매시장에서의 채권 거래는 기관들이 참여하는 상대매매방식으로, 가격이 시장에서 결정된다. 반면 증권사와 개인이 장외로 거래하는 채권시장은 전시장에 진열된 채권을 매수하는 것이므로 시장이라기보다는 매도자(증권사) 일방이 주도하는 장외시장이라고 보아야 할 것이다.

예를 들어, LG전자가 발행한 채권 100억 원을 3.00%에 매입한 증권사는 이를 기관들이 주도하는 채권시장에서 거래할 수도 있지만, 증권사 지점을 통해 개인들에게 판매할 수도 있다. 다만 채권 보유에 따른 리스크와 이익 등을 감안하여 매입금리보다 낮은 금리(높은 가격)로 지점망을 이용하여 판매한다. 결국 개인투자자, 법인 등 일반 투자자는 증권회사 창구에서 증권사가 제시한 수익률에 LG전자 채권을 소액으로 매수해야 한다. 물론 큰 금액을 매수하는 경우에는 금리를 소폭 조정할 수 있다. 시장에서 흥정이 빠질 수는 없는 것처럼, 이는 소매채권시장에서도 마찬가지다.

장외시장에서 거래되는 채권거래내역은 거래당사자 이외에는 파악하기 힘들기 때문에 공정한 시장가격 형성이 어려워질 수 있다. 이로 인해 정보의 비대칭성이 심하게 나타날 수 있다. 이에 따라 금융투자협회는 장외시장에서 거래되는 내용을 한 곳에 모아서 볼 수 있는 '채권장외호가집중제도(BQS : Bond Quotation System)'를 도입했다.

채권장외호가집중제도는 정부의 채권시장 선진화 방안의 일환으로 2007년 12월부터 시행된 제도로 장외시장에서 거래되는 모든 채권에 대한 호가정보를 집중하여 시장에 공시하여 시장의 유동성 및 투명성을 제고하는 제도다.

증권회사 등은 장외시장에서 거래하는 모든 채권(50억 이상)에 대한 호가정보를 금융투자협회에 실시간으로 보고하고, 금융투자협회는 이를 채권정보센터와 민간 정보제공업체(Check, Infomax, Bloomberg 등)를 통해 시장에 실시간으로 공시한다. 이 제도를 통해 채권거래 정보에 대해 상대적으로 많은 정보를 가지고 있는 증권사나 기관투자자들뿐 아니라 일반투자자, 채권 발행자도 장외채권시장에서 거래되는 채권거래내역에 대해 동일하게 접근할 수 있다.

채권 간접 투자의
가장 빠른 길,
펀드

채권장내시장 또는 채권장외시장에서 채권을 직접 거래하는 방법도 있지만 자산운용사같이 채권 투자를 전문적으로 하는 기관을 통해 간접 투자를 하는 방식도 있다. 간접투자방식으로는 자산운용사의 집합투자 기구 외에도 증권사의 랩(Wrap), 증권사 및 은행의 신탁상품이 있다. 우선 집합투자기구, 즉 펀드(Fund)에 대해 알아보자.

채권 간접 투자의 가장 빠른 길, 집합투자기구

집합투자란, 2인 이상에게 투자 권유를 하고, 투자자로부터 모은 금전 등을 집합적으로 운용하는 방식을 말한다. 또한 투자자로부터 일상적인 운용 지시를 받지 않고, 재산적 가치가 있는 투자 대상을 취득·처분 등의 방법으로 운용하며, 운용 결과가 투자자에게 귀속되는 방식을

말한다. 이러한 집합투자를 수행하기 위한 기구를 '집합투자기구'라고
한다.

형태에 따른 집합투자기구의 분류

집합투자기구는 법적 형태에 따라 신탁업자*가
집합투자업자로부터 위탁받아 운용하는 '투자신
탁', 상법상 주식회사 형태의 집합투자기구인 '투자
회사', 상법상 합자회사 형태의 집합투자기구인 '투
자합자회사', 상법상 유한회사 형태의 집합투자기

* 재산을 보관·관리하고 자산
운용회사의 운용지시에 따른
자산의 취득 및 처분, 환매대
금 및 이익금의 지급, 운용 지
시에 대한 감시 등의 업무를
하는 회사.

구인 '투자유한책임회사', 민법상 조합 형태의 집합투자기구인 '투자
합자조합', 상법상 익명조합 형태의 집합투자기구인 '투자익명조합'이
있다.

법적 형태에 따른 6가지 유형의 집합투자기구 중 우리가 일반적으로
'펀드'라고 부르는 것은 '투자신탁'을 지칭한다고 보면 된다. 투자신탁
은 집합투자업자(자산운용회사)와 신탁업자 간의 신탁계약 체결로 설정
되며, 투자자에게는 수익증권이 교부된다. 투자회사는 집합투자업자 등
이 발기인이 되어 주식회사(투자회사)를 설립하고, 투자자에게는 주식이
교부된다. 여러 가지 집합투자기구 중 채권은 대부분 자산운용회사가
운용하는 투자신탁 형태로 설정되어 운용되고 있다.

[표 49] 형태에 따른 집합투자기구의 분류

구 분	주 요 내 용	비 고
투자신탁	신탁 형태	신탁 형태

투자회사	주식회사 형태	회사 형태
투자합자회사	합자회사 형태	
투자유한책임회사	유한회사 형태	
투자합자조합	조합 형태	조합 형태
투자익명조합	익명조합 형태	

투자 대상에 따른 집합투자기구의 분류

집합투자기구는 투자하는 주된 대상이 무엇인가에 따라 '증권집합투자기구', '부동산집합투자기구', '특별자산집합투자기구', '혼합자산집합투자기구', '단기금융집합투자기구'의 5가지로 나뉜다.

증권집합투자기구는 우리가 일반적으로 알고 있는 주식, 채권과 같은 유가증권에 주로 투자하는 펀드이며, 부동산집합투자기구는 부동산, 부동산을 기초자산으로 하는 파생상품, 부동산 개발과 관련된 대출 및 부동산 관련 증권 등에 투자하는 펀드다. 한편 특별자산집합투자기구는 증권과 부동산을 제외한 자산에 투자하는 집합투자기구로, 투자 대상이 포괄적이고 다양하여 새로운 분야의 신상품 개발이 용이하나, 투자 대상 자산의 공정한 평가가 어려워 원칙적으로 폐쇄형으로 설정해야 한다. 선박, 유전, 지적재산권, 부실채권 등에 투자하면 특별자산펀드로 분류된다. 혼합자산집합투자기구는 집합투자자산 운용에 있어 증권집합투자기구, 부동산집합투자기구, 특별자산집합투자기구에 해당되는 규정의 제한을 받지 않는 집합투자기구로, 보다 많은 투자 기회와 수익을 얻을 수 있으나 반대로 투자손실의 기회 또한 높다. 단기금융집합투자기구는 집합투자재산의 전부를 단기금융상품에 투자하는 집합투자기구로, 일반적으로 'MMF(Money Market Fund)'라고 부른다. MMF의 가장 큰 특징은 다른 펀드와 달리 시가평가를 하지 않고 장부가평가를 원칙으로 한다는 것이다. 단, 장부가로 평가한 펀드가치와 시장가격으로 평가한 펀드가치의 괴리가 ±0.5% 이상일 경우에는 시가를 적용해 평가한다.

이들 중 채권에 간접적으로 투자할 수 있는 상품은 증권집합투자기구와 단기금융집합투자기구다.

[표 50] 투자 대상에 따른 집합투자기구 분류

종 류	내 용
증권집합투자기구	집합투자재산의 50%를 초과하여 증권에 투자
부동산집합투자기구	집합투자재산의 50%를 초과하여 부동산에 투자
특별자산집합투자기구	집합투자재산의 50%를 초과하여 특별자산(증권 및 부동산을 제외한 자산)에 투자
혼합자산집합투자기구	집합투자재산을 운용할 때 증권집합투자기구, 부동산집합투자기구, 특별자산집합투자기구 관련 규정의 제한을 받지 않음
단기금융집합투자기구	집합투자재산 전부를 단기금융상품에 투자하는 집합투자기구

채권 간접 투자 수단 채권형펀드

채권에 간접적으로 투자하는 집합투자기구는 일반적으로 신탁 형태로 설정되는 증권집합투자기구를 말한다. 증권집합투자기구는 주식과 채권의 투자 비중에 따라 주식형, 채권형, 주식혼합형, 채권혼합형으로 분류되며, 이를 일반적으로 주식형펀드, 채권형펀드, 주식혼합형펀드, 채권혼합형펀드라고 부른다.

채권형펀드는 집합투자자산의 대부분을 채권에 투자하며, 약관상 편입할 수 있는 신용등급에 제한을 두는 경우가 대부분이다. 채권혼합형펀드는 수익률 제고를 위해 집합투자자산의 일부를 주식으로 편입하는 펀드다. 채권혼합형펀드는 상품별로 주식편입 비중을 사전에 명기한다.

[표 51] 투자 대상 자산 비중에 따른 분류

종 류	내 용
주식형	집합투자자산의 60% 이상을 주식에 투자
채권형	집합투자자산의 60% 이상을 채권에 투자
주식혼합형	주식과 채권을 혼합하여 운용 약관상 주식 최대 편입비율이 50% 이상
채권혼합형	주식과 채권을 혼합하여 운용 약관상 주식 최대 편입비율이 50% 미만

투자 유형별 설정액을 보면 2014년 말 기준으로 채권형펀드가 315조 8,000억 원으로 가장 많고, 다음으로 주식형펀드가 155조 7,000억 원, 주식혼합형펀드와 채권혼합형펀드가 각각 13조 4,000억 원, 32조 3,000억 원이다.

채권형펀드에 투자하기 위해서는 우선 판매회사(증권회사, 은행, 보험사)를 방문하거나 온라인상에서 투자하고자 하는 펀드를 검색한다. 채권형펀드는 실적배당상품이므로 상품에 따라 수익률에 차이가 발생하는 것은 물론, 시장 상황에 따라 원금손실을 볼 수도 있다.

채권형펀드를 선택할 때는 우선 본인의 투자 성향에 맞는 상품인지 살펴봐야 한다. 채권형펀드는 편입하는 채권의 종류에 따라 신용위험이 없는 국채와 공채에만 투자하는 '국공채형펀드'와 회사채 위주로 투자하는 '회사채형펀드'로 분류할 수 있다. 국공채형펀드는 신용위험이 전혀 없는 반면, 수익률은 상대적으로 낮다. 반면 회사채형펀드는 수익률이 국공채형펀드에 비해 다소 높지만 편입된 회사채의 신용상태변동에 따른 위험이 존재한다. 회사채형펀드 중 높은 수익률을 얻기 위해 투기등급채권(Junk bond)에도 투자하는 고위험 펀드가 있는데, 이를 '하이일드펀드(high yield fund)'라고 한다.

우리나라에서는 투기등급채권의 소화를 위해 신용등급 BB⁺ 이하인 투기등급채권에 자산의 50% 이상을 투자하는 하이일드펀드가 1999년 11월부터 판매되었는데, 일반 투자자의 위험부담을 경감하고 기대수익률을 높이기 위해 공모주 우선청약권 등의 혜택을 부여하고 있다.

특히 2014년 4월에는 분리과세가 가능한 하이일드펀드가 출시되어 시장에서 인기를 끌었다. 분리과세 하이일드펀드는 총자산의 60% 이상을 채권에 투자하며, 총자산의 30% 이상을 신용등급 BBB⁺ 이하인 채권 또는 코넥스(Korea New Exchange)시장*에 상장된 주식에 투자하는 상품이다. 이 조건을 충족하면 투자원금 5,000만 원까지 최장 3년 동안 분리과세 혜택을 볼 수 있고, 공모주 10%를 우선 배정받을 수 있다.

* 분리과세 하이일드펀드는 2015년 말까지만 가입 가능했으나 2016년까지 연장됨. 단, 분리과세 금액이 5,000만 원에서 3,000만 원으로, 하이일드펀드 편입이 30%에서 45%로 변경됨.

* 일정 요건을 갖춘 비상장 기업을 위해 개설된 유가증권시장으로, 코스닥시장에 이은 제3의 주식시장. 우수한 기술력을 보유하고 있음에도 불구하고 짧은 경력 등을 이유로 자금 조달에 어려움을 겪는 초기 중소기업과 벤처기업이 자금을 원활하게 조달할 수 있도록 개설된 시장.

간접 투자를 직접 투자처럼, ETF

상장지수집합투자기구(ETF : Exchange Trade Fund)는 KOSPI200 같은 특정지수 및 특정자산의 가격 움직임에 연동되도록 설계된 펀드로, 거래소에 상장되어 주식처럼 거래되는 펀드를 의미하며, 일명 '상장지수펀드'라고도 한다. 펀드에 주식의 성격을 부여함에 따라 ETF는 개별주식의 장점인 매매의 편의성과 인덱스펀드*의 장점인 분산투자, 낮은 거래비용, 투명성을 가지게 되었다. 우리나라에는 2002년 10월 KOSPI200과 KOSPI50을 기초지수로 하는 4개의 ETF가 상장되면서 거래가 시작되었다.

> * 주가지수에 연동되어 움직이도록 포트폴리오를 구성하는 펀드.

채권 ETF는 국채와 우량 회사채 등 채권지수의 기준이 되는 지표로, 2009년 한국거래소에 상장되어 거래되기 시작했다. 채권지수는 편입되는 채권의 신용등급과 평균만기를 조합하여 다양하게 산출될 수 있다. 예를 들어 국공채같이 위험이 없는 채권을 편입하여 국공채지수를 산출할 수 있고, 다소 위험은 있지만 회사채를 편입하여 회사채지수를 산출할 수 있다. 또한 만기가 긴 채권을 위주로 편입하여 장기채권지수를 산출할 수 있고, 금리변동에 영향이 미미한 단기채권만을 편입하여 단기채권지수를 산출할 수 있다.

채권 ETF는 채권형펀드를 거래소에서 주식처럼 거래할 수 있는 상품으로 본인의 투자 목적에 맞는 지수에 연동되는 채권 ETF를 주식처럼 매매하면 된다. 만약 금리가 하락할 것으로 예상하면 장기채권을 사거나 장기채권을 편입하는 펀드에 가입해도 되지만, 주식매매에 비하면 절차가 다소 복잡하다. 이 경우 거래소에 상장되어 있는 채권 ETF 중 투자만기(목표 듀레이션)가 가장 긴 채권 ETF에 주식처럼 투자하면 된다. 이후 금리가 하락하여 채권 ETF 가격이 상승하면 채권 ETF를 매도하여 이익을 실현하면 된다. 또한 단기자금을 운용하고 싶으면 금리 움직임에 영향을 거의 받지 않는 단기채권지수를 사용하는 채권 ETF를 매입하면 된다.

2015년 7월 현재 한국거래소에 상장되어 있는 채권 ETF는 총 22개 종목으로, 시가총액은 4조 3,812억 원이다. 상장된 채권 ETF의 내용을 살펴보면 다음과 같다.

[표 52] 채권 ETF 상장 종목 및 기초지수

종목명	상장일	운용사	기초지수	순자산(억 원)
KODEX 단기채권	120222	삼성자산	KRW Cash	12,706
TIGER 유동자금	120516	미래에셋	KIS 통안채 3개월	8,902
KODEX 단기채권 PLUS	150303	삼성자산	KRX Cash Plus	4,203
ARIRANG 단기유동성	131219	한화자산	KAP Money Market	3,379
Kstar 단기통안채	140519	KB자산	KIS MSB 5M	2,614
Kstar 국고채	090729	KB자산	KTB	2,026
KOSEF 단기자금	100729	키움자산	MK 머니마켓	1,653
파워 국고채 ETF	130522	교보악사	KTB	1,550
KINDEX 단기자금	131223	한국투신	KIS MSB 단기	1,423
KOSEF 통안채	100114	키움자산	MK 통안채	1,253
KOSEF 국고채	090731	키움자산	KTB	1,160
ARIRANG 바벨채권	131219	한화자산	KAP Barbell	903
Kstar 우량회사채	110415	KB자산	KOBI 크레딧	549
TIGER 국채3	090827	미래에셋	KTB	361
KINDEX 국고채	090729	삼성자산	MKF 국고채	333
KOSEF 10년 국고채	111020	키움자산	KIS 국고채 10년	209
KOSEF 10년 국고채 레버리지	121030	키움자산	KIS 국고채 10년	167

KODEX 인버스국채선물 10년	130531	삼성자산	10년 국채선물	106
KINDEX 국고채	090731	한국투신	KTB	95
KODEX 10년 국채선물	120120	삼성자산	10년 국채선물	68
TIGER 단기선진하이일드(합성H)	140324	미래에셋	Markit iBoxx USD Liquid High Yield	100
KINDEX 선진국하이일드(합성H)	130801	한국투신	Markit iBoxx USD Liquid High Yield	52

자료 : 「KRX ETF Monthly」

'랩어카운트(Wrap Account)'는 '포장하다(Wrap)'와 '계좌(Account)'의 합성어로, 여러 가지 자산운용서비스를 하나로 묶어 제공하는 상품이다. 랩어카운트는 고객이 맡긴 자산을 고객의 기호에 따라 자산 구성부터 운용, 투자, 자문하는 등 종합적으로 관리해주는 서비스를 말한다. 다시 말해서 증권회사가 자산운용과 관련된 여러 가지 서비스를 고객의 성향에 맞게 제공하고, 고객이 맡긴 자산에 대한 운용을 통합적으로 관리해 주는 상품이다.

증권사의 랩어카운트와 자산운용사의 펀드는 금융기관이 투자자의 자산운용을 대신해준다는 공통점이 있지만 여러 가지 면에서 차이가 있다.

첫째, 펀드는 고객의 자산을 한 곳에 모아서 공동으로 운용하고, 운용 결과는 펀드에 대한 투자자들의 지분에 따라 배분하는 구조다. 이때 투자는 운용 주체인 자산운용사 명의로 한다. 반면 랩어카운트는 투자자의 자금을 한 곳에 모으지 않고 투자자별 명의로 자금을 운용하는 방식으로, 투자자는 자산운용에 대한 자문 또는 운용을 증권회사에 일임한다.

둘째, 펀드는 불특정 다수의 투자자로부터 자금을 받아 공동명의로 운용하며, 상품 특성상 투자자들이 자산운용에 일일이 간섭할 수가 없다. 반면 랩어카운트는 투자자 개인 명의의 계좌를 통해 자금을 운용하기 때문에 투자자가 투자일임업자(증권회사)의 자산운용에 직간접으로 간섭할 수가 있다.

랩어카운트는 자산운용 방식에 따라 '자문형랩'과 '일임형랩'으로 나뉜다. 자문형랩은 투자와 관련된 자문만 하는 반면, 일임형랩은 증권회사가 고객의 투자자산에 대해서 채권, 주식, 펀드 등에 직접 투자한다.

증권회사의 주된 수입원 중 하나는 고객들이 주식이나 채권을 거래할 때 발생하는 수수료다. 이로 인해 증권사는 고객들에게 많은 거래를 하도록 유도한다. 반면, 랩어카운트는 고객이 수탁한 규모에 대한 일정비율의 수수료를 받고 고객에게 자산관리에 대한 상담서비스를 제공하거나 증권사가 예탁자산을 고객 대신 운용한다.

랩어카운트는 1975년 미국의 후톤증권(E. F. Hutton & Co.)이 처음 도입했으나 당시에는 투자자들이나 다른 증권사의 관심을 받지 못했다.

그러다가 1987년 10월 19일 블랙먼데이*를 겪으면서 개인투자자들이 주식시장을 떠나자 증권사들이 장기고객 확보를 위한 노력을 기울이면서 랩어카운트가 정착되었다.

* 미국 주가지수인 다우존스지수가 하루에 22.6% 빠졌던 날. 이날이 월요일이었다.

국내에서는 2001년 2월 증권사 자문형랩어카운트가 도입되었고,

2003년 10월에는 일임형랩어카운트가 도입되었다. 투자자는 증권회사에 자문형랩어카운트를 개설해 채권 투자에 대한 자문을 받거나 일임형랩어카운트를 개설해 채권 운용을 증권회사에 위탁하는 간접 투자를 할 수 있다.

신탁계약을 통해
채권을 운용하는
신탁상품

신탁이란, 위탁자가 수탁자에게 특정의 재산을 이전하거나 담보권의 설정 또는 그 밖의 처분을 하고 수탁자로 하여금 일정한 자(수익자)의 이익 또는 특정의 목적을 위해 그 재산의 관리, 처분, 운용, 개발하게 하거나 그 밖의 신탁 목적 달성을 위해 필요한 행위를 하게 하는 법률관계를 말한다. 신탁상품은 신탁을 설정하는 자(위탁자)와 신탁을 인수하는 자(수탁자) 간의 신임관계에 기초한 상품이다. 쉽게 이야기해서 투자자가 수탁자(은행, 증권 등)에게 투자자금 운용을 위탁하는 상품이다.

기본적으로 펀드, 랩, 신탁 상품은 투자자의 자금을 금융기관이 운용한다는 점에서는 같지만, 법적인 형태 및 운용 형태에서 차이가 있다.

신탁상품은 투자자(위탁자)가 신탁계약에 의하여 신탁재산인 금전의 운용 방법을 수탁자(신탁회사)에게 지시하고, 수탁자는 위탁자의 운용 지시에 따라 신탁재산을 운용한 후 수익자에게 실적을 배당하는 단독운용상

> * 금전 이외에 보유하고 있는 유가증권, 부동산 등을 신탁하는 재산신탁도 있다.

품(특정금전식탁)이다. 신탁계약 시 운용 대상을 채권으로 지정하면 채권에 간접적으로 투자할 수 있다.

현재 신탁업을 영위할 수 있는 기관은 은행, 증권회사, 보험회사, 부동산신탁회사다. 1961년 신탁법이 제정되던 당시에는 은행만 신탁업을 영위했으나 1991년에 부동산신탁회사제도가 도입되며 부동산신탁회사도 신탁업을 할 수 있게 되었고, 2005년에는 증권회사, 2007년에는 보험회사도 신탁업을 할 수 있게 되었다.

신탁상품은 신탁재산의 운용 권한을 누가 갖느냐에 따라 '특정금전신탁'과 '불특정금전신탁'으로 분류한다.

특정금전신탁은 신탁회사에서 판매하는 가장 인기 있는 상품으로, 고객의 운용 지시에 따라 신탁재산을 운용하는 상품이므로 비일임형(지정형) 특정금전신탁이 원칙이다. 하지만 고객이 운용 지시를 할 때 일정 부분 신탁회사에게 투자판단을 위임하는 일임형(비지정형) 특정금전신탁도 가능하다. 예를 들어 채권에 투자하는 특정금전신탁에

> * 일임형 신탁은 신탁재산의 운용권한을 수탁자인 신탁회사가 가지는 신탁. 비일임형 신탁은 운용 권한을 위탁자인 고객이 가지는 신탁.

가입하고자 하는 경우 '현대자동차 채권'처럼 투자자가 직접 특정 종목에 한정해서(비일임형) 운용 지시를 할 수도 있지만, '신용등급 AA⁺ 이상인 채권'처럼 일정 부분 신탁회사에 투자판단을 위임하는 방식도 가능하다.

특정금전신탁

특정금전신탁은 투자하고자 하는 자산과 가입 목적에 따라 실무적으로 '확정금리상품', '주식형상품', '구조화상품', '해외투자형상품', '단기자금관리상품'의 5가지로 분류할 수 있다. 그런데 이런 분류는 실무적인 분류이고, 운용 대상이 다양해짐에 따라 이러한 형태들이 복합적으로 결합된 상품도 있다.

확정금리상품은 특정금전신탁을 통해 국채나 회사채, 기업어음, 자산유동화증권, 은행 예금 등 확정금리를 지급하는 자산에 투자하는 상품이다. 확정금리 특정금전신탁은 채권 관련 자산에 투자하기 때문에 발행기업이 부도가 나지 않는다면 최초 투자할 때 제시된 확정수익을 안정적으로 수취할 수 있는, 위험도가 낮은 상품이다. 확정금리상품은 만기까지 보유하면 안정적인 수익을 얻을 수 있는 상품이다. 따라서 자산운용을 신탁회사가 알아서 하기보다는 신탁회사를 통해 얻은 투자정보를 바탕으로 고객 자신의 책임하에 투자할 자산을 선택하는 비일임형 상품이 대부분이다.

주식형상품은 특정금전신탁을 통해 주식에 투자하는 상품으로, 대부분 신탁회사의 전문 자산운용 능력을 활용하여 적극적으로 주식을 운용, 매매차익을 얻는 것을 목적으로 하는 상품이다. 따라서 자산운용 권한을 신탁회사가 가지고 있는 일임형 상품이 일반적이며, 증권사의 일임형랩 상품이나 투자자문사의 투자일임상품과 유사하다. 다만 일임형랩이나 투자일임상품은 투자자 본인 명의로 자산이 운용되는 반면, 주식형 신탁상품은 신탁회사 명의로 자산이 운용된다. 유사한 구조로 자문형상품이 있는데, 이는 신탁회사가 직접 주식을 운용하는 것이 아니라 투자자문사의 자문을 받아 운용하는 상품이다.

구조화상품은 특정금전신탁을 통해 파생상품에 투자하거나 구조화채권 또는 파생결합증권에 직접 투자하는 상품이다.

해외투자형상품은 특정금전신탁을 통해 해외주식, 해외채권, 해외부동산 등에 투자하는 상품이다. 해외자산에 투자하려는 고객이 개인인 경우는 신탁을 통해서 해외자산에 투자하면 투자 대상 자산에 대한 제한이 완화되고 투자 절차 등이 간편해진다는 장점이 있다.

단기운용상품인 단기자금관리상품(MMT : Money Market Trust)은 하루만 맡겨도 시장금리 수준의 수익을 얻을 수 있는 단기자금을 관리하기 위한 신탁상품이다. 일반 요구불예금*과 마찬가지로 수시로 입출금이 가능하며, 요구불예금에 비해 상대적으로 높은 이자를 지급한다. 운용 대상 자산은 수시입출금 상품의 성격상 단기콜론, 고유계정대, 환매조건부채권(RP), 기업어음 등의 단기자산이다. 자산운용회사의 수시입출금 상품인 MMF와 유사하나 MMF가 익일입금, 익일출금 되는 반면 MMT는 당일입금, 당일출금이 가능하다.

> * 예금자가 필요할 때 언제든지 찾아 쓸 수 있는 예금.

PART 8

채권
투자
전략

- ↗ 수익보다 안정, 소극적 투자전략
- ↗ 안정보다 수익, 적극적 투자전략
- ↗ 채권으로 물가상승 피하기
- ↗ 해외채권 투자 시 주의사항
- ↗ 재(財)테크보다 중요한 세(稅)테크
- ↗ 무엇을 기준으로 투자 판단을 할 것인가?

START

수익보다
안정,
소극적 투자전략

　과거에는 채권을 만기까지 보유하는 예금과 같은 성격의 자산이라고 생각하고 투자를 했었다. IMF 이후 채권에 대한 이러한 생각에 변화가 일기 시작했다. IMF 이후 채권시가평가제가 시행되고 채권에 대한 은행 보증제도가 없어지면서 채권 투자에 있어서도 다양한 투자전략이 필요하게 되었다.

　채권 투자전략은 채권을 투자하는 투자자의 성향 및 자금의 성격에 따라서 결정되나 일반적으로 '소극적 투자전략(Passive Strategy)'과 '적극적 투자전략(Active Strategy)'을 구사할 수 있고, 상황에 따라서는 이들 두 전략을 병행 사용할 수도 있다.

　그중 채권을 만기까지 보유하는 '만기보유전략(Buy and Hold Strategy)'이 일반적으로 많이 사용되고 있다. 그러나 저금리 시대가 도래하면서 단순하게 채권을 만기까지 보유할 때 얻을 수 있는 수익률이 낮기 때문에 수익률을 높이기 위해서는 다양한 채권 투자전략을 활용할 필요성이 높아지고 있다. 이미 기관투자자들은 수익률곡선타기(Yield Curve Riding)전략 및 수익률예측전략 같은 기본적인 투자전략 외에도 파생상품 등을 활용한 다양한 투자전략을 활용하며 채권 투자에 나서고 있다. 개인투자자들은 아직까지 대부분 만기보유전략을 구사하고 있는데, 개인투자자들이 이용할 수 있는 장내채권시장이 점진적으로 활성화되면서 만기보유전략에서 벗어나 적극적인 투자전략을 활용해야 할 시점이 도래하고 있다.

여기서는 안정적으로 수익률을 확보할 수 있는 '만기보유전략', '면역전략', '사다리전략', '바벨전략'에 대해 알아보도록 하자. 이들 전략은 일반적으로 '보수적 투자전략' 또는 '소극적 투자전략'이라고도 부른다.

참는 자에게 복이 있다, 만기보유전략

만기보유전략은 채권을 만기까지 보유함으로써 투자 시점에 확정되어 있던 수익률을 얻는 전략으로, 개인투자자들이 가장 많이 사용하는 전략이다. 만기보유전략의 장점은 미래에 대한 금리 예측이 필요 없고, 채권에 투자한 이후에도 특별한 관리가 필요 없다는 점에서 편한 전략이라고 할 수 있다.

이 전략에서 가장 중요한 것은 해당 채권의 신용분석이다. 채권을 만기까지 보유해야 하기 때문에 채권 만기 이전에 발행기업이 부도가 나게 되면 큰 손실을 볼 수도 있다. 만기보유전략으로 채권에 투자하더라도 발행기업이 이자나 원금을 약속대로 지급하지 못하게 될 위험(채무불이행위험)에 대해서는 관심을 가지고 분석을 해야 한다.

또한 채권 투자 이후에 채권수익률이 상승하면 높은 금리로 채권을 매수할 기회를 상실하게 될 수도 있다는(기회손실) 점을 고려해야 한다. 이는 만기보유전략이 채권을 매수해서 만기까지 보유하는 단순한 전략이라하더라도 채권을 언제 매수하느냐에 따라 투자수익률이 달라지기 때문이다. 오늘 채권을 매수하면 채권수익률이 3%지만 금리가 상승할 것으로 예상하고 며칠 뒤에 3.2%에 매수하면 두 시점 간의 투자수익률에 차이가 발생하는 것이다.

채권에 예방주사를 놓아주는 면역전략

소극적 투자전략 중 대표적인 것이 채권면역전략(bond immunization strategy)이다. 면역전략은 채권 투자기간 동안 시장이자율 변동에 관계없이 채권 매입 당시의 수익률을 실현시키는 전략이다. 면역전략은 만기보유전략과 기본적인 개념은 같으나 만기보유전략에는 투자기간에 대한 특별한 설정이 없으나 면역전략에서는 투자자가 본인의 자금 사정 등을 고려하여 투자기간을 설정해야 한다. 채권 투자기간을 설정한 이후에 채권 투자기간과 채권의 듀레이션을 일치시켜 금리변동에 따른 채권가격변동위험과 채권 보유로 지급받게 되는 이자수입의 재투자위험을 상호 상쇄시킨다. 이를 통해 채권 투자기간이 만료됐을 때 채권 투자에 따른 실현수익률을 투자 시점의 목표수익률과 일치시키는 전략이 면역전략이다.

채권 투자에 따른 위험은 크게 채권가격변동위험과 이자재투자위험으로 나눌 수 있다.

채권가격변동위험은 '자본효과(capital effect)'라고 하며, 금리변동에 따라 보유하고 있는 채권의 가격이 상승하거나 하락하는 위험이다. 예를 들어 금리가 상승한 후에 채권을 매각하면 매입 가격보다 낮은 가격에 채권을 팔아야 하는 위험이다.

이자재투자위험은 채권 보유로 지급받는 이자액을 재투자할 때 발생하는 위험으로, 금리가 상승하면 재투자에 따른 수익이 증가하는 반면 금리가 하락하면 재투자에 따른 수익이 감소한다. 이를 '재투자수익효과(income effect)'라고 한다.

이 2가지 위험은 서로 상반된 방향으로 나오는데, 이자율이 상승하면 채권 가격은 하락하는 반면, 이자재투자수익률은 상승하여 재투자수익은 증가한다. 반면 이자율이 하락하면 채권 가격은 상승하나 재투자수익은 감소한다. 금리변동에 따른 이러한 2가지 효과의 크기가 다르게 나올 경우, 사전에 예상된 수익률과 실현수익률에 차이가 발생하게 된다.

만약 채권가격변동위험과 이자재투자위험을 적절히 상쇄시키면 이자율변동위험 없이 기대수익률을 실현할 수 있다. 이를 가능하게 하는 것이 채권면역전략이다. 채권면역전략은 이자율변동으로 인해 서로 상반된 영향을 미치는 자본효과와 재투자수익효과의 영향을 동일하게 만들어 이자율변동위험을 제거해주는 전략으로, 채권 투자 시 많이 이용되는 전략이다.

채권면역전략을 실행하기 위해서는 투자기간과 동일한 듀레이션을 가지고 있는 채권을 선택하면 된다. 예를 들어 투자기간을 2.5년으로 정하는 경우 이자율변동위험을 제거하고 싶으면 듀레이션이 2.5년인 채권에 투자하면 된다. 목표 투자기간과 듀레이션이 동일한 채권에 투자함으로써 이자율 변동에 상관없이 투자 당시 기대되는 수익률을 실현할 수 있다. 면역전략을 사용해서 이자율변동위험을 제거할 수 있는지 예를 통해서 알아보기로 하자.

2.9년 동안 보유자금을 채권에 투자하려는 투자자가 채권면역전략을 사용하여 이자율변동에 따른 위험을 제거하고자 하는 경우를 살펴보자.

앞서 채권면역전략을 실행하기 위해서는 투자기간과 듀레이션이 일치하는 채권을 매수하면 된다고 했다. 이를 위해 만기 3년, 표면금리 3.5%(연이표)인 채권을 발행 당일 액면가로 매수했다고 가정하자. 면역전략의 성과를 알아보기 위해 이자율변동에 따른 투자 결과를 살펴보면 다음과 같다.

매수한 채권의 듀레이션을 구하면 해당 채권의 듀레이션은 2.9년이다. 듀레이션을 계산하는 방법은 앞부분에서 자세히 설명했으니 여기서는 결과값만 이용하기로 하자.

$$\text{듀레이션} = \sum_{i=1}^{n} \frac{PVCF_i \times T}{P} = \frac{28,997}{10,000} = 2.9$$

실제로 이자율 변동에 따라 기대수익에 변화가 있는지 살펴보기 위해 채권 매수 후 투자기간인 2.9년이 경과한 시점의 투자수익률을 살펴보자. 이 시점에 해당 채권의 수익률과 재투자수익률이 ① 3.5%로 유지되는 경우 ② 4.0%로 상승하는 경우 ③ 3.0%로 하락하는 경우를 각각 살펴보자. 채권면역전략이 제대로 수행되려면 각각의 결과에 의해 나온

수익이 동일해야 한다.

우선 해당 채권의 수익률과 재투자수익률이 3.5%로 유지되는 경우를 살펴보자. 이자수입은 남은 기간 동안 3.5%로 재투자된다. 재투자에 따른 수익을 액면 10,000원 기준으로 계산해보면 다음과 같다.

$$이자소득 및 재투자수익 = 350(1+0.035)^{(2.9-1.0)} + 350(1+0.035)^{(2.9-2.0)}$$
$$= 735원$$

또한 2.9년 후에 해당 채권을 3.5%에 매각할 경우 얻게 되는 매각대금은 다음과 같다. 매입한 채권의 만기는 3년이므로 만기가 되지 않은 시점에 채권을 매각해서 투자대금을 회수해야 한다.

$$채권매각대금 = \frac{(350+10,000)}{(1+0.035)^{(3.0-2.9)}} = \frac{10,350}{1.035^{0.1}} = 10,314원$$

따라서 2.9년 동안 채권 투자로 얻게 되는 총수입은 이자 및 재투자에 따른 수입 735원과 채권매각대금 10,314원을 합한 11,049원이 된다.

다음으로 채권수익률이 4%로 상승한 경우를 똑같은 방식으로 구해보자. 이자 및 재투자 수익 740원과 채권매각대금 10,309원을 합한 금액이 11,049원으로, 금리가 변하지 않은 경우와 동일한 수익을 가져온다.

$$이자소득 및 재투자수익 = 350(1+0.04)^{(2.9-1.0)} + 350(1+0.04)^{(2.9-2.0)}$$
$$= 740원$$

$$채권매각대금 = \frac{(350+10,000)}{(1+0.04)^{(3.0-2.9)}} = \frac{10,350}{1.04^{0.1}} = 10,309원$$

마지막으로 금리가 3.0%로 하락한 경우도 똑같은 방식으로 구해보자. 이자 및 재투자수익 730원과 채권매각대금 10,319원을 합한 금액이 11,049원으로, 앞의 2가지 경우와 결과가 동일하다.

$$이자소득 및 재투자수익 = 350(1+0.03)^{(2.9-1.0)} + 350(1+0.03)^{(2.9-2.0)}$$
$$= 730원$$

$$채권매각대금 = \frac{(350+10,000)}{(1+0.03)^{(3.0-2.9)}} = \frac{10,350}{1.03^{0.1}} = 10,319원$$

결국 채권면역전략을 사용하게 되면 채권을 매수한 이후 금리가 변하더라도 채권 가격 변화에 따른 위험과 재투자위험이 정확히 상쇄된다. 채권 투자기간과 보유 채권의 듀레이션을 일치시키면 금리변동에 대하여 서로 반대 방향으로 움직이는 자본효과와 재투자수익효과가 정확히 상쇄되어 수익에는 변화가 없게 된다. 위에서 살펴본 채권면역전략 사례를 표로 정리해보면 면역전략의 효과를 더욱 명확하게 알 수 있다.

[표 53] 금리변동과 면역전략 결과

수익률	이자 및 재투자 수익	채권매각금액	총 수익
3.0%	730	10,319	11,049
3.5%	735	10,314	11,049
4.0%	740	10,309	11,049

채권면역전략은 이자율변동위험을 제거하는 투자기법으로 널리 사용되고 있고 간단한 전략임에도 불구하고 다음과 같은 몇 가지 문제점이 있다.

첫째, 채권면역전략의 기본 전략은 투자기간과 보유 채권의 듀레이션을 일치시키는 것이다. 그런데 듀레이션은 수익률곡선이 변하더라도 수평이동하는 것을 가정하고 있는데, 현실적으로는 수익률곡선의 형태가 변하기 때문에 면역효과가 약화된다.

둘째, 시간이 경과하거나 수익률변동에 따라 최초 면역전략 실행 당시의 채권 듀레이션과 시간이 경과한 후의 듀레이션이 일치하지 않게 된다. 즉 시간이 변함에 따라 잔존만기와 듀레이션이 서로 다른 비율로 감소하므로 정기적으로 듀레이션과 투자기간을 일치시키기 위한 재면역(Reimmunization)을 시켜줘야 하는 불편함이 있다.

셋째, 면역전략은 다양한 듀레이션을 가지고 있는 채권이 시장에 존재해야 하고, 투자금액이 상당한 수준이 되어야 효율적으로 작동한다는 한계가 있다. 특히 소액으로 투자하는 개인투자자의 경우에는 이러한 한계로 인해 면역전략을 실행하는 데 어려움이 있다.

높은 곳을 보고 한걸음씩 올라가는 사다리전략

사다리전략(Laddered strategy)은 채권 투자 시 보유 채권의 최장만기를 정해놓고 이 기간 동안 채권 보유물량을 각 만기별로 동일하게 분산시켜 유지하는 전략이다. 예를 들어 채권의 최장 보유만기를 5년으로 설정했다면 1년, 2년, 3년, 4년, 5년 만기의 채권을 균등하게 보유하는 전략이다. 즉 각 만기별로 채권을 20%씩 균등하게 보유하는 것이다.

사다리전략은 이자율변동이 단기채권과 장기채권에 미치는 영향이 다르므로 만기별로 채권을 균등하게 분산시켜 시세변동에 따른 위험을 분산시키고 유동성을 확보할 수 있는 전략이다.

사다리전략은 관리가 쉽고 이자율 예측이 필요 없다는 장점이 있어, 채권에 대한 전문적인 지식이 없거나 초보 투자자에게 적합한 투자전략이라고 할 수 있다. 반면 금리 예측과 상관없이 만기가 되는 채권의 원리금을 기계적으로 재투자함으로써 적극적인 운용에 비해서 상대적으로 낮은 투자수익률을 거둔다는 단점이 있다.

장기채권과 단기채권을 동시에 편입하는 바벨전략

역도에서 사용하는 바벨이라는 운동기구는 여러 중량의 원반을 기다란 막대의 양 끝에 동일한 무게가 되도록 부착한 체력단련 기구로, 바벨전략(Barbell strategy)은 운동기구인 바벨의 모양에서 이름을 가져온 투자전략이다.

채권은 만기에 따라 단기채권, 중기채권, 장기채권으로 분류할 수 있는데, 바벨전략은 채권 투자 시 중기채권을 제외하고 단기채권과 장기채권에만 투자한다. 이러한 모양이 바벨과 비슷하다고 해서 바벨전략이라고 불린다.

바벨전략에서 중기채권을 매수하지 않고 단기채권과 장기채권을 매수한다는 것은 투자기간에 따라 단기와 장기의 양 극단으로 채권을 매수한다는 것이다.

단기채권은 수익성은 낮지만 유동성이 높고 위험성이 낮다는 장점이 있다. 반면 장기채권은 위험성이 높고 유동성이 낮지만 수익성이 높다는 장점이 있다. 바벨전략으로 단기채권과 장기채권에 적절한 비율로 투자하여 포트폴리오를 구성하면 단기채권과 장기채권의 장점이 잘 조화되어 유동성과 수익성을 동시에 확보할 수 있다.

바벨전략의 장점은 첫째, 위험 대비 상대적으로 높은 유동성과 수익성을 가져다준다. 장기채권을 보유함에 따라 가격변동성이 커지지만 단기채권 보유를 통해 장기채권을 중도 매각하지 않고 유동성을 확보할 수 있다. 예를 들어 시중금리가 상승할 경우 장기채권의 가격은 하락하겠지만 만기가 도래한 단기채권은 높은 수익률로 재투자할 수 있다. 반면 시중금리가 하락하는 경우에는 만기가 도래한 단기채권의 재투자수익률은 낮아지겠지만, 장기채권의 가격이 상승하기 때문에 만기 이전이라도 채권을 매도하여 시세차익을 얻을 수 있다. 둘째, 금리 변화에 대해 단기채권과 장기채권의 편입비율을 변화시켜 금리변동에 신속하게 대응하는 동시에, 보다 높은 수익을 확보할 수 있다. 금리가 하락할 것으로 예상되면 장기채권의 편입비율을 증가시켜 금리하락에 따른 이익을 증가시킬 수 있고, 금리상승이 예상되는 경우에는 단기채권의 편입비율을 증가시켜 재투자수익률을 높일 수 있다.

그러나 이러한 바벨전략의 문제점은 첫째, 포트폴리오 관리에 어려움이 있다는 점이다. 단기채권의 경우 상환자금을 자동적으로 단기채권에 재투자하면 되지만, 장기채권의 경우 시간 경과에 따라 중기채권이 되었을 경우 이를 매각하고 장기채권으로 교체해주어야 한다. 이때 중기채권의 매매 시점에 대한 판단이 필요하게 된다. 둘째, 거래비용이 높다. 단기채권의 경우 만기가 자주 도래하고, 장기채권의 경우도 시간 경과에 따라 교체매매를 해주어야 하므로 거래에 따른 비용이 증가한다. 셋째, 금리 예측이 필요하다. 바벨전략으로 투자를 할 경우 기계적으로 단기채권 50%, 장기채권 50%의 비율로 편입할 수도 있지만, 투자효율을 높이기 위하여 단기채권과 장기채권의 편입비율을 조정할 필요가 있고, 장기채권 교체매매 시점 결정 시에도 금리에 대한 예측이 필요하게 된다.

바벨전략은 가장 많이 쓰이는 채권 투자전략 중 하나로, 장기채권과 단기채권의 편입비율을 조정하는 경우에는 소극적인 채권 투자전략보다는 적극적인 채권 투자전략으로 분류해도 무방하다. 바벨전략은 앞서 보았던 면역전략과 금리 전망에 따른 적극적 투자전략을 동시에 사용하는 전략이라고 보면 된다.

면역전략은 투자기간과 동일한 듀레이션을 가진 채권에 투자하고, 바벨전략은 채권 포트폴리오의 듀레이션을 투자기간과 동일하게 한다는 점에서 동일하지만, 바벨전략은 듀레이션을 일치시키기 위해 단기채권과 장기채권을 동시에 편입한다는 점에서는 차이가 있다. 예를 들어, 투자기간이 3년인 경우 면역전략을 사용하면 듀레이션이 3년인 채권을 매수하면 된다. 반면 바벨전략을 사용하는 경우에는 듀레이션이 1년인 채권을 50%, 듀레이션이 5년인 채권을 50% 편입하여 포트폴리오의 듀레이션을 3년으로 가져간다.

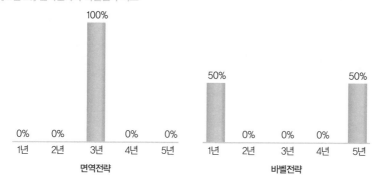

[그림 26] 면역전략과 바벨전략 비교

안정보다
수익,
적극적 투자전략

소극적 투자전략은 채권 투자 시 안정성에 중점을 두는 반면, 적극적 투자전략은 안정성보다는 일부 위험을 감수하더라고 투자수익을 극대화하고자 하는 전략이다. 적극적 투자전략은 투자자가 정보 분석 등을 통해 향후 이자율에 대한 전망에 기초하여 투자 시점을 포착하여 투자수익을 극대화하거나, 고평가 또는 저평가되어 있는 채권을 선별하여 투자하는 방법이다.

적극적 투자전략은 채권수익률 예측 등을 통해 위험을 감수하더라도 투자수익을 극대화하려는 투자자들에게 적합한 전략이다. 즉 향후 금리 전망이나 채권수익률 간의 스프레드 등과 같이 채권 가격에 영향을 미치는 요인들을 예측하고, 이러한 예측을 근거로 채권에 투자하는 방식이다. 대표적인 적극적 투자전략은 금리 전망에 근거하여 채권에 투자하는 '수익률예측전략', '수익률곡선타기전략', '스프레드전략'이 있다.

미래를 예측하는 수익률예측전략

채권 투자수익률을 높이기 위해 가장 중요한 것은 채권수익률을 정확히 예측하는 것이다. 수익률예측전략은 시장수익률에 대한 전망에 기초하여 투자 방향을 정하는 전략이다. 채권수익률 전망에 따라 미래의 금리상황은 '금리상승국면', '금리하락국면', '금리 전망 불투명국면'의 3가지 경우로 구분할 수 있고, 각각의 국면에서 서로 다른 전략을 취해야 한다.

우선 금리가 상승할 것으로 예상되는 금리상승국면에서는 장기채권보다는 단기채권 위주로 채권을 매수해야 한다. 이는 금리상승 시 단기채권에 비해 장기채권의 가격하락폭이 크기 때문이다. 반면 금리가 하락할 것으로 예상되는 금리하락국면에서는 단기채권보다 장기채권 위주로 채권을 매수해야 한다. 이는 금리하락 시 장기채권의 가격상승폭이 단기채권의 가격상승폭보다 크기 때문에 금리하락에 따른 이익을 극대화하기 위해서다. 만약 향후 금리에 대한 전망이 불투명할 때는 투자기간에 맞는 만기를 가지고 있는 채권에 투자해야 한다. 이는 면역전략을 취하는 것으로, 일종의 소극적 투자전략이다.

즉 금리상승이 예상되는 경우에는 일반적으로 투자기간보다 만기가 짧은 채권을 선택하고, 금리하락이 예상되는 경우에는 투자기간보다 만기가 긴 채권을 선택하고, 금리 전망이 불투명할 때는 투자기간에 맞는 채권을 선택하는 방식으로 투자전략을 수립하는 것이다.

채권수익률예측전략에서 채권을 선택할 때는 만기뿐 아니라 표면이율도 선택의 대상이 된다. 이는 잔존기간이 같은 경우 표면이율이 낮은 채권이 표면이율이 높은 채권에 비해 가격변동성이 크기 때문이다. 앞서 듀레이션에 대해 설명할 때 듀레이션의 특징에서 표면이율이 낮은 채권이 표면이율이 높은 채권에 비해 듀레이션이 길기 때문에 가격변동성도 크다고 했다. 따라서 금리가 상승할 때는 표면이율이 높은 채권(듀레이션이 작은 채권)을 중심으로 선택하고, 금리가 하락할 것으로 예상되면 표면이율이 낮은 채권(듀레이션이 큰 채권)을 중심으로 선택하는 것이 바람직하다.

[표 54] 금리국면별 투자전략

금리 전망	투자전략
금리상승전망	단기채권, 표면이율이 높은 채권
금리하락전망	장기채권, 표면이율이 낮은 채권
금리 전망 불투명	면역전략, 바벨전략 등 소극적 투자전략

채권수익률예측전략에서 가장 중요한 것은 금리 전망이다. 금리에 영향을 미치는 요인은 수도 없이 많으나 가장 기본적이고 대표적인 요인은 경제성장률과 인플레이션이다. 즉 경기침체가 예상되면 기업의 자금수요가 감소하고 경기부양을 위한 한국은행의 기준금리 인하로 인해 시중금리가 하락할 것으로 판단된다. 따라서 이러한 판단이 선다면 장기채권을 선택해야 한다. 경기가 회복될 것으로 예상되면 기업이 설비투자를 늘리고 한국은행이 기준금리를 인상함으로써 시중금리가 상승할 것이다. 이러한 판단을 한다면 단기채권을 선택하면 된다.(Part 2 「채권수익률을 결정하는 다양한 요인들」 참고)

놀이기구보다 재미있는 수익률곡선타기전략

수익률곡선타기전략은 채권의 특성을 가장 잘 이용하는 투자전략이다. 수익률곡선은 채권의 만기에 따른 수익률 수준을 그래프로 나타낸 것이다. 일반적으로 채권이 가지고 있는 유동성프리미엄으로 인해 만기가 긴 채권의 수익률이 만기가 짧은 채권의 수익률보다 높다. 즉 일반적인 상황에서 수익률곡선은 우상향하는 모습을 보여준다. 이로 인해 시장금리 수준이 일정하더라도 보유하고 있는 채권의 잔존기간이 짧아지면 그만큼 수익률이 하락하여 채권 가격이 상승하는 효과를 가져온다. 이와 같은 효과를 '롤링효과(rolling effect)'라고 하고, 이를 이용하는 투자전략이 수익률곡선타기전략이다.

예를 들어 시장금리 수준이 만기 1년 2%, 만기 2년 3%, 만기 3년 4%인 상황에서 만기 3년 채권을 매입하여 만기까지 보유하면 매입 당시의 수익률인 4%가 실현된다. 금리 수준이 동일하게 유지된 상태에서 1년이 경과한 경우를 보자. 1년이 경과하면 해당 채권의 만기는 2년으로 짧아지고 해당 채권의 수익률은 3%가 되어 평가이익이 발생하게 된다. 만기가 짧아진 채권을 매도하여 매각이익을 취하고 다시 3년 만기 채권을 4%에 매수하면 채권 보유에 따른 이자소득 외에 추가적인 채권매각이익을 얻을 수 있다. 이와 같이 채권 수익률곡선의 특성을 이용하여 투자수익을 극대화하려는 투자전략이 수익률곡선타기전략이다.

채권수익률의 잔존만기별 차이인 롤링효과는 만기별로 일정하지 않은데, 장기물에서의 격차보다는 단기물에서의 격차가 일반적으로 더 크다. 이러한 현상은 단기채권으로 갈수록 두드러지는데, 이러한 단기채권에서 이루어지는 큰 폭의 수익률 하락을 '쇼울더효과(shoulder effect)'라고 한다.

[그림 27] 롤링효과와 쇼울더효과

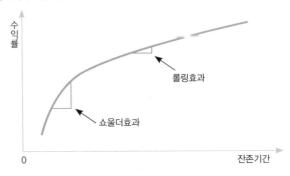

롤링효과와 쇼울더효과를 감안하면 장기채권보다는 수익률곡선에서 금리하락폭이 큰 단기채권을 매수하는 것이 더 높은 수익을 가져올 것으로 예상된다. 그러나 금리하락폭이 크다 하더라도 쇼울더효과에 따른 이익이 롤링효과에 따른 이익보다 높은 수익을 보장하지는 않는다. 이는 단기채권과 장기채권의 가격변동폭이 다르기 때문이다.

이러한 수익률곡선타기전략은 수익률곡선의 형태가 예측대로 유지되어야 예상된 수익률을 확보할 수 있다. 만약 수익률곡선의 형태가 변하면 롤링효과가 기대하는 만큼 나오지 않을 수 있다. 또한 금리가 롤링효과에 따른 금리하락폭보다 큰 폭으로 상승하는 경우에는 추가적인 수익을 얻기가 어려워진다.

밀당의 대가들이 하는 스프레드전략

스프레드전략(Spread Strategy)은 서로 다른 채권 간 수익률 차이가 확대 또는 축소되는지에 대한 전망에 기초하여 채권을 선택하는 전략이다. 채권 간 스프레드는 어떤 특정 요인에 의해 확대 또는 축소되었다가 시간이 경과함에 따라 다시 원래의 상태로 복원되는 특성을 가지고 있는데, 스프레드전략은 이를 이용하는 전략이다. 남녀가 만날 때 사소한 일로 다투기도 하고 조금만 지나면 다시 팔짱을 끼고 다니면서 지속적으로 밀고 당기기를 하는 것처럼 스프레드전략도 이와 같은 전략이다.

스프레드전략은 유형에 따라 크게 '교체매매전략', '상대가치투자(Relative Value Trading)전략', '수익률곡선(Yield Curve)투자전략'으로 나눌 수 있다.

교체매매전략

교체매매전략은 채권 간의 수익률 차이가 확대될 때 수익률이 낮은 종목을 수익률이 높은 종목으로 교체하고, 채권 간 수익률 차이가 축소될 때 수익률이 높은 종목을 수익률이 낮은 종목으로 교체하는 전략이다. 예를 들어 채권 A, B가 있는 경우 A, B 채권 간 수익률 차이 즉, 스프레드가 확대된 T+1 시점에서는 B채권을 A채권으로 교체하고, 스프레드가 축소된 T+2 시점에서는 A채권을 B채권으로 교체한다. 그리고 스프레드가 재차 확대된 T+3 시점에서는 B채권을 A채권으로 교체한다.

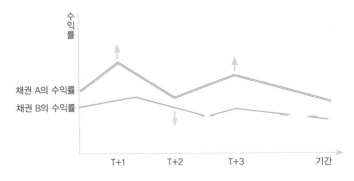

[그림 28] 스프레드 운용전략

교체매매전략에서 가장 중요한 점은 시기의 선택으로, 교체매매를 실행할 시점을 선택하는 것이다. 교체매매를 실행하는 경우 두 채권 간의 스프레드 차이가 일시적인 요인이 아닌 신용도의 차이 또는 만기의 차이 등 다른 요인에 의한 차이일 경우에는 교체매매전략이 원활하게 수행되지 않을 수 있기 때문에, 수익률의 변동이 일시적이 요인인지 구조적인 요인인지 사전에 분석할 필요가 있다.

상대가치투자전략

상대가치투자전략은 상대적으로 가격이 싼 채권을 매수하고 가격이 비싼 채권을 매각하여 둘 간의 가격 차이가 정상적인 상태로 회귀하는 경우 수익을 얻는 전략이다. 상대가치투자전략은 교체매매전략과 달리 저평가된 채권을 매수하는 동시에 고평가된 채권을 매도하는 전략을 취함에 따라 두 채권 간 가격 차이의 변동에만 투자하므로 금리변동위험을 제거할 수 있다. 이는 교체매매전략이 교체매매를 실행하는 과정에서 금리변동위험에 여전히 노출되어 있다는 점에서 차이가 있다.

예를 들어 만기가 2018년 9월 10일로 동일한 국고03250-1809(13-5)*와 국고0575-1809(08-5)가 각각 1.90%, 1.93%의 수익률에 거래되면 국고13-5를 매각*하는 동시에 국고08-5를 매수하면 된다. 이 같은 상대가치투자전략은 시장에서 이루어지고 있는 가격왜곡현상을 이용하는 전략으로, 채권 간에만 이루어지는 것이 아니라 채권과 선물, 채권과 스왑 등에서 다양한 형태로 이루어질 수 있다.

*국고채 표기법은 '국고 이표수익률-만기연월'로 하며, 괄호 안의 숫자는 시장에서 부르는 호칭으로 '연도-발행차수'를 의미한다. '국고03250-1809(13-5)'는 2013년에 5번째로 발행된 채권으로, 이표수익률이 3.25%이고 만기가 2018년 9월인 채권이라는 의미다.

*채권 매각은 대차거래를 통해 해당 채권을 차입한 후 매각한다.

수익률곡선투자전략

수익률곡선투자전략은 향후의 수익률곡선 움직임에 대한 전망에 기초하여 투자를 하는 전략이다. 금리변동 시 단기금리 상승폭보다 장기금리 상승폭이 상대적으로 클 것으로 예상되는 경우나, 단기금리 하락폭보다 장기금리의 하락폭이 적을 것으로 예상되는 경우 수익률곡선은 가팔라(steepening)질 것이다. 반대로 금리변동 시 단기금리의 상승폭보다 장기금리의 상승폭이 상대적으로 적은 경우나, 단기금리의 하락폭보다 장기금리의 하락폭이 클 것으로 예상되는 경우 수익률곡선은 평탄(flattening)해질 것이다. 이와 같은 수익률곡선 움직임에 대한 전망을 기초로 장기채권과 단기채권을 매수·매도하는 전략을 수익률곡선투자전략이라고 한다.

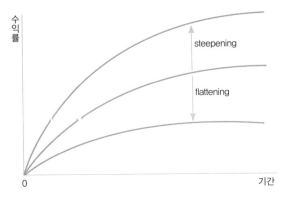

[그림 29] 수익률곡선의 변화

예를 들어 수익률곡선이 가팔라질 것으로 예상되면 단기채권을 매수하는 동시에 장기채권을 매도하면 된다. 반면 수익률곡선이 평탄해질 것으로 예상되면 단기채권을 매도하고 장기채권을 매수하면 된다.

채권으로
물가상승
피하기

대부분의 급여 생활자들의 비애는 통장에 찍힌 월급을 볼 때일 것이다. 물가는 오르고 아이들 학원비는 자꾸만 늘어가는데 도대체 월급은 요지부동이기 때문이다. 은행 이자도 마찬가지다. 물가가 오른다고 은행이 이자를 더 주지는 않는다. 그냥 속수무책으로 물가가 오르는 것을 쳐다보고만 있어야 한다.

그러나 하늘이 무너져도 솟아날 구멍은 있다고 했던가! 채권 중에는 물가가 상승하면 이자를 더 주는 채권이 있다. 예를 들어 자장면 값이 5,000원에서 5,500원으로 오르면 채권 보유자에게 지급되는 이자가 그만큼 더 커지는 신기한 채권이다. 바로 '물가연동국고채(Inflation-Linked Korean Treasury Bond : KTBi)'다.

물가에 연동되는 채권, 물가연동국고채

청소년기를 지나 20대에 접어들면 가장 큰 고민은 취업과 결혼일 것이다. 취업도 하고 결혼도 한 사람들의 그 다음 고민은 무엇일까? 아마도 집 장만과 자녀교육이 가장 큰 고민거리일 것이다. 특히 최근에는 집 장만을 못해 결혼도 미루는 경우까지 발생하고 있어 주거 문제가 크게 대두되고 있는 상황이다. 부동산 정보업체인 ㈜부동산서브가 2012년 조사한 자료에 따르면 서울에서 근로자들이 내 집을 마련하는 데 걸리는 평균기간은 9년 5개월이라고 한다. 소득 상위 10% 근로자의 경우에는 4년 1개월, 하위 10%의 경우에는 30년 8개월이 걸리는 것으로 나타났다. 그런데 이 조사는 이 기간 중에 근로자들이 월급으로 받은 돈을 한 푼도 쓰지 않고 모두 저금했을 경우를 가정한 것이다. 결국 소득 상위 10%의 월급을 받는 근로자라 하더라도 10년 이내에 집을 장만하기는 녹록치 않고, 하위 10% 근로자는 죽기 전에 집을 장만하는 것이 현실적으로 어렵다는 결과인 것이다.

여기에 또 하나의 폭탄이 있다. 월급은 쥐꼬리보다 적게 올라가는데 집값은 하늘 높은 줄 모르고 올라간다는 사실이다. 예를 들어 극단적으로 평균적인 월급을 받는 근로자가 9년 동안 한 푼도 쓰지 않고 돈을 모아서 집을 사려고 해도 이미 집값은 9년 전의 집값이 아니다. 요즘처럼 전세가 귀할 때는 전세값 올라가는 것도 따라가기 힘든 상황이다.

이 같은 현상은 부동산 같은 실물자산의 가격이 올라가면 화폐의 가치가 이전보다 떨어지기 때문이다. 예를 들어 현재 자장면 한 그릇 값이 5,000원이라고 하면, 5,000원이 있으면 자장면 한 그릇을 사 먹을 수 있다. 그런데 지금 자장면을 사 먹지 않고 5,000원을 1년 동안 은행에 저금하는 경우를 생각해보자. 현재 은행 1년 만기 정기예금 이자율이 3%라고 가정하면, 1년 후에 5,150원을 돌려받게 된다. 만약 1년 후에도 자장면 값이 5,000원으로 1년 전과 같다면 자장면 한 그릇을 맛있게 먹고도 150원의 돈이 남는다. 흐뭇한 일이다. 그러나 1년 사이에 자장면 값이 10% 올라 5,500원이 돼 있다면 어떻게 되겠는가? 당연히 자장면을 먹을 수 없게 되는데, 이는 물가상승으로 인해 화폐의 구매력이 떨어져 이전과 동일한 재화를 구입할 수 없게 되었기 때문이다. 1년 후에 자장면을 먹을 수 있으려면 1년 정기예금 이자율이 10% 이상 되어야 한다. 즉 이자율이 물가상승률보다 높아야만 화폐의 구매력을 유지할 수가 있다.

이러한 현상은 집을 장만하거나 자장면을 주문할 때만 발생하는 것이 아니라 예금에 가입하거나 채권에 투자할 때도 발생한다. 예를 들어 현재 물가상승률이 3%이고 채권이나 예금의 수익률이 5%라면 물가상승률보다 이자가 높아 화폐의 구매력이 유지된다. 즉 자장면을 먹지 못하는 경우는 발생하지 않는다. 그런데 채권이나 예금의 만기가 3년인 경우를 생각해보자. 단순하게 단리로 생각하면 3년 동안 얻게 되는 수익률은 15%이며, 이 수익률은 현재 시점에 확정된다. 반면 물가상승은 시간이 지나봐야 알 수가 있다. 현재 시점의 물가상승률은 3%지만 1년차의 물가상승률이 4%, 2년차의 물가상승률이 6%, 3년차의 물가상승률이 7%가 되었다면 어떻게 되겠는가?

3년간 총 물가상승률은 17%가 된다. 이렇게 되면 3년 후에 이자 15%를 받아도 물가상승률이 17%가 되어 돈의 가치는 떨어지게 된다. 예금이나 채권에 돈을 넣어두면 손해를 보게 되는 것이다.

이러한 물가상승에 따른 위험에 어떻게 대처해야 할까? 이는 100세 시대에 진입하고 있고 미래를 위한 장기투자가 중요한 현재 시점에서 꼭 짚고 넘어가야 할 문제다.

여기에 대한 해답은 바로 채권에 있다. 좀 더 좁히자면 정부가 발행하는 '물가연동국고채'가 답이다. 물가연동국고채(이하 '물가연동국채')는 이자 지급 방식이 다른 채권들과는 다르다. 일반적으로 채권에는 고정금리부채권과 변동금리부채권이 있는데, 고정금리부채권은 발행 당시에 정해진 이자를 만기까지 지급하는 채권이고 변동금리부채권은 이자가 사전에 정해진 조건에 따라 변하는 채권이다. 만기 시점이 되면 두 채권 모두 최초의 투자원금을 돌려받는다.

물가연동국채는 표면금리는 변하지 않는데도 지급받게 되는 이자가 변동금리부채권처럼 이자 지급 시점마다 변한다. 즉, 물가연동국채는 표면금리가 변하지 않는데도 이자 지급액이 변하는 마술을 부리는 것이다. 이 마술은 원금이 변함으로써 일어난다. 물론 만기에 받는 원금도 변한다. 채권은 만기 시점에 원금을 상환하는 것이 가장 큰 특징인데, 원금이 변하는 채권이라니, 갑자기 이해가 안 될 것이다. 이는 다음의 내용을 보면 쉽게 이해가 될 것이다.

지급이자 = 이자 지급 시점의 원금가치 × 표면금리 × 1/2*

이자 지급 시점의 원금가치 = 원금 × (1 + 물가지수변동률)

물가지수변동률 = 기준일 소비자물가지수 / 발행일 소비자물가지수

앞의 식을 보면 이자 지급액은 일반 채권과 동일하게 계산된다. 채권의 원금가치(액면)에 발행 당시의 표면금리를 곱해서 이자 지급액을 계산한다. 다만 물가연동국채의 경우에는 채권의 원금가치가 물가 수준(인플레이션)에 따라 변한다는 특징이 있다. 원금의 가치가 이자 지급 시점, 즉 6개월마다 물가지수변동률에 따라 변하게 되어 있다. 물가지수변동률은 대표적 물가지수인 소비자물가지수를 사용해 계산한다.

> * 물가연동국고채는 이자를 6개월 단위로 지급함. 따라서 연간이자를 반으로 나누어서 줌.

예를 들어 발행 당시 액면 10,000원인 물가연동국채는 이자 지급 시점에 물가가 3% 상승하면 액면도 10,300원으로 변한다. 이를 간단히 표로 나타내면 다음과 같다.

[표 55] 물가상승 시 물가연동국고채 액면가 변화의 예

구 분	발행 시점	6개월 후	12개월 후	18개월 후
원금(원)	10,000	10,100	10,200	10,300
표면금리(%)	4	4	4	4
물가지수(%)	100	101	102	103
물가지수변동률(%)		0.01	0.02	0.03
지급이자(원)		202	204	206

표에서처럼 물가연동국채는 물가가 오르는 만큼 채권의 원금이 증가하여 지급받는 이자 또한 증가하게 된다. 또한 위 채권의 만기가 18개월이라고 하면 만기 시점에 돌려받는 원금이 투자 시점의 원금 10,000원이 아닌 물가상승이 반영된 10,300원이 된다.

이 같은 방식으로 이자 지급액과 원금상환액이 결정되기 때문에 물가연동국채는 인플레이션에 따른 위험을 피할 수 있는 훌륭한 투자 상

품이라 할 수 있다. 그러나 채권이 발행될 때 미래에 대한 인플레이션을 보장하는 대신에 동일한 만기의 국고채보다는 표면금리가 낮게 발행된다. 발행자 입장에서는 조달 비용을 낮출 수 있는 반면, 투자자 입장에서는 미래 인플레이션에 대한 헤지를 하는 대신 초기에는 낮은 표면이율을 받게 되는 것이다.

우리나라에 물가연동국채가 도입된 것은 2007년이며, 만기 10년, 6개월 이표 지급 방식으로 발행되었다. 발행 초기에는 채권의 원금을 보장하지 않았는데, 물가상승률이 마이너스가 되었을 경우 원금이 발행 당시 액면가 이하로 내려갈 수 있기 때문이었다. 그러나 2010년 6월 이후 발행된 물가연동국채는 만기 시 원금을 보장하는 조건으로 발행되고 있어 물가상승률이 마이너스가 되더라도 원금이 보장되도록 하고 있다.

한편 2015년 이전에는 원금 상승분에 대해서 비과세 하던 상품이었는데, 2015년 이후 발행분에 대해서는 이를 이자수입으로 인식하고 이에 대해서도 과세 하는 것으로 바뀌었다. 실제로 과세기준이 바뀌기 전에는 세금 혜택에 따른 매력으로 인해 일반 국채에 비해 낮은 표면금리에도 불구하고 물가연동국채에 투자하는 개인들이 많았다. 2015년 이후에는 세금 측면에서 이전보다는 매력이 떨어지는 상황이다. 하지만 그럼에도 불구하고 물가상승 시 수익률이 높아진다는 매력은 여전하다. 그리고 유통시장에서 2015년 이전에 발행된 채권을 매입하는 경우에는 원금 상승분에 대해 여전히 비과세 혜택을 받을 수 있다는 장점을 지니고 있다.

[그림 30] 물가연동국고채 이자소득세에 대한 과세 방법

물가연동국채는 만기 10년으로 발행된 장기채권에 해당되어 이자소득 분리과세* 신청이 가능하다. 개인투자자가 금융소득 종합과세 대상이면서 적용 세율이 33%(지방세 포함)보다 높은 경우라면 분리

> *소득 중 특정 소득에 대해 분리하여 별도로 과세하는 일. 특정 세율을 적용함으로써 조세 부담을 가볍게 할 수 있다.

과세 신청을 함으로써 절세를 할 수 있다. 또 원금에 대해 과세 하는 경우와 비과세 하는 경우가 있으므로 투자를 할 때 꼭 해당 채권의 발행 내역을 파악하고 투자해야 한다. 물가연동국채의 발행 내역과 특징은 다음과 같다.

[표 56] 물가연동국고채 발행내역 및 특징

종목명	물가02750-1703(07-2)	물가02750-2006(10-4)	물가01500-2106(11-4)	물가01125-2306(13-4)	물가01750-2506(15-5)
발행일	2007. 3. 10	2010. 6.10	2011. 6. 10	2013. 6. 10	2015. 6. 10
만기일	2017. 3. 10	2020. 6. 10	2021. 6. 10	2023. 6. 10	2025. 6. 10
표면금리	2.75%	2.75%	1.50%	1.125%	1.750%
원금보장	원금비보장	원금보장	원금보장	원금보장	원금보장
세금	이자분리과세 원금비과세	이자분리과세 원금비과세	이자분리과세 원금비과세	이자분리과세 원금비과세	이자분리과세 원금과세

1) 3년 이상 보유 시 분리과세

저금리 시대가 지속되면서 여유자금을 은행에 예금하고 있는 사람들의 속은 타들어가고 있을 것이다. 특히 이자수입에 의존해 생활하는 사람들은 가뭄에 논바닥 갈라지듯 마음이 갈라지고 있을 것이다.

이러한 상황에서 더 이상 국내에서 수익을 얻을 수 없자 투자 다변화 및 수익률 제고 차원에서 보유현금을 해외 금융자산에 투자하는 사람들이 늘고 있다. 대부분의 해외투자는 해외주식과 해외채권을 매입하는 형태로 이루어지는데, 여기서는 해외채권에 투자할 때 알아야 할 개념에 대해 알아보기로 하자.

해외채권이 저금리 시대의 돌파구가 될 수 있을까?

해외채권에 투자하는 데 있어서 가장 중요한 것은 해외채권 투자에 대한 개념을 명확하게 할 필요가 있다는 것이다. 이는 해외채권은 원화가 아닌 다른 나라의 화폐로 투자되기 때문이다.

원화로 표시된 채권(국내 채권)에 투자할 경우에는 원화를 투자해서 원화로 이자를 받고, 만기 시점에 투자원금을 원화로 돌려받는다. 반면 해외채권에 투자할 경우에는 우선 원화를 해당국 통화로 환전한 다음에 해당국 통화로 투자를 한다.

투자금을 회수할 때도 채권 보유 기간 중에 발생하는 이자와 채권 만기 시점에 지급받는 원금이 해당국 통화이므로, 이를 다시 원화로 환전해야 하는 절차를 거쳐야 한다. 즉 국내 채권에 투자할 때와 달리 투자자가 보유하고 있는 현금통화(원화)와 채권의 표시통화(외화)가 다름으로 인해 발생하는 여러 차이를 인식하는 것이 해외채권 투자의 성공 포인트라 하겠다.

지금은 한숨의 대상이 되어버렸지만 상당 기간 동안 투자자들 사이에서 뜨거운 관심의 대상이 되었던 브라질 채권을 매수하는 경우를 예로 들어 해외채권 투자에 대한 개념을 이해해보도록 하자. 이를 위해 원화를 보유하고 있는 국내 투자자가 브라질 국채를 매수하는 경우를 살펴보자.

브라질 국채에 투자하는 시점에서 원/헤알화 환율은 350원이고, 1년 만기 브라질 국채 수익률은 10%, 1년 만기 한국 국채 수익률은 3%다. 설명의 편의상 한국 국채와 브라질 국채는 1년에 이자를 1회 지급하는 것으로 가정하고, 투자하려는 금액은 1억 원으로 설정하자.

우선 투자금 1억 원을 브라질 통화인 헤알로 환전하여 285,714헤알에 해당하는 1년 만기 브라질 국채를 매수한다. 1년이 지나 브라질 국채의 만기가 되면 원금 285,714헤알과 수익률 10%에 대한 이자 28,572헤알을 합친 총 314,286헤알을 상환받게 된다. 채권 만기에 지급받은 이자 및 원금을 투자 시점과 동일한 환율인 350원으로 원화로 환전하면 약 1억 1,000만 원이 된다. 이는 브라질 국채에 투자한 시점과 만기 시점의 원/헤알화 환율이 같다고 가정했을 때의 결과다.

한편, 한국 국채에 1억 원을 투자하면 만기에 1억 300만 원을 돌려받게 된다.

해외채권은 채권보다 환율에 대한 투자

앞의 예를 보면 브라질 국채의 투자수익률은 10%이고, 우리나라 국채의 투자수익률은 3%에 그쳐 브라질 국채에 투자할 때의 수익률이 월등히 높다. 10% 수익률이면 현재의 상황에서는 말 그대로 빚이라도 내서 브라질 국채에 투자하는 것이 현명할 것이다. 그러나 앞에서도 말했듯이 이러한 수익은 투자 시점과 만기 시점의 환율이 변하지 않고 일정할 경우에만 얻을 수 있다.

만약 환율이 변한다면 수익률은 어떻게 될까? 만기 시점(1년 후)의 환율이 320원으로 투자 시점의 환율 350원보다 30원 하락(원화 가치 상승/헤알화 가치 하락)한 경우와 채권 만기 시점의 환율이 380원으로 투자 시점의 환율보다 30원 상승(원화 가치 하락/헤알화 가치 상승)한 경우를 살펴보자. 환율이 320원으로 하락하는 경우 헤알화의 가치 하락으로 인해 투자수익률이 0.57%로 떨어지게 된다. 반면 환율이 380으로 상승하는 경우 헤알화의 가치 상승에 따라 투자수익률이 19%로 상승하며 수익률의 변동성이 매우 커진다. 다음 표를 보자.

[표 57] 헤알화 환율 수준에 따른 투자수익 변화

투자원금 (원화, 천 원)	투자 시 원/헤알화 환율	투자원금 (헤알화)	만기금액 (헤알화)	만기 시 원/헤알화 환율	만기금액 (원화, 천 원)	투자 수익률
100,000	350	285,714	314,286	320	100,571	0.57%
100,000	350	285,714	314,286	350	110,000	10%
100,000	350	285,714	314,286	380	119,428	19%

해외채권에 투자하는 경우 환율변동이 커지면 채권 투자임에도 불구하고 환율변동으로 인해 원금 손실이 발생할 수 있고, 반대로 기대하지 않은 높은 수익을 얻을 수도 있다. 브라질 국채에 투자할 때 브라질이 부도가 나지 않는 한 안전하게 높은 수익을 얻을 수 있을 거라고 생각할 수 있지만 이는 환율이라는 복병이 없을 경우에 실현 가능한 이야기다.

위의 경우 환율이 300원까지 하락하게 되면 만기 시점에 받게 되는 원화는 9,429만 원으로 원금에 손실이 발생한다. 수익률이 −6%가 되는 것이다. 환율 수준에 따른 투자수익률을 그래프로 나타내면 다음과 같다.

[그림 31] 환율 수준에 따른 투자수익률 변화

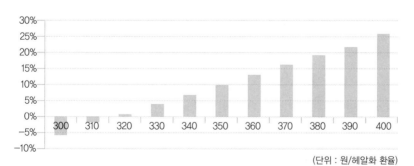

(단위 : 원/헤알화 환율)

채권을 만기까지 보유했음에도 수익률이 변하는 이러한 현상은 왜 발생하는 것일까? 해외채권에 투자하는 경우에는 국내 채권에 투자하는 것과 달리 환율변동위험에 노출되기 때문이다.

환율변동에 따른 위험을 제거(헤지)하지 않고 해외채권에 투자하는 경우에는 채권에서 발생되는 이자보다 환율변동으로 인한 손익 변화가 투자손익에 미치는 영향이 더 크다. 배보다 배꼽이 더 큰 상황이 발생하게 되는 것이다.

개인투자자의 경우에는 상대적으로 높은 수익을 얻기 위해 한국보다 신용등급이 낮은 브라질, 터키 등의 국채에 투자하거나 환율변동위험을 제거하지 않고 해외채권에 투자하는 경우가 많다. 이런 흐름을 반영하듯 우리나라 개인투자자들이 우리나라보다 신용등급이 낮으면서 금리가 높은 브라질 국채에 대거 투자했다는 뉴스가 전해지기도 했는데, 블룸버그통신은 2014년 말 한국의 투자자들이 보유하고 있는 브라질 채권이 6조 8,000억 원에 달한다고 전했다. 이처럼 투가 규모가 큰 것은 브라질 국채 수익률이 10%가 넘어가는 고금리 채권이기 때문이다.

브라질 통화인 헤알화의 환율변동위험을 제거하면 수익률이 높지 않기 때문에 대부분의 개인투자자들은 수익을 극대화하기 위해 환율변동위험에 노출된 상태에서 투자를 하고 있다. 상당수의 투자자들이 원/달러 환율에 대한 헤지는 하면서 달러/헤알화 환율에 대해서는 헤지를 하지 않고 있다. 이 경우에는 채권 또는 금리에 대한 분석보다 브라질 경제에 대한 분석을 기초로 환율 전망에 근거하여 투자를 하는 것이 바람직할 것이다. 헤지를 하지 않으면 채권 투자라기보다는 환율 투자로 보는 것이 맞기 때문이다. 즉 환율에 대한 투자를 채권을 통해서 하는 것이라고 봐도 무방할 것이다.

따라서 해외채권 투자 시 환율변동위험을 제거하지 않고 투자를 한다면 현재의 높은 수익률보다는 향후 환율에 대한 전망에 더 관심을 가져야 할 것이다. 또한 높은 수익률에 이끌려 신용등급이 낮은 국가의 채권에 투자를 할 경우에는 향후 신용등급 하락으로 인해 발생할 수 있는 리스크도 항상 염두에 두어야 할 것이다.

장외파생상품으로 환율변동위험 제거하기

해외채권 투자 시 환율변동위험을 제거하기 위해서는 선물환, FX 스왑, 통화스왑 등의 장외파생상품을 이용하면 된다. 여기서는 FX 스왑의 개념과 이를 이용한 헤지 방법에 대해 알아보기로 하자.(통화스왑을 이용한 헤지 방법은 Part 5 「채권 및 금리 관련 파생상품」 참고)

FX 스왑은 계약 당시 일정 금액을 현물환율(spot exchange rate)로 교환함과 동시에 일정 기간 후(계약만기 시점) 재교환하는 환율을 선물환율(forward exchange rate)로 미리 약정하는 계약이다.

FX 스왑은 2가지 유형이 있다. 하나는 현재 시점에 현물환율로 원화를 외화로 교환하고, 미래 시점에 선물환율로 외화를 원화로 바꾸는 FX 스왑으로, 이를 'Buy & Sell 스왑'이라고 한다. 다른 하나는 현재 시점에 현물환율로 외화를 원화로 교환하고, 미래 시점에 선물환율로 원화를 외화로 바꾸는 FX 스왑으로, 이를 'Sell & Buy 스왑'이라고 한다. 일반적으로 Buy & Sell 스왑은 해외투자 시 투자자산에 대한 환율변동위험을 제거하기 위해 사용한다. Sell & Buy 스왑은 해외부채 조달 시, 이에 대한 헤지 목적 등으로 사용한다.

1억 원을 가지고 있는 투자자 A가 달러채권을 사는 경우를 살펴보자.

현재 1년 만기 한국 국채 수익률은 2%, 미국 국채 수익률은 1%이며(편의상 이표는 연이표로 가정), 현물환율은 1,000.00원, 선물환율은 1,010.90원이다. 투자자 A는 미국 국채 투자 시 환율변동위험을 헤지하기 위해 Buy & Sell 스왑계약을 맺었다. FX 스왑계약은 현재 시점에서 현물환율 1,000.00원에 원화 1억 원을 달러화 10만 달러로 환전한다. 만기 시점에 상환받는 금액 10만 1,000달러(원금 10만 달러, 이자 1,000달러)를 사전에 약정된 1,010.90원의 환율을 적용해 원화로 환전하면 약 1억 200만 원이 된다. 이를 수익률로 환산하면 원화기준 수익률 2%가 확보된다. 헤지를 한 이후의 수익률은 환율변동에 상관없이 확정된 수익률이므로, 헤지를 통해 환율변동위험을 제거하면 이 수익률을 얻을 수 있다.

* '환(換)'과 '헤지'의 결합어로, 환율변동에 따른 위험을 없애기 위해 투자 시점의 환율로 수출이나 수입, 투자에 따른 거래액을 고정시키는 것.

FX 스왑을 통해 환헤지*를 하는 경우, 이론적으로는 해외채권에 투자하나 원화채권에 투자하나 기대수익률은 같아야 한다. 이는 FX 스왑 거래에 사용되는 선물환율에 양국 간의 금리 차이가 반영되어 있기 때문이다.

선물환율이 양국의 금리 차이를 반영하여 결정된다는 이 이론을 '이자율평형이론(Interest Rate Parity)'이라고 한다. 이 이론에 의하면 국가 간 자금 이동에 제약이 없는 완전국제자본시장(perfect global capital market)에서는(물론 이것은 어디까지나 가정일 뿐이다) 한국(원화표시 채권)

에 투자하나 미국(달러표시 채권)에 투자하나 수익률은 같다는 것이다.

선물환율은 이자율평형이론에 의해서 다음과 같이 계산된다.

$$선물환율 = 현물환율 \times \frac{(1+R_d)}{(1+R_f)}$$

R_d : 자국 금리 R_f : 상대국 금리

앞의 달러채권을 사는 예에 위의 공식을 적용해 선물환율을 구하면 1,010.90원이 된다. 앞선 예에서 이론상의 환율에 FX 스왑 거래를 함으로써 얻게 되는 투자수익률은 원화 국채에 투자를 하나 달러 국채에 투자를 하고 FX 스왑을 하나 모두 2%로 동일하게 나온다.

해외채권 투자에 따른 수익의 원천은 크게 '채권 이자수입+환율변동 +신용위험'으로 세분할 수 있으며, 환율변동위험을 제거하더라도 신용도의 차이에 따른 투자 기회가 상존한다. 이에 따라 정부가 발행해 상대적으로 부도 위험이 적은 국채(Sovereign bond)가 대표적인 해외채권 투자 대상이 되고 있다.

세계적인 신용평가기관 중 하나인 무디스가 발표하는 주요 국가의 신용등급은 다음과 같다.

[표 58] 주요 국가별 신용등급

구 분	국가명	신용등급	국가명	신용등급
아시아/태평양	한국	Aa3	호주	Aaa
	일본	Aa3	중국	Aa3
	말레이시아	A3	태국	Baa1
	인도	Baa3	필리핀	Baa3

북미	미국	Aaa	캐나다	Aaa
	멕시코	A3		
남미	칠레	Aa3	페루	A3
	브라질	Baa2	콜롬비아	Baa2
동유럽	러시아	Baa1	폴란드	A2
	터키	Baa3		
서유럽	독일	Aaa	스위스	Aaa
	영국	Aa1	프랑스	Aa1
	이탈리아	Baa2	스페인	Baa2

자료 : 무디스. 2014년 7월 말 기준

국내 투자자들이 투자를 많이 한 브라질 국채의 경우 신용등급이 Baa2로 우리나라 국채의 신용등급 Aa3보다 5단계 낮고, 이를 반영하여 브라질 국채의 수익률은 우리나라 국채의 수익률보다 높다. 반면 미국이나 독일처럼 우리나라보다 신용등급이 좋은 나라의 국채 수익률은 우리나라 국채 수익률보다 낮다. 이는 신용등급에 다른 수익률 차이가 일정 부분 반영된 것이라고 보면 된다.

해외채권 투자에 따른 수익률을 원화채권에 투자하는 경우와 비교하기 위해서는 해외채권 투자에 따른 수익을 3단계로 구분해야 한다. 예를 들어, 1년짜리 브라질 국채의 수익률 10%, 한국 국채 수익률 3%, 현물환율 350원, 선물환율 334원*이라고 가정해 보자.

*이자율평형이론에 의한 선물환율은 328원이지만 설명의 편의상 334원으로 가정함.

우선 브라질 국채를 매입하고 환헤지를 하지 않는 경우 환율이 변하지 않으면 10%의 수익을 얻을 수 있다. 물론 환율이 변동되면 수익률은 이자수입보다 더 크게 변한다.

이러한 환율변동위험을 제거하기 위해 FX 스왑을 이용하게 되면 수익률은 4.97%로 낮아지게 된다. 이는 선물환율에 양국의 금리 차이가 일정 부분 반영되었기 때문이다.

혜지 후의 브라질 국채 수익률 4.97%와 한국 국채 수익률 3% 간의 차이는 양국 간의 신용도의 차이, 채권시장의 수급, 선물환시장의 수급 등 다양한 요인에 의한 것이라고 보면 된다.

[그림 32] 해외채권 투자에 따른 수익률 구조

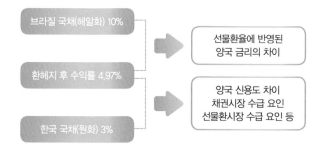

재(財)테크보다 중요한 세(稅)테크

우리 주변을 돌아보면 '테크(tech)'라는 단어가 들어가는 말이 참 많다. 재테크, 시테크, 핀테크, 혼테크, 세테크, 하이테크 등 다양한 형태의 테크가 있다. 어찌 보면 말장난 같기도 하다.

테크는 영어 'technical(기술적인)'의 줄임말로, 한마디로 '기술'을 의미한다. 이렇게 테크라는 말이 유행하는 것은 무엇을 하든지 기술이 있어야 한다는 요즘의 추세가 반영된 것일 터이다.

재테크, 즉 돈을 불리는 기술에 있어서는 돈을 불리는 기술 그 자체도 중요하지만 돈이 새는 것을 막는 것도 중요하다. 세금이야 나라의 발전과 공공의 이익을 위해서는 꼭 필요하지만 내는 사람 입장에서는 아까운 돈이다. 그나마 이자수익이 얼마 되지도 않는데, 거기서 또 세금을 떼어가니 말이야. 꼭 내야 할 세금은 내야겠지만 투자를 할 때 관련 세금을 정확히 이해해서 줄일 수 있는 세금은 줄여 수익을 높이는 '세테크'가 무엇보다 중요한 시점이다. 이를 위해서는 채권과 관련된 세금에 대해서도 이해할 필요가 있다.

채권 이자에 붙는 이자소득세

채권, 주식 등의 금융상품을 보유하고 있는 투자자들은 금융상품에서 발생되는 수익에 대해 세금을 납부해야 한다. 대표적인 세금으로는 채권에서 발생되는 이자에 부과되는 이자소득세와 주식 배당에 부과되는 배당소득세가 있다. 채권에 투자를 하면 채권 보유에 따른 이자와 채권매매에 따른 매매차익을 얻을 수 있다. 우리나라에서는 매매차익은 과세대상에서 제외되고, 이자소득만이 과세대상이 되고 있다. 소득세법에 규정되어 있는 이자소득세의 대상이 되는 소득은 ① 국가나 지방자치단체가 발행하는 채권 또는 증권의 이자와 할인액 ② 내국법인이 발행한 채권 또는 증권의 이자와 할인액 ③ 국내에서 받는 예금의 이자 등으로 정의되어 있다.

이자소득세의 대상이 되는 이자소득은 이표채의 경우는 채권 발행 시 결정되는 표면금리로, 할인채의 경우는 만기상환금액과 발행가액의 차이인 할인액으로 정의하고, 이에 대해 세금을 부과한다.

이자에 대한 과세 방식은 최종 보유자에게 과세하는 방식과 보유 기간에 따른 과세 방식이 있다.

최종 보유자에게 세금을 부과하는 방식은 채권을 보유한 기간에 관계없이 표면금리를 받거나 원금을 상환받는 채권 보유자에게 세금을 부과하는 방식이다. 이 방식의 문제점은, 이표채 보유자가 이표 지급일 전일에 채권을 매각하거나 할인채 보유자가 채권 만기일 전에 채권을 매각하면 이자소득에 대한 세금을 내지 않아도 된다는 점이다. 이로 인해 과거에는 보유 채권을 만기 이전에 금융기관(금융기관은 법인세 납부 시 이자소득세에 대해 손금산입*이 되어 이자소득세를 다시 돌려받는다고 보면 된다) 등에 매각하여 세금 부담을 피하는 문제가 제기되었다.

보유 기간에 따른 과세 방식은 채권을 보유한 기간 동안 발생되는 이자소득에 대해 이자소득세를 부과하는 방식으로, 채권 이자를 거래 단계별로 구분해 소득을 귀속시켜 과세하는 제도다.

이자소득세는 대부분 원천징수방식에 의해서 납부하게 된다. 원천징수는 원천징수의무자가 소득금액 또는 수입금액을 지급할 때 이자를 지급받는 자가 부담할 세액을 미리 국가를 대신하여 징수한 후 국가에 납부하는 제도다. 쉽게 얘기하면 금융기관이 채권 보유자가 내야 할 세금을 공제한 후에 이자를 지급하고, 사전에 공제한 세금을 정부에 납부하는 것이다. 소득금액을 지불할 때 원천징수의무자가 세금을 공제하고 지불하는, 즉 원천징수 대상이 되는 세금은 배당소득세, 이자소득세 등이다. 배당소득세와 이자소득세는 금융기관에서 원천징수한 후에 이자 또는 배당을 지급하게 된다.

이자소득세를 원천징수하는 방법은 원천징수의무자가 채권 매매 시 채권 매도자로부터 보유기간에 대한 이자소득세를 원천징수*하고, 이자를 지급받을 때는 채권 보유자가 채권을 보유한 기간 동안에 대해서 이자소득세를 원천징수한다. 이를 실제원천징수제도라고 한다. 이자소득세의 보유기간별 원천징수액은 다음과 같이 계산한다.

$$원천징수세액 = 보유기간\ 이자상당액 \times 원천징수세율$$
$$보유기간\ 이자상당액 = 채권\ 액면금액 \times 적용이자율 \times 보유기간$$

이표채의 경우 보유기간 이자상당액은 채권 액면금액에 적용이자율과 보유기간을 곱하여 계산한다. 채권 액면금액은 보유하고 있는 채권의 실제 매수가격이 아닌, 보유하고 있는 채권의 액면금액이 된다. 적용이자율은 채권 발행 시점부터 만기일까지 지급되는 총이자 지급액의 기준이 되는 이자율로, 액면 발행된 이표채는 표면금리가 되고, 할인 또는 할증* 발행된 채권의 경우에는 표면금리에 할인율 또는 할증율을 감안한 수익률이 적용이자율이 된다. 할인채의 경우 보유기간 이자상당액(만기상환금액-발행금액)을 해당 기간 동안 안분한 금액이 된다.

* 채권은 일반적으로 액면가에 발행된다. 그러나 채권의 원활한 소화를 위해 이표를 정한 이후 액면가 이하로 발행하면 '할인발행', 채권에 대한 수요가 강할 경우 이표를 정한 이후 액면가 이상으로 발행하면 '할증발행'이라고 한다. 그러나 회사채에 대한 수요예측제도 도입 등으로 할인·할증 발행되는 채권은 전무한 상태다.

이자소득에 대한 기본 원천징수세율은 14%

이자소득세에 대한 원천징수세율은 개인과 법인 모두 기본세율 14%다. 다만 소득자가 개인인 경우에는 소득세의 10%에 해당되는 주민세 1.4%가 더해져 15.4%가 된다. 이러한 원천징수세율은 정부의 조세정책에 의해 여러 차례 바뀌었다.

[표 59] 이자소득세 원천징수세율 변화

구 분	개 인			법 인
	소득세	주민세	합계	소득세
1996. 1 ~ 1997. 12	15%	1.5%	16.5%	20%
1998. 1 ~ 1998. 9	20%	2.0%	22.0%	20%
1998. 10 ~ 1999. 12	22%	2.2%	24.2%	22%
2000. 1 ~ 2000. 12	20%	2.0%	22.0%	20%
2001. 1 ~ 2005. 6	15%	1.5%	16.5%	15%
2005. 7 ~	14%	1.4%	15.4%	14%

1) 2001. 1. 1~2001. 6. 30은 20%가 적용됨

채권 이자에 대한 이자소득세는 소득 발생 시점마다 원천징수하고, 연말에 개인 또는 법인의 다른 소득과 합산하여 종합과세 하는 것을 원칙으로 한다. 이는 이자소득에 대해서 1차적으로 소득 발생 시점에 원천징수가 이루어지고, 해당 소득이 종합과세 대상인 경우 2차적으로 배당소득 등 다른 금융소득과 합산하여 납부할 세율을 다시 산출한다는 것이다.

이와 같이 채권 이자소득에 대해서는 원칙적으로 원천징수 후 종합과세 되지만 개인의 경우 원천징수 및 종합과세에 대해 부분적으로 예외를 두고 있다. 우선 채권 이자를 포함한 금융소득이 2천만 원을 초과하는 부분에 대해서만 종합과세(6~38%)를 한다는 점이다.

그리고 원천징수로만 해당 이자소득에 대한 납세의무를 종결시키는 '분리과세제도'라는 것이 있다. 세금을 부과할 때는 납세의무자의 소득을 종합하여 과세하는 것이 원칙이지만, 일부 특정한 소득금액은 정책

적인 이유로 인해 종합과세표준에 합산하지 않고 분리하여 과세하는 제도를 분리과세제도라고 한다. 분리과세 대상이 되는 소득은 과세 기간별로 합산하지 않고, 당해 소득이 지급될 때에 소득세를 원천징수하고 과세를 종결한다. 분리과세의 대상이 되는 소득은 원천징수하는 이자소득 및 배당소득과 직장공제회의 초과반환금 등이다.

[표 60] 분리과세 대상 채권 이자

채 권 명	원천세율
사회기반시설채권의 이자[1] (조세특례제한법 제29조)	14%
분리과세 신청한 장기채권의 이자 (소득세법 제129조 1항)	30%
실질명의[2] 가 확인되지 않는 이자 (소득세법 제129조 제2항)	38%
수익을 구성원에게 배분하지 않는 단체가 지급받는 이자소득 (소득세법 제14조 제3항)	14%
비실명거래자의 채권 등의 이자소득 (금융실명거래 및 비밀보장에 관한 법률 제5조)	90%
비거주자 등의 채권 등의 이자소득	14%

1) 만기 7년 이상으로 2014. 12. 31까지 발행된 채권의 이자소득
2) 주민등록표상의 명의, 사업등록증상의 명의, 기타 대통령령이 정하는 명의를 말함

무엇을 기준으로
투자 판단을
할 것인가?

지금까지 채권과 금리 관련 상품에 대해서 다양한 이야기를 했다. 이 책에는 지금 당장 이해되지 않는 부분도 있을 수 있겠지만 채권이나 금리 관련 상품에 관심이 있는 투자자라면 투자 실전에서 꼭 필요한 내용들이므로 가까이 두고 자주 펼쳐보길 바란다.

마지막으로 채권이나 금리 관련 상품에 투자를 할 때 무엇을 기준으로 투자 판단을 할 것인가에 대해 알아보도록 하자. 이를 위해 다음과 같은 상황을 가정해보자.

투자자 A는 아파트 청약에 당첨이 되었다. 중도금은 은행에서 대출을 받을 예정이고, 2년 후에 납부해야 하는 잔금 2억 원은 은행 예금으로 납부할 계획이다. 따라서 예금으로 가지고 있는 2억 원을 2년 동안 안전하게 투자하고자 한다. 그런데 현재 투자할 수 있는 상품은 다음의 2가지밖에 없다고 가정하자.

상품 A : 만기 1년, 수익률 4.0%

상품 B : 만기 2년, 수익률 4.5%

상품 A나 상품 B는 예금이 될 수도 있고 채권이 될 수도 있다. 투자자 A는 어떤 상품을 선택하는 것이 현명할까? 간단하게 생각하면 금리가 높은 상품 B에 투자하는 것이 좋아 보일 수도 있다. 그러나 이것은 정답도 아니고 현명한 판단도 아니다.

정답을 찾기 위해 두 상품의 수익률을 비교해보자. 상품 A에 투자하면 1년 동안 4%의 이자를 받고 1년 후에 다시 1년짜리 상품에 가입해야 한다. 투자수익률은 1년 후에 1년짜리 상품 수익률에 의해 결정된다. 상품 B에 투자하면 2년 동안 4.5%의 수익이 발생한다. 수익률이 확정된 상품이다. 여기서 두 상품의 수익률을 비교하려고 하는데, 문제가 하나 있다. 상품 B는 수익률이 4.5%로 확정되어 있으나 상품 A의 수익률은 확정되지 않았다는 것이다. 이는 1년 후에 1년 만기수익률을 알 수 없기 때문이다.

그런데 우리는 두 상품의 수익률을 같게 해주는 1년 후의 1년 만기수익률을 계산할 수 있다. 선도수익률이라고 부르는 이 수익률은 다음과 같은 간단한 방법으로 계산할 수 있다.

$$(1+0.04)(1+선도수익률)=(1+0.045 \times 2)$$

$$선도수익률 = 4.81\%$$

여기서 구한 선도수익률을 이용해서 우리는 좀 더 합리적으로 투자의

사를 결정할 수가 있다. 선도수익률을 이용하면 1년 후의 1년 만기 금리가 4.81%가 될 때 상품 A와 상품 B의 수익률이 같아진다는 것을 알 수 있다. 이를 응용하면 1년 후에 1년 만기수익률이 4.81%보다 낮으면 상품 A의 재투자수익률이 낮아져 상품 B의 투자수익률이 상대적으로 높아지게 된다. 또한 1년 후에 1년 만기수익률이 4.81%보다 높으면 상품 A의 재투자수익률이 높아져 상품 A의 투자수익률이 상대적으로 높아지게 된다.

다시 얘기해서 현재 4.0%인 1년 만기 금리가 1년 후에 4.81% 이상으로 상승할 것으로 예상되면 상품 A에 투자하고, 1년 후에 1년 만기 금리가 4.81% 이상 상승하지 못할 것으로 예상되면 상품 B에 투자해야 한다. 단순하게 절대수익률만 보고 투자하는 것이 아니라 미래 금리에 기초하여 판단해야 하는 것이다. 주식 투자를 할 때 주가에 대한 전망을 하는 것과 마찬가지다.

또 한 가지, '곳간을 비우지 말라'는 말도 투자 판단을 할 때 염두에 두어야 할 것이다. 이는 채권이나 금리 관련 상품 투자에 있어서 매일 들어오는 이자(일명 '캐리(Carry)'라고함)의 중요성을 얘기하는 것이다. 만약 앞의 예에서 금리가 상승할 것으로 예상하고 단기상품인 1년 상품에 투자했을 경우는 2년 만기 상품에 비해 매일 50bp(연간 기준)만큼 이자수입이 줄어든다. 가랑비에 옷이 젖을 수도 있다. 그래서 채권이나 금리 관련 상품은 유동성 등을 고려해 최대한 캐리가 높은 상품에 투자해야 한다. 이를 빗대어 '곳간을 비우지 말라'라고 하는 것이다. 다만 캐리가 높은 곳에 투자하기 위해 장기물에 투자할 경우 향후 금리에 대한 판단은 필수다. 여기서는 1년 동안 금리가 81bp 이상 상승할 것인가에 대한 질문이다. 여기에 대한 정답은 각자 찾아야 하고, 이를 위해서는 채권이나 금리 관련 상품에 대한 이해의 폭을 지속적으로 넓혀가야 할 것이다.

채권 전문가가 된
삼총사

한고수는 여유롭게 토요일 오후를 보내고 있다가 전화 한 통을 받았다. 친한 친구인 나한방이 전화해 왕보수와 함께 저녁을 먹자고 했다. 한고수는 옷을 챙겨 입고 약속 장소로 나갔다.

"고수야, 여기다."

약속 장소에 도착한 한고수를 먼저 와 있던 나한방과 왕보수가 반갑게 맞아주었다. 이들의 표정에는 여유로움과 친구에 대한 반가움이 가득 묻어 있었다.

"오랜만이다."

한고수도 친구들의 얼굴을 보니 무척 반갑고 즐거웠다. 친구들과 이야기를 나누던 한고수의 눈에 낯익은 책 한 권이 들어왔다. 얼마 전 한고수가 친구들에게 선물로 준 책이 테이블 한쪽에 놓여 있었다.

"아직도 이 책 다 못 읽었어? 가지고 다니게."

한고수가 묻자 나한방이 웃으면서 이야기했다.

"다 못 읽은 게 아니라 또 읽고 있는 거야. 정말 네가 권해준 이 책으로 투자에 대한 새로운 시각을 얻은 것 같아. 그동안 나와는 상관없는 줄만 알았던 채권인데, 실제로는 내 주변에 항상 있었고, 또 이미 많은 사람들이 투자를 하고 있었더라고.'

"맞아!"

왕보수가 나한방의 말을 거들었다.

"이 책을 읽어보니 대부분의 금융상품이 채권과 관련이 있더라고. 채권이 어렵다고 생각했던 건 거리감이 느껴져서 그런 거지, 실제로 그렇게 어려운 것만은 아니더라 이거지. 이제야 뭔가 알게 된 것 같아. 고수야, 고맙다."

왕보수의 말에 나한방이 고개를 끄덕였다.

"나도 이제 막 채권에 투자를 한 거라 은행 예금과 비교하면 다소 복잡해 보이기도 하지만 수익률 측면에서는 훨씬 좋은 것 같아. 앞으로 채권과 좀 더 친해지면 고수 너처럼 주식연계채권이나 파생결합증권에도 투자를 해보려고."

왕보수가 빙그레 웃으면서 한고수에게 이야기했다.

이들은 한동안 채권과 책에 대한 이야기를 더 나누었다.

한고수는 나한방과 왕보수와 이야기를 나누며 두 친구들도 이미 채권 전문가가 다 되었다는 생각이 들었다. 채권은 이제 그들 삼총사의 새로운 친구가 되어 앞으로의 인생에 계속 함께할 것이라는 예감이 강하게 들었다.

100세 시대의
동반자는 역시 채권!

우선, 긴 내용을 끝까지 읽어주셔서 감사합니다.

우리나라가 저성장, 노령화 사회로 진입하면서 자산관리도 시대의 변화에 맞게 이전과는 다른 시각으로 접근해야 할 때가 되었습니다. 단기적인 관점보다는 장기적인 관점에서 투자를 해야 하고, 고수익보다는 안정적이면서도 조금이라도 높은 수익을 제공하는 쪽으로 방향을 맞추어야 할 것입니다. 이러한 해답을 제공하는 금융자산이 바로 채권이나 채권 관련 상품이라는 것을 이제는 충분히 숙지하셨을 것입니다.

독자 여러분도 이 책을 읽고 나한방과 왕보수처럼 채권에 대해 충분히 이해하셨을 것이라고 봅니다. 아직 이해가 다 안 되고, 여전히 어렵게 느껴지는 부분이 있을 수도 있습니다. 어쩌면 당연한 것인지도 모릅니다. 금융권의 용어나 제도들이 그렇게 말랑말랑하지 않을뿐더러, 채권의 세계가 너무 방대해 보여서 거리감이 느껴질 수도 있습니다. 그러나 천천히 한 걸음씩이라도 채권과 가까워지려고 노력하다보면 변화하는 시대에 꼭 필요한 지식과 경험으로 무장을 한 자신을 발견하게 될 것입니다.

시대의 변화에 현명하게 대처하는 방법은 금융 동반자로 채권을 선택하는 것이라는 사실을 다시 한 번 말씀드리면서 책을 마치고자 합니다.

감사합니다.

100세 시대 생존 포트폴리오

돈 좀 있니?
채권해!

초판 1쇄 발행 2015년 12월 1일
초판 2쇄 발행 2016년 7월 5일

지은이	최완석
펴낸이	이혜경
편집진행	김다영
디자인	표지 황수진 · 본문 설혜영
제작 · 관리	김애진

펴낸곳	니케북스
출판등록	2014년 4월 7일 제300-2014-102호
주소	서울시 종로구 새문안로 92 광화문 오피시아 1717호
전화	(02) 735-9515
팩스	(02) 735-9518
전자우편	nikebooks@naver.com
블로그	nikebooks.co.kr
트위터	twitter.com/nikebooks

ISBN 978-89-94361-33-8(03320)

이 도서의 국립중앙도서관 출판시도서목록(CIP)은
서지정보유통지원시스템 홈페이지(http://seoji.ni.go.kr)와
국가자료공동목록시스템(http://www.nl.go.kr/kolisnet)에서
이용하실 수 있습니다 (CIP제어번호 : CIP2015030839)